权威·前沿·原创

皮书系列为

“十二五”“十三五”国家重点图书出版规划项目

甘肃蓝皮书
BLUE BOOK OF
GANSU

甘肃舆情分析与预测
（2017）

ANALYSIS AND FORECAST ON PUBLIC OPINION
OF GANSU (2017)

主　编／陈双梅　张谦元

社会科学文献出版社
SOCIAL SCIENCES ACADEMIC PRESS (CHINA)

图书在版编目（CIP）数据

甘肃舆情分析与预测．2017 ／ 陈双梅，张谦元主编．－－北京：社会科学文献出版社，2017．1
（甘肃蓝皮书）
ISBN 978－7－5201－0122－6

Ⅰ．①甘… Ⅱ．①陈… ②张… Ⅲ．①社会分析－甘肃－2017 ②社会预测－甘肃－2017 Ⅳ．①D668

中国版本图书馆 CIP 数据核字（2016）第 308282 号

甘肃蓝皮书
甘肃舆情分析与预测（2017）

主　　编／陈双梅　张谦元

出 版 人／谢寿光
项目统筹／邓泳红　吴　敏
责任编辑／张　媛

出　　版／社会科学文献出版社 · 皮书出版分社（010）59367127
地址：北京市北三环中路甲 29 号院华龙大厦　邮编：100029
网址：www. ssap. com. cn
发　　行／市场营销中心（010）59367081　59367018
印　　装／三河市东方印刷有限公司

规　　格／开　本：787mm × 1092mm　1/16
印　张：19．75　字　数：261 千字
版　　次／2017 年 1 月第 1 版　2017 年 1 月第 1 次印刷
书　　号／ISBN 978－7－5201－0122－6
定　　价／79．00 元

皮书序列号／PSN B－2013－315－4/6

本书如有印装质量问题，请与读者服务中心（010－59367028）联系

《甘肃舆情分析与预测（2017）》
编辑委员会

主要编撰者简介

陈双梅 女，甘肃天水人，大学本科，甘肃省社会科学院原纪委书记、研究员。长期从事党的宣传、党刊编辑和反腐倡廉研究工作。主要研究方向为党的建设。主要研究成果：《坚持解放思想 推动科学发展 解决突出问题——在学习实践活动中的几点思考》和《加快建设生态环境补偿机制：以三峡库区为例》在中共中央党校《理论动态》发表；《林业发展方式要统筹人与自然和谐发展——林业系统转变发展方式的路径探讨》、《在智库建设中强化文化安全研究》、《对规范当前消费市场的一点思考》和《智库建设的困境摆脱与国家软实力提升》在《中国林业》等刊物上发表。完成省纪委《连霍高速公路天水过境段针对关键环节进行预防腐败的做法与启示》及甘肃省社科规划项目、庆阳市纪委和甘肃省委宣传部等廉政建设项目。2009 年起任甘肃舆情蓝皮书主编。

张谦元 甘肃省社会科学院研究员。主要研究方向为地方法治建设和政治社会学。主持国家社会科学基金项目 3 项，国家部委项目、甘肃省社科规划办项目、甘肃省软科学项目及省直部门委托项目多项。在国家级刊物和省级刊物发表论文论著 100 余篇（部）。代表作有：《县乡人大代表直接选举的监督研究》（主编，中国社会科学出版社）、《甘肃法治建设报告》（主编，中国民主法制出版社）、《甘肃民族地区法治建设报告》（主编，甘肃民族出版社）、《城乡二元户籍制度改革研究》（合著，中国社会科学出版社）。曾任 2006 年、2007 年甘肃舆情蓝皮书副主编、2009 年甘肃舆情蓝皮书主编。

总　序

“甘肃蓝皮书”已走过了十一个春秋，编纂规模由最初的2种发展到如今的10种，社会影响由最初省社科院的科研平台发展成为如今的甘肃省内智库的第一品牌。“甘肃蓝皮书”的诞生、发展，充分展现了传统社会科学研究机构向现代特色智库、高端智库、智能智库转型的创新历程。

“甘肃蓝皮书”的诞生、发展是贯彻落实中央和省委精神的过程。2004年中央下发《关于进一步繁荣发展哲学社会科学的意见》（中发〔2004〕3号，以下简称《意见》），把繁荣发展哲学社会科学提到党和国家事业发展的战略高度，明确了哲学社会科学“认识世界、传承文明、创新理论、咨政育人、服务社会”的职能定位和重要作用，指出地方社会科学研究机构应主要围绕本地区经济社会发展的实际，开展应用对策研究。为了贯彻落实《意见》精神，甘肃省委下发《关于繁荣发展哲学社会科学的实施意见》（省委发〔2004〕33号），明确指出，省社科院主要围绕省委省政府中心工作开展应用对策研究。甘肃省社会科学院按照这一新的职能要求，提出了“六个以”的办院方针，积极建构发挥省委省政府“思想库”和“智囊团”作用的长效机制，努力探索服务甘肃经济社会发展的可行路径，倾力打造发挥智库功能为省委省政府决策服务的战略平台。经过两年的酝酿和探索，在“十一五”开局之年的2006年，我院编研的《甘肃经济社会发展分析与预测》和《甘肃舆情分析与预测》面世，引起社会各界的热烈反响，标志着“甘肃蓝皮书”的正式诞生。至“十一五”末，甘肃蓝皮书规模已由原来的2种增加到5种，覆盖了经济、政治、社会、文化、县域等研究领域，成为省委省政府及有关部门的决策参考资料，成为省内各级人大代表、政协委员、专家学者和社会各界非常重视的民主决策、参政议政、科学研究和认识省情的重要参考书。

“十二五”期间，省社科院又确定了“拓展合作领域、扩展编研规模、壮大编研队伍、提升编研水平、加强成果转化”的蓝皮书编研思路。我院首倡西北五省区社科院联合编研出版“西北蓝皮书”，在陕西、宁夏、青海、新疆等省区社科院的一致支持和努力下，2011年首部《中国西北发展报告》诞生。“西北蓝皮书”的编研和出版发行，使我院系列蓝皮书的研究拓展到了“丝绸之路经济带”的国内主要区域。

从2014年起，我院持续发挥“甘肃蓝皮书”品牌效应，拓展与省上重要部门和市州的合作。在我院原有的经济、社会、文化、舆情、县域5本蓝皮书的基础上，与省住房和城乡建设厅、省民族事务委员会、酒泉市政府、省商务厅先后合作，编研出版了《甘肃住房和城乡建设发展分析与预测》《甘肃民族地区发展分析与预测》《甘肃酒泉经济社会发展报告》《甘肃商贸流通发展分析与预测》，加上参编“西北蓝皮书”，形成了“5+4+1”的蓝皮书编研格局，为我院陇原特色新型智库建设起到了很好的宣传作用。2016年，我院计划建立5个县级皮书数据观测点，已建成并启用4个，这使得甘肃蓝皮书的原始数据收集有了自己的渠道，进一步提升了甘肃蓝皮书的自主性、原创性与权威性。

在壮大“甘肃蓝皮书”的过程中，我院及时适应和贯彻了中央加强特色新型智库建设的新要求、新形势。2014年11月，中央办公厅、国务院办公厅印发《关于加强中国特色新型智库建设的意见》，要求充分发挥中国特色新型智库咨政建言、理论创新、舆论引导、社会服务、公共外交等重要功能，明确了社会科学院在特色新型智库体系中的重要地位，要求地方社科院“要着力为地方党委和政府决策服务”，这为今后地方社科院的工作指明了方向。2016 年 5 月 17 日，习近平总书记在哲学社会科学工作座谈会发表的重要讲话中要求：我国哲学社会科学应该以我们正在做的事情为中心，从我国改革发展的实践中挖掘新材料、发现新问题、提出新观点、构建新理论，加强对改革开放和社会主义现代化建设实践经验的系统总结，加强对发展社会主义市场经济、民主政治、先进文化、和谐社会、生态文明以及党的执政能力建设等领域的分析研究，加强对党中央治国理政新理念、新思想、新战略的研究阐释，提炼出有学理性的新理论，概括出有规律性的新实践。以此为契机，我院立足国情和甘肃实际，依托自身学科和人才优势，整合院内现有智库资源，坚持以政策研究咨询为主攻方向，以改革创新为动力，启动和推进陇原特色新型智库建设。目前，正在全力实施“33971”工程，紧紧围绕甘肃全面深化改革和经济社会发展中的重大问题及公共政策开展研究，服务国家发展战略，服务甘肃省委省政府科学民主依法决策，服务甘肃经济社会发展，在智库的职能定位、重点工作、机构机制、科研管理等方面进行了探索，为实现甘肃与全国一道全面建成小康社会提供智力支撑。

在十一年的编研过程中，“甘肃蓝皮书”已形成了稳定规模、稳定机制，提升质量、提升影响的“双稳定、双提升”编研理念。“甘肃蓝皮书”始终坚持基本编研理念和运行机制：一是始终坚持原创，注重学术观点和科研方法的创新。坚持研究在先，编写在后，在继承中创新，注重连续性；从源头上抓质量，注重可靠性；在深入研究上下功夫，注重科学性；在服务上抓效果，注重影响力。二是始终坚持追踪前沿，注重选题创新。追踪前沿就是让专家学者更多地参与社会实践，发现问题、研究问题、解决问题，最终通过蓝皮书为人们提供正确的指导，显示社科专家服务社会的能力和实力，提高蓝皮书的知名度和美誉度。三是始终坚持打造品牌，创新编研体制机制。十多年来，我们始终把蓝皮书的质量看作蓝皮书的生命线，组织有研究能力的专家开展深入研究，向社会提供事实根据充分、分析深入准确、结论科学可靠、对策具体可行的权威信息与权威性的研究成果。

目前，“甘肃蓝皮书”已经成为服务党委政府决策和全省经济社会发展的甘肃智库的第一品牌，甘肃社会科学界的学术品牌，甘肃文化领域的标志品牌，甘肃一些重要行业及市州工作的展示品牌。

展望未来，伴随国家和省委对建设特色新型智库、高端智库、智能智库的高度重视，“甘肃蓝皮书”作用和影响将更加突出。“甘肃蓝皮书”作为我院打造陇原特色新型智库的核心载体，也将开启服务省委省政府决策，为甘肃经济社会发展提供智力支撑的新航程。

此为序。

王福生

2016 年 12 月 18 日

摘要

《甘肃舆情分析与预测（2017）》，是为国家和社会管理者、社会各类智库、科研院校的理论工作者，以及关注甘肃经济政治社会发展的社会各界提供的具有区域性特点的年度舆情调研报告。该报告由甘肃省社会科学院法学所、决策咨询与公共政策研究所、西北历史与丝绸之路研究所和甘肃省委党校的10多位专家学者组成的“甘肃省舆情调研组”承担完成。

本书由舆情调研总报告和14个分报告编辑而成。全书分为“总报告”、“社会热点篇”、“阶层篇”和“专题篇”四个部分。“总报告”以14个专题调研报告为基础，从11个方面概述了2016年甘肃舆情的基本情况和热点特点，分析并预测了2017年舆情的变化和态势。“社会热点篇”重点调查了甘肃民众对“创新、协调、绿色、开放、共享”五大发展理念的认知和反响、民众对精准扶贫“甘肃一号工程”的认识与评价、民众对食品安全问题的关注度及建议、民众对房价菜价的关注及相关建议，以及民众关注的社会热点问题。调查显示，九成多的被访者在五大发展理念引领下获得感有所提升，近九成的被访者赞同把精准扶贫作为“甘肃一号工程”的提法。“阶层篇”主要就产能过剩企业职工思想状况、民营企业和个体工商户对政府简政放权的认可和建议、农民群体对新一轮农村改革的理解和支持度、党政干部对依法行政的认识等问题做了深度调研和舆情分析。“专题篇”则围绕民众对地方政府应对突发群体性事件的了解和评价、行政干部庸政懒政行为及其治理、基层民众对正风反腐的认可及参与度、地方司法体制改革的进展及群众的反响与获得感、大学生群体对地方就业和创业创新环境的感受及建议等专题，做了深入系统的调研并提出了若干对策建议。

《甘肃舆情分析与预测（2017）》表明，2016 年民众关注度排在前 10 位的社会热点问题从高到低依次是食品安全、生态环境、医疗、养老与社会保障、住房、就业、反腐败和干部作风、物价、教育、社会安全和稳定等问题。对比 2015 年甘肃民众关注的社会热点问题，排在前 10 位的问题仅在排序上略有变化，其中“生态环境问题”跃居第 2 位，“就业问题”上升至第 6 位，“养老与社会保障问题”“反腐败和干部作风问题”的排序稍有下降。

预测 2017 年甘肃舆情态势总体平稳，健康向上。改革开放以来，特别是党的十八大以来，中央协调推进“四个全面”战略布局，坚持“创新、协调、绿色、开放、共享”的发展理念，提出和推动“一带一路”战略，坚持全面从严治党，加大反腐败工作力度，扶贫攻坚，全面建设小康社会，深得民心民意。当前，党风政风和社会风气进一步好转，干部作风持续转变，老百姓关心的民生问题不断改善，社会整体和谐稳定。在这样的大背景下，2017 年舆情态势将会总体平稳，持续健康向上。同时需要提出的是，民生问题仍将成为 2017 年民众重点关注的社会热点问题。舆情的背后是民生，民生问题的解决需要一个过程。这也要求各级政府应把老百姓日常感受变成政策的起点与终点，心中有民，切实注重民生问题的解决。

Abstract

Analysis and Forecast on Public Opinion of Gansu (*2017*) was jointly completed by more than 10 scientific researchers from institute of law, institute of decision-making consultation, institute of northwest history and the silk road of Gansu Academy of Social Science, Gansu Provincial Party School of the CPC. which provide a reference for social managers, various social think tanks, theoretical workers from scientific research institutions, as well as people in all circles focusing on economic and political development of Gansu.

This book consists of the general reports of public opinion research and 14 sub-reports, which was divided into four parts including "general report", "hot social topics", "ranks" and "special subjects" . Based on 14 special research reports, "general report" comprehensively summarized the basic features of Gansu public opinion in 2016 from 11 aspects, analyzed and predicted the changes of public opinion in 2017. "Hot social topics" focused on People's cognition and response to the five development concepts of "innovation, coordination, green, open and sharing", People's understanding and evaluation on "No. 1 project" —People's Understanding and Evaluation on "Gansu No. 1 Project" —take targeted measures in poverty alleviation, investigation on people's concerns and suggestions of food safety issues, investigation on people's attention to house price and vegetable price and related suggestions, as well as investigation on the social hot issues concerned by the public in Gansu. The investigation shows that over 90% of the respondents' sense of gain had been promoted under the guidance of the five development concepts, and nearly 90% of the respondents agreed that the targeted poverty alleviation should be referred to as the "Gansu No. 1 Project". "Ranks" made a thorough investigation and research mainly on the ideological situation of overcapacity enterprise employees, private enterprises and individual businesses' feelings and requirement on streamline administration and delegate power to the lower levels, farmers' understanding and support for the new round of rural reform, government officials' understanding to law-based administration. "Special subjects" around people's understanding and evaluation to local governments dealing with sudden mass incidents, mediocre and lazy administration of administrative cadres and corresponding governance, grassroots people's recognition and support of improve working style and anti-corruption fight, the progress of local judicial reform and investigation on people's response and the sense of gain, college students' feelings and suggestions on local employment and innovative entrepreneurial environment, carried on the comparatively systematic investigation and proposed some countermeasure suggestions.

Analysis and Forecast on Public Opinion of Gansu (*2017*) shows that in 2016 the public attention of the top 10 hot social topics in descending order are: food security, environment, health, pension and social security, housing, employment, anti-corruption and cadres style, prices, education, social security and stability issues. in contrast with 2015, the top 10 problems in the ranking only slightly changed, in which the "environmental problems" jumped to No. 2, "employment" rose to No. 6, the order of "pension and social security issues" and "anti-corruption and cadres Style problem" was slightly declined.

We predict that the overall situation of Gansu public opinion in 2017 will relatively stable and upward trend. Since the reform and opening up, especially since the 18th National Congress of the CPC, the central government has been coordinating advancing the strategic layout of "four comprehensives", insisting on promoting the development concept of "innovation, coordination, green, openness and sharing", putting forward and promoting " One Belt and One Road " strategy, adhering to comprehensively strengthening Party discipline, strengthening of anti-corruption, carrying out poverty alleviation program, comprehensively building a moderately prosperous society, won the support of public opinion. At present, the party style and social atmosphere has been further improved, the cadre style continued to change, the livelihood issues concerned by public continue to improve, and the whole social is harmonious and stable. In this context, the public opinion situation in 2017 will be generally stable, healthy and progressive. At the same time, it need to be raised that the people's livelihood will continue to be the focus of public attention in 2017. The deep content of public opinion is the people's livelihood, which needs a process to solute, also requires the governments at all levels should keep the people in mind and give full consider when making policy, and earnestly focus on the solution of people's livelihood issues.

目　录

Ⅰ　总报告

Ⅱ 社会热点篇

Ⅲ 阶层篇

Ⅳ 专题篇

CONTENTS

I General Report

Ⅱ Hot Social Topics

Ⅲ Ranks

Ⅳ Special Subjects

总 报 告

General Report

B.1
2016～2017年甘肃舆情分析与预测

张谦元 *

摘 要： 2016年7～8月，甘肃省社会科学院舆情调研组，深入甘肃省14个市州进行了问卷抽样调查和个别访谈，形成14篇专题调研报告。本报告以各专题调研报告为基础，具体反映了甘肃民众对“创新、协调、绿色、开放、共享”五大发展理念的认知和反响，对精准扶贫“甘肃一号工程”的认识与评价，对房价、菜价和食品安全问题的关注度，产能过剩企业职工思想状况，对政府简政放权的认可，对新一轮农村改革的理解，对依法行政的认识，对基层正风反腐的认可，对司法体制改革的反响，对地方就业和创新创业环境的感受和

* 张谦元，甘肃省社会科学院研究员，主要研究方向为地方法治建设和政治社会学。

网络涉甘舆情等方面的调研结果。同时，对民众关注的社会热点问题做了分析，总结了2016年甘肃舆情的发展变化，预测了2017年甘肃舆情的基本态势。

关键词：　甘肃　舆情分析　舆情预测

2016年是我国进入全面建成小康社会决胜阶段的开局之年。中共十八届五中全会明确了未来5年我国发展的方向。十八届六中全会更加强调从严治党。全党上下积极开展“两学一做”学习教育活动，把学习习近平总书记“七一”重要讲话精神同学习党的理论特别是习近平总书记系列重要讲话精神结合，不忘初心，继续前进。坚持“创新、协调、绿色、开放、共享”的发展理念，着力推进结构性改革，中央各项深化改革措施出台，“一带一路”开发战略取得新进展，经济发展步入新常态，社会和谐稳定。

过去的一年，在甘肃省委、省政府的领导下，全省各地根据省十二次党代会决策部署和2016年常委会工作要点，按照贯彻“四个全面”、践行“五大理念”、抓好“五个最大”的工作思路，坚持稳中求进工作总基调，注重以供给侧改革促提质增效升级，以“甘肃一号工程”促全面小康建设，以深化改革开放促发展动力增强，以“两学一做”学习教育促党风政风好转，统筹各项事业，全省呈现经济平稳发展、改革有序推进、民生继续改善、社会和谐稳定的良好局面。

在这样一个社会大背景下，甘肃的舆情状况如何，又有怎样的发展变化和新的情况及特点。为此，2016年7～8月，甘肃省社会科学院舆情调研组深入本省的兰州、白银、定西、天水、武威、甘南、平凉、庆阳、陇南、临夏、酒泉、张掖、金昌、嘉峪关等市（州）做了问卷调查和访谈。舆情调查继续往年的做法，通过社会分层和抽样方法进行。首先仍坚持运用我国社会学家陆学艺先生将社会结构划分为国家与社会管理者、经理人员、私营企业主、专业技术人员、办事人员、个体工商户、商业服务业人员、产业工人、农业劳动者、无业失业人员十大阶层的理论，按社会阶层人口的比例分层安排问卷数量和访谈人数。同时，兼顾其地域、经济发展状况以及性别、年龄、民族、文化程度、城乡等社会学统计要素。本次调研共设计14个专题300多个问题，共发放问卷3123份，收回有效问卷3048份，并使用SPSS软件处理分析数据，个别访谈数百人次。本文就本次调查情况做一下概括。

一　转变发展方式，践行五大发展理念

中国共产党十八届五中全会提出了“创新、协调、绿色、开放、共享”五大发展理念，这是中国共产党认识把握社会发展规律的再深化和新飞跃，是对中国特色社会主义理论的丰富和发展。五大发展理念的提出备受社会各界关注，并产生了重大反响。为此，课题组以“民众对‘创新、协调、绿色、开放、共享’五大发展理念的认知和反响”为题做了专门调查，共发放问卷670份，收回有效问卷660份。

（一）民众对“五大发展理念”有一定的认知

1.近九成的被访者对五大发展理念有不同程度的认知

调查显示，在658位被访者中，问及“您之前听说过‘五大发展理念’的提法吗”，有97位选择了“知道，很了解”，占14.74%；有243位选择了“了解部分内容”，占36.93%；有250位选择了“听说过，但具体情况不了解”，占37.99%；有68位选择了“不知道”，占10.34%。其中，听说过和有一定了解的比例达89.66%，接

近九成。

2. 九成多的被访者反映在五大发展理念引领下“获得感”有不同程度提升和一般

调查显示，在658位被访者中，问及“在五大发展理念的引领下，您觉得人们‘获得感’的提升程度如何”时，有38位选择了“很大提升”，占5.78%；有181位选择了“较大提升”，占27.51%；有390位选择了“一般”，占59.27%；有49位选择了“没有提升”，占7.44%。其中，一般和有一定程度提升的占92.56%。不过选择提升程度一般的比例较高，达59.27%，这也说明，贯彻五大发展理念需要一个过程，各地必须做艰苦细致的工作。

（二）民众对五大发展理念的具体实践有较高的认可度

1. 九成多的被访者对创新理念在现实生活中的具体体现和进展不同程度地表示满意

调查显示，问及“您对当前‘创新理念’在现实生活中的具体体现和进展的感受如何”时，有149位被访者选择了“很满意”，占22.85%；有213位被访者选择了“比较满意”，占32.67%；有256位被访者选择了“一般”，占39.26%；有27位被访者选择了“不太满意”，占4.14%；有7位被访者选择了“不满意”，占1.08%。其中，很满意、比较满意和一般的比例达94.78%，这也说明民众对创新理念的认可。

2. 民众对贯彻落实五大发展理念的关注点较为集中

调查显示，有40.44%的被访者认为，贯彻“创新理念”的重中之重是抓好制度创新。有28.55%的被访者认为，贯彻“协调理念”，主要应做好新型工业化、信息化、城镇化和农业现代化的同步发展。有43.20%的被访者认为，贯彻“绿色理念”应当关注绿色环境发展理念。

（三）民众对本地贯彻落实五大发展理念面临的困难和挑战的认识

调查显示，问及“您认为，本地贯彻落实五大发展理念，还在以下哪些方面面临困难和挑战（多选题）”时，在12个选项中，从高到低排在第1位的是就业（70.15%），排在第2位的是医疗（64.24%），排在第3位的是住房（63.03%），排在第4位的是教育（57.42%），排在第5位是食品安全（54.85%），其他依次是收入（50.19%）、物价（49.55%）、社会保障（44.24%）、环保（30.45%）、交通（27.58%）、社会和谐（22.58%）。从选项反映的问题看，解决民生问题与贯彻五大发展理念关系密切。

二　精准扶贫，确保全面建成小康社会

精准扶贫是中央打好扶贫攻坚战、确保全面建成小康社会的重大决策部署。2015年以来，甘肃省认真贯彻中央扶贫开发工作会议精神，把精准扶贫作为“甘肃一号工程”。精准扶贫的目的是确保到2020年全省全面建成小康社会。为了解民众对精准扶贫这一“甘肃一号工程”的认识和评价，课题组就这一问题做了专题调查。共发放问卷670份，收回有效问卷660份。

（一）绝大多数民众对精准扶贫有所了解

1. 九成以上的被访者对精准扶贫有不同程度的了解

调查显示，问及“您了解精准扶贫的具体内容吗”，有175位被访者选择了“知道，很了解”，占26.52%；有266位被访者选择了“了解部分内容”，占40.30%；有170位被访者选择了“听说过，但具体情况不了解”，占25.76%；有49位被访者选择了

“不知道”，占 7.42%。其中，了解、部分了解和听说过的占 92.58%。

2. 近九成的被访者同意精准扶贫是“甘肃一号工程”的提法

调查显示，问及“‘精准扶贫’是甘肃的‘一号工程’，您对这个提法的态度是如何的”时，有 33.08% 的被访者选择“完全同意”，有 18.21% 的被访者选择“比较同意”，有 37.94% 的被访者选择“基本同意”，有 5.31% 的被访者选择“不太同意”，有 5.46% 的被访者选择“完全不同意”。其中，89.23% 的被访者不同程度地表示了同意的看法。甘肃是一个经济发展落后的地区，贫困人口多，贫困面大，建成小康社会扶贫脱贫任务十分艰巨，把“精准扶贫”列为“一号工程”具有重要意义。

（二）民众对精准扶贫工作的满意度提高

1. 九成多的被访者对精准扶贫不同程度地表示了满意态度

调查显示，问及“您对‘精准扶贫’工作满意程度”时，有 9.88% 的被访者选择了“非常满意”，有 32.07% 的被访者选择了“满意”，有 53.34% 的被访者选择了“一般”，有 3.34% 的被访者选择了“不满意”，有 1.37% 的被访者选择了“很不满意”。其中，95.29% 的被访者不同程度地表示了满意态度（包括非常满意、满意和一般）。

2. 八成多的被访者认为精准扶贫政策实施成效明显

调查显示，问及“您对目前精准扶贫政策的实施效果总体评价如何”时，有 55.34% 的被访者认为扶贫政策已见成效，少数贫困户得到扶持；有 30.79% 的被访者认为扶贫政策成效大，多数贫困户得到扶持；有 13.87% 的被访者认为贫困户扶贫只能靠自己，没得到扶持。其中，86.13% 的被访者认为精准扶贫政策实施已见成效。

三 房价、菜价和食品安全，民众重点关注的民生问题

近年来，房价居高不下，2015年冬至2016年春甘肃许多地方部分蔬菜价格上涨，房价、菜价的波动直接影响着居民生活，受到社会各界的关注。为此，课题组就“民众对房价、菜价的关注及相关建议”做了专题调查。食品安全问题也是近年民众高度关注的社会热点问题，如何使民众由“吃饱”到“吃好”“吃得安全”，是重要的民生工程、民心工程。为了解民众对食品安全问题的关注度及其建议，课题组就此问题做了调查。该项调查共发放问卷670份，收回有效问卷660份。

（一）民众对房价、菜价的关注和建议

1. 九成多的被访者认为商品房价格高，不能接受

调查显示，问及“您如何看待目前的房价及房价的上涨”时，有44.16%的被访者认为“目前房价太高，很难接受”，有47.65%的被访者认为“目前房价偏高，难以接受”，有4.40%的被访者认为“目前房价合适，可以接受”，有3.79%的被访者表示“不了解”。其中，91.81%的被访者表示目前的房价高，不能接受。

2. 近八成的被访者认为蔬菜价格上涨会对生活产生影响

调查显示，问及“蔬菜价格的变化对您买菜（或生活）的影响大不大”时，有36.78%的被访者认为“影响很大”，有39.97%的被访者认为“影响较大”，有17.63%的被访者认为“一般”，有4.86%的被访者认为“影响不大”，有0.76%的被访者认为“没有影响”。其中，有76.75%的被访者认为蔬菜价格上涨会对生活产生影响。

3. 七成多的被访者建议政府加大对低收入者的住房保障

调查显示，问及“您认为政府还可以从哪些方面着手调控住房价格（多选题）”时，被访者选择回答由高到低排前3位的是，“加大对低收入者的住房保障”（72.06%），排第1位；“抑制房产投资，打击炒房”（61.68%），排第2位；“进一步放宽购房贷款政策”（44.73%），排第3位。其他依次是“降低房产交易税”（36.64%）、“进一步放松对公积金的使用限制”（34.35%）、“加大反腐力度”（34.35%）、“全面实行不动产统一登记制度”（23.97%）、“适时开征房产税”（15.88%）、“政府应少干涉，市场自行调节”（9.47%）。

4. 六成多的被访者认为政府应加强市场监管和减少蔬菜流通环节

调查显示，问及“您认为本地政府部门从以下哪些方面调控蔬菜价格会更有效（多选题）”时，被访者选择的选项由高到低排在前3位的是，“减少流通环节”（65.50%），排在第1位；“加强市场监管”（61.98%），排在第2位；“加强蔬菜基地建设”（53.44%），排在第3位。其他依次为“发布准确信息，打击虚假信息”（33.74%）、“增加外埠蔬菜调运”（32.82%）、“系统推进‘菜篮子’工程”（31.91%）、“加大财政资金的调节力度”（29.47%）。

（二）民众对食品安全问题的关注度及建议

1. 七成以上的被访者认为食品安全监管体制改革带来食品安全状况好转

调查显示，问及“您认为食品安全体制改革以来当地食品安全状况如何”时，有13.94%的被访者认为“大有好转”，有60.00%的被访者认为“有所好转”，有17.12%的被访者认为“与以前一样”，有5.91%的被访者认为“比以前更差”，有3.03%的被访者表示“不了解”。其中，73.94%的被访者认为食品安全监管体制改革以来食品安全状况出现好转。

2. 七成多的被访者对当前食品安全状况表示满意

调查显示，问及“您对目前当地食品安全状况是否满意”时，有2.89%的被访者表示“非常满意”，有14.16%的被访者表示“满意”，有54.79%的被访者表示“基本满意”，有26.03%的被访者表示“不满意”，有2.13%的被访者表示“不了解”。其中，71.84%的被访者程度不同地表示了满意。

3. 七成多的被访者对当地食品安全监管工作表示满意

调查显示，问及“您对当地政府的食品安全监管工作是否满意”时，有2.44%的被访者表示“非常满意”，有18.57%的被访者表示“满意”，有53.42%的被访者表示“基本满意”，有21.46%的被访者表示“不满意”，有4.11%的被访者表示“不了解”。其中，74.43%的被访者对当地食品安全监管工作表示满意。

4. 七成多的被访者对食品安全宣传教育工作表示满意

调查显示，问及“您对当地政府在食品安全方面的宣传教育工作的满意程度如何”时，有4.42%的被访者表示“非常满意”，有23.17%的被访者表示“满意”，有47.56%的被访者表示“基本满意”，有18.90%的被访者表示“不满意”，有5.95%的被访者表示“不了解”。其中，75.15%的被访者程度不同地表示了满意，这也表明各级政府在加强食品安全宣传方面的工作比较有成效。

5. 近九成的被访者对政府加强食品安全监管表示有信心

调查显示，问及“您对政府食品安全治理的信心程度如何”时，有8.88%的被访者表示“有充分信心”，有44.41%的被访者表示“有信心”，有34.92%的被访者表示“较有信心”，有7.04%的被访者表示“没有信心”，有4.75%的被访者表示“说不清”。其中，88.21%的被访者程度不同地表示有信心，这也说明近年来政府治理食品安全领域的问题已得到广大民众的认同。

6. 打击力度不够、执法监督疏漏、消费者安全意识不够仍是当前食品安全问题发生的主要原因

调查显示，问及“您认为造成当前食品安全问题的主要原因有哪些（多选题）”时，在多项选择回答中，被访者选择比例从高到低依次是：“打击力度不够”（68.04%），排在第1位；“执法监管疏漏”（61.77%），排在第2位；“消费者安全意识不够”（55.05%），排在第3位。其他依次是“利益驱动逃避责任”（42.05%）、“政策法规不健全”（34.10%）、“标准滞后”（19.24%）、“媒体误导草木皆兵”（10.24%）。

四　做好企业职工思想工作，推动产能过剩企业转型

当前，甘肃产业结构过于单一，产能过剩和粗放型经济增长方式矛盾集中，在供给侧改革过程中，产能过剩企业职工思想状况会直接或间接影响企业改革和发展模式转变。为了解产能过剩企业职工的思想状况，舆情调研组深入产能过剩企业就这方面的问题做了调查。该项调查共发放问卷210份，收回有效问卷210份。

（一）产能过剩企业经营状况较差，企业职工经济状况存在困难

1. 六成以上的被访者认为企业经营状况处于“勉强维持”状态

调查显示，问及“您对所在企业经营状况的感受如何”时，有60.47%的被访者认为企业处在“勉强维持”状态，有35.72%的被访者认为企业处在“稳健发展”状态，有3.81%的被访者表示“不太清楚”。

2. 四成以上的被访者表示自身经济状况存在困难

调查显示，问及“您的收入或经济状况如何”时，有5.24%的

被访者表示“很困难”，有36.67%的被访者表示“比较困难”，有48.57%的被访者表示“一般”，有9.52%的被访者认为自己的经济状况属于“小康”。企业职工经济状况存在困难，必然反映在思想状况或生活态度上，安置好产能过剩企业职工的生活，对于稳定职工思想情绪、推动产能过剩企业转型非常重要。

（二）产能过剩企业职工需要政府解决的主要问题或困难

1.“文化、技术等培训”“养老保险”“社会保障”等是产能过剩企业职工主要关注的问题

调查显示，问及“您认为最需要国家解决的困难问题有哪些（多选题）”时，有36.49%的被访者选择了“文化、技术等培训”，有27.36%的被访者选择了“养老保险”，有20.95%的被访者选择了“社会保障”，有11.15%的被访者选择了“下岗再就业”，选择“其他”的有4.05%。调查表明，“文化、技术等培训”“养老保险”“社会保障”等是产能过剩企业职工主要关注和政府工作应当进一步着力解决的问题。

2.近七成的被访者认为当地就业机会太少

调查显示，问及“您认为产能过剩企业职工再就业存在困难的原因有哪些”时，有69.05%的被访者认为“就业机会太少”，有27.62%的被访者认为“缺乏政策支持”，有3.33%的被访者认为是“自身素质问题”。产能过剩企业职工就业机会少，需要当地政府出实招，有针对性地解决他们的再就业问题。

五　政府简政放权，释放创业创新活力

简政放权是转变政府职能的重要方面，也是近年来政府行政体制改革的重要内容。简政放权，减少政府对企业微观经济行为的过度干

预，有助于激发市场主体的创新活力，增强经济发展的内生动力。民营企业、个体工商户对政府简政放权过程是有切身感受的。为了解这方面的情况，调研组以“民营企业、个体工商户对政府简政放权的认可和建议”为题做了调查。该项调查共发放问卷180份，收回有效问卷168份。

（一）民营企业、个体工商户群体对政府简政放权的具体举措认可度较高

1. 八成以上的被访者对政府取消一批职业资格许可和认定事项表示赞同

调查显示，问及“您对政府取消一批职业资格许可和认定事项的改革举措的看法如何”时，有9.52%的被访者认为“很好”，有51.79%的被访者认为“较好”，有21.43%的被访者认为“一般”，有11.90%的被访者认为“不好”，有5.36%的被访者认为“很差”。其中，82.74%的被访者不同程度地表示了认可和赞同。

2. 八成多的被访者对政府下放行政审批事项表示认可

调查显示，问及“您对政府下放行政审批事项的改革举措的看法如何”时，有13.69%的被访者表示“很好”，有61.31%的被访者表示“较好”，有12.50%的被访者表示“一般”，有10.71%的被访者认为“不好”，有1.79%的被访者认为“很差”。其中，87.50%的被访者不同程度地表示了认可。

3. 九成以上的被访者对政府加强小微企业和创业创新的减税降费改革措施表示赞同

调查显示，问及“您对政府加强小微企业和创业创新的减税降费改革举措的看法如何”时，有19.05%的被访者认为“很好”，有48.81%的被访者认为“较好”，有24.40%的被访者认为“一般”，有5.36%的被访者认为“不好”，有2.38%的被访者认为“很差”。

社长致辞

伴随着今冬的第一场雪，2017年很快就要到了。世界每天都在发生着让人眼花缭乱的变化，而唯一不变的，是面向未来无数的可能性。作为个体，如何获取专业信息以备不时之需？作为行政主体或企事业主体，如何提高决策的科学性让这个世界变得更好而不是更糟？原创、实证、专业、前沿、及时、持续，这是1997年“皮书系列”品牌创立的初衷。

1997～2017，从最初一个出版社的学术产品名称到媒体和公众使用频率极高的热点词语，从专业术语到大众话语，从官方文件到独特的出版型态，作为重要的智库成果，“皮书”始终致力于成为海量信息时代的信息过滤器，成为经济社会发展的记录仪，成为政策制定、评估、调整的智力源，社会科学研究的资料集成库。“皮书”的概念不断延展，“皮书”的种类更加丰富，“皮书”的功能日渐完善。

1997～2017，皮书及皮书数据库已成为中国新型智库建设不可或缺的抓手与平台，成为政府、企业和各类社会组织决策的利器，成为人文社科研究最基本的资料库，成为世界系统完整及时认知当代中国的窗口和通道！“皮书”所具有的凝聚力正在形成一种无形的力量，吸引着社会各界关注中国的发展，参与中国的发展。

二十年的“皮书”正值青春，愿每一位皮书人付出的年华与智慧不辜负这个时代！

社会科学文献出版社社长
中国社会学会秘书长

2016年11月

社会科学文献出版社简介

社会科学文献出版社成立于1985年，是直属于中国社会科学院的人文社会科学专业学术出版机构。

成立以来，社科文献依托于中国社会科学院丰厚的学术出版和专家学者资源，坚持“创社科经典，出传世文献”的出版理念和“权威、前沿、原创”的产品定位，逐步走上了智库产品与专业学术成果系列化、规模化、数字化、国际化、市场化发展的经营道路，取得了令人瞩目的成绩。

学术出版 社科文献先后策划出版了“皮书”系列、“列国志”、“社科文献精品译库”、“全球化译丛”、“全面深化改革研究书系”、“近世中国”、“甲骨文”、“中国史话”等一大批既有学术影响又有市场价值的图书品牌和学术品牌，形成了较强的学术出版能力和资源整合能力。2016年社科文献发稿5.5亿字，出版图书2000余种，承印发行中国社会科学院院属期刊72种。

数字出版 凭借着雄厚的出版资源整合能力，社科文献长期以来一直致力于从内容资源和数字平台两个方面实现传统出版的再造，并先后推出了皮书数据库、列国志数据库、中国田野调查数据库等一系列数字产品。2016年数字化加工图书近4000种，文字处理量达10亿字。数字出版已经初步形成了产品设计、内容开发、编辑标引、产品运营、技术支持、营销推广等全流程体系。

国际出版 社科文献通过学术交流和国际书展等方式积极参与国际学术和国际出版的交流合作，努力将中国优秀的人文社会科学研究成果推向世界，从构建国际话语体系的角度推动学术出版国际化。目前已与英、荷、法、德、美、日、韩等国及港澳台地区近 40 家出版和学术文化机构建立了长期稳定的合作关系。

融合发展 紧紧围绕融合发展战略，社科文献全面布局融合发展和数字化转型升级，成效显著。以核心资源和重点项目为主的社科文献数据库产品群和数字出版体系日臻成熟，“一带一路”系列研究成果与专题数据库、阿拉伯问题研究国别基础库及中阿文化交流数据库平台等项目开启了社科文献向专业知识服务商转型的新篇章，成为行业领先。

此外，社科文献充分利用网络媒体平台，积极与各类媒体合作，并联合大型书店、学术书店、机场书店、网络书店、图书馆，构建起强大的学术图书内容传播平台，学术图书的媒体曝光率居全国之首，图书馆藏率居于全国出版机构前十位。

有温度，有情怀，有视野，更有梦想。未来社科文献将继续坚持专业化学术出版之路不动摇，着力搭建最具影响力的智库产品整合及传播平台、学术资源共享平台，为实现“社科文献梦”奠定坚实基础。

经 济 类

经济类皮书涵盖宏观经济、城市经济、大区域经济，
提供权威、前沿的分析与预测

经济蓝皮书

2017 年中国经济形势分析与预测

李扬 / 主编　2016 年 12 月出版　定价：89.00 元

◆　本书为总理基金项目，由著名经济学家李扬领衔，联合中国社会科学院等数十家科研机构、国家部委和高等院校的专家共同撰写，系统分析了 2016 年的中国经济形势并预测 2017 年我国经济运行情况。

中国省域竞争力蓝皮书

中国省域经济综合竞争力发展报告（2015 ~ 2016）

李建平　李闽榕　高燕京 / 主编　2017 年 2 月出版　估价：198.00 元

◆　本书融多学科的理论为一体，深入追踪研究了省域经济发展与中国国家竞争力的内在关系，为提升中国省域经济综合竞争力提供有价值的决策依据。

城市蓝皮书

中国城市发展报告 No.10

潘家华　单菁菁 / 主编　2017 年 9 月出版　估价：89.00 元

◆　本书是由中国社会科学院城市发展与环境研究中心编著的，多角度、全方位地立体展示了中国城市的发展状况，并对中国城市的未来发展提出了许多建议。该书有强烈的时代感，对中国城市发展实践有重要的参考价值。

人口与劳动绿皮书

中国人口与劳动问题报告 No.18

蔡昉　张车伟 / 主编　2017 年 10 月出版　估价：89.00 元

◆　本书为中国社科院人口与劳动经济研究所主编的年度报告，对当前中国人口与劳动形势做了比较全面和系统的深入讨论，为研究我国人口与劳动问题提供了一个专业性的视角。

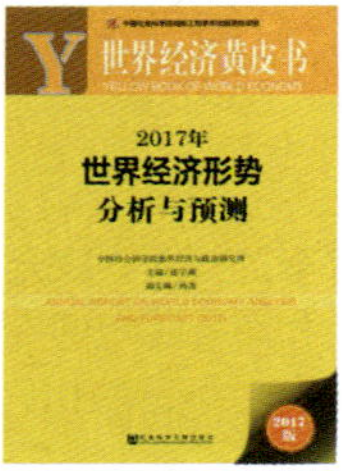

世界经济黄皮书

2017 年世界经济形势分析与预测

张宇燕 / 主编　2016 年 12 月出版　定价：89.00 元

◆　本书由中国社会科学院世界经济与政治研究所的研究团队撰写，2016 年世界经济增速进一步放缓，就业增长放慢。世界经济面临许多重大挑战同时，地缘政治风险、难民危机、大国政治周期、恐怖主义等问题也仍然在影响世界经济的稳定与发展。预计 2017 年按 PPP 计算的世界 GDP 增长率约为 3.0%。

国际城市蓝皮书

国际城市发展报告（2017）

屠启宇 / 主编　2017 年 2 月出版　估价：89.00 元

◆　本书作者以上海社会科学院从事国际城市研究的学者团队为核心，汇集同济大学、华东师范大学、复旦大学、上海交通大学、南京大学、浙江大学相关城市研究专业学者。立足动态跟踪介绍国际城市发展时间中，最新出现的重大战略、重大理念、重大项目、重大报告和最佳案例。

金融蓝皮书

中国金融发展报告（2017）

李扬　王国刚 / 主编　2017 年 1 月出版　估价：89.00 元

◆　本书由中国社会科学院金融研究所组织编写，概括和分析了 2016 年中国金融发展和运行中的各方面情况，研讨和评论了 2016 年发生的主要金融事件，有利于读者了解掌握 2016 年中国的金融状况，把握 2017 年中国金融的走势。

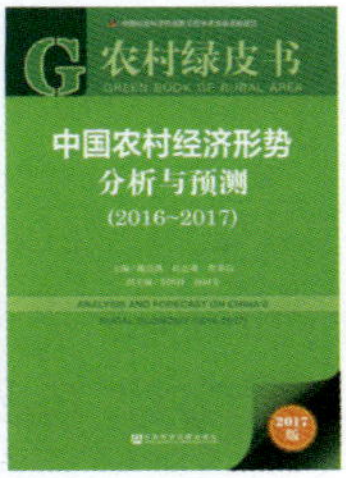

农村绿皮书

中国农村经济形势分析与预测（2016 ～ 2017）

魏后凯　杜志雄　黄秉信 / 著　2017 年 4 月出版　估价：89.00 元

◆　本书描述了 2016 年中国农业农村经济发展的一些主要指标和变化，并对 2017 年中国农业农村经济形势的一些展望和预测，提出相应的政策建议。

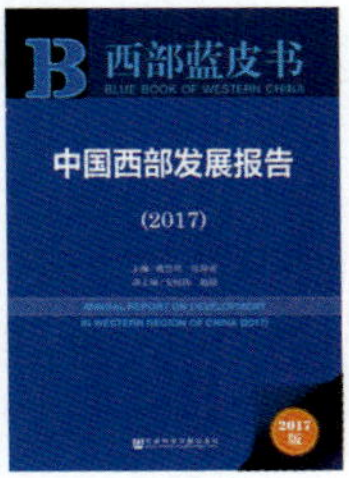

西部蓝皮书

中国西部发展报告（2017）

姚慧琴　徐璋勇 / 主编　2017 年 9 月出版　估价：89.00 元

◆　本书由西北大学中国西部经济发展研究中心主编，汇集了源自西部本土以及国内研究西部问题的权威专家的第一手资料，对国家实施西部大开发战略进行年度动态跟踪，并对 2017 年西部经济、社会发展态势进行预测和展望。

经济蓝皮书・夏季号

中国经济增长报告（2016 ～ 2017）

李扬 / 主编　2017 年 9 月出版　估价：98.00 元

◆　中国经济增长报告主要探讨 2016~2017 年中国经济增长问题，以专业视角解读中国经济增长，力求将其打造成一个研究中国经济增长、服务宏微观各级决策的周期性、权威性读物。

就业蓝皮书

2017 年中国本科生就业报告

麦可思研究院 / 编著　2017 年 6 月出版　估价：98.00 元

◆　本书基于大量的数据和调研，内容翔实，调查独到，分析到位，用数据说话，对我国大学生教育与发展起到了很好的建言献策作用。

社会政法类

社会政法类皮书聚焦社会发展领域的热点、难点问题，
提供权威、原创的资讯与视点

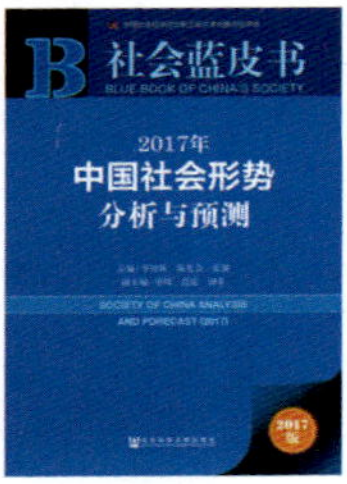

社会蓝皮书

2017 年中国社会形势分析与预测

李培林　陈光金　张翼 / 主编　2016 年 12 月出版　定价：89.00 元

◆　本书由中国社会科学院社会学研究所组织研究机构专家、高校学者和政府研究人员撰写，聚焦当下社会热点，对 2016 年中国社会发展的各个方面内容进行了权威解读，同时对 2017 年社会形势发展趋势进行了预测。

法治蓝皮书

中国法治发展报告 No.15（2017）

李林　田禾 / 主编　2017 年 3 月出版　估价：118.00 元

◆　本年度法治蓝皮书回顾总结了 2016 年度中国法治发展取得的成就和存在的不足，并对 2017 年中国法治发展形势进行了预测和展望。

社会体制蓝皮书

中国社会体制改革报告 No.5（2017）

龚维斌 / 主编　2017 年 4 月出版　估价：89.00 元

◆　本书由国家行政学院社会治理研究中心和北京师范大学中国社会管理研究院共同组织编写，主要对 2016 年社会体制改革情况进行回顾和总结，对 2017 年的改革走向进行分析，提出相关政策建议。

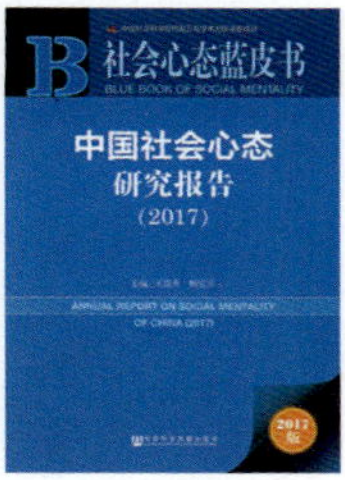

社会心态蓝皮书

中国社会心态研究报告（2017）

王俊秀　杨宜音 / 主编　2017 年 12 月出版　估价：89.00 元

◆　本书是中国社会科学院社会学研究所社会心理研究中心“社会心态蓝皮书课题组”的年度研究成果，运用社会心理学、社会学、经济学、传播学等多种学科的方法进行了调查和研究，对于目前我国社会心态状况有较广泛和深入的揭示。

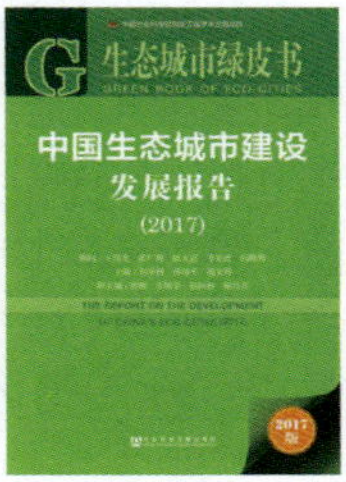

生态城市绿皮书

中国生态城市建设发展报告（2017）

刘举科　孙伟平　胡文臻 / 主编　2017 年 7 月出版　估价：118.00 元

◆　报告以绿色发展、循环经济、低碳生活、民生宜居为理念，以更新民众观念、提供决策咨询、指导工程实践、引领绿色发展为宗旨，试图探索一条具有中国特色的城市生态文明建设新路。

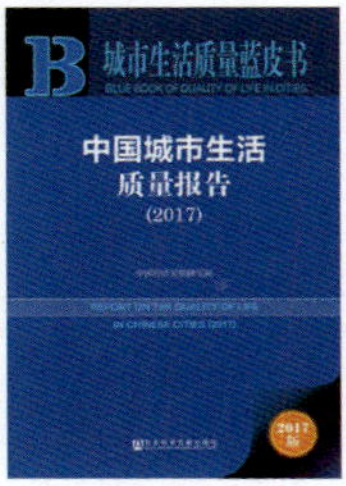

城市生活质量蓝皮书

中国城市生活质量报告（2017）

中国经济实验研究院 / 主编　2017 年 7 月出版　估价：89.00 元

◆　本书对全国 35 个城市居民的生活质量主观满意度进行了电话调查，同时对 35 个城市居民的客观生活质量指数进行了计算，为我国城市居民生活质量的提升，提出了针对性的政策建议。

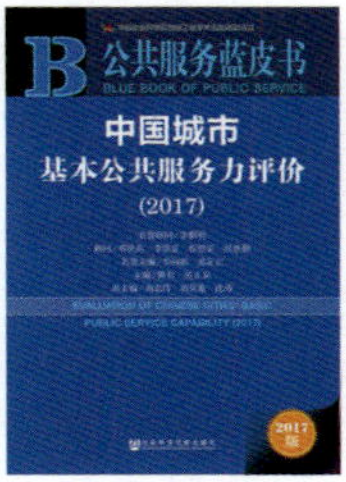

公共服务蓝皮书

中国城市基本公共服务力评价（2017）

钟君　吴正杲 / 主编　2017 年 12 月出版　估价：89.00 元

◆　中国社会科学院经济与社会建设研究室与华图政信调查组成联合课题组，从 2010 年开始对基本公共服务力进行研究，研创了基本公共服务力评价指标体系，为政府考核公共服务与社会管理工作提供了理论工具。

行 业 报 告 类

行业报告类皮书立足重点行业、新兴行业领域，
提供及时、前瞻的数据与信息

企业社会责任蓝皮书

中国企业社会责任研究报告（2017）

黄群慧　钟宏武　张蒽　翟利峰 / 著　2017 年 10 月出版　估价：89.00 元

◆　本书剖析了中国企业社会责任在 2016 ~ 2017 年度的最新发展特征，详细解读了省域国有企业在社会责任方面的阶段性特征，生动呈现了国内外优秀企业的社会责任实践。 对了解中国企业社会责任履行现状、未来发展，以及推动社会责任建设有重要的参考价值。

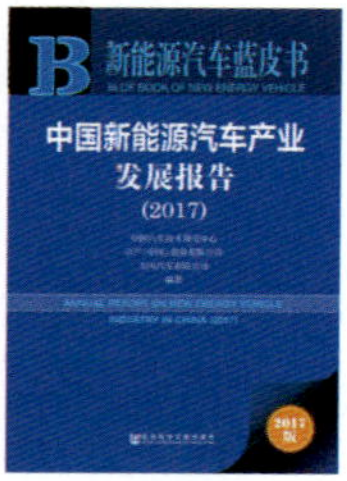

新能源汽车蓝皮书

中国新能源汽车产业发展报告（2017）

中国汽车技术研究中心　日产（中国）投资有限公司
东风汽车有限公司 / 编著　2017 年 7 月出版　估价：98.00 元

◆　本书对我国 2016 年新能源汽车产业发展进行了全面系统的分析，并介绍了国外的发展经验。有助于相关机构、行业和社会公众等了解中国新能源汽车产业发展的最新动态，为政府部门出台新能源汽车产业相关政策法规、企业制定相关战略规划，提供必要的借鉴和参考。

杜仲产业绿皮书

中国杜仲橡胶资源与产业发展报告（2016 ~ 2017）

杜红岩　胡文臻　俞锐 / 主编　2017 年 1 月出版　估价：85.00 元

◆　本书对 2016 年来的杜仲产业的发展情况、研究团队在杜仲研究方面取得的重要成果、部分地区杜仲产业发展的具体情况、杜仲新标准的制定情况等进行了较为详细的分析与介绍，使广大关心杜仲产业发展的读者能够及时跟踪产业最新进展。

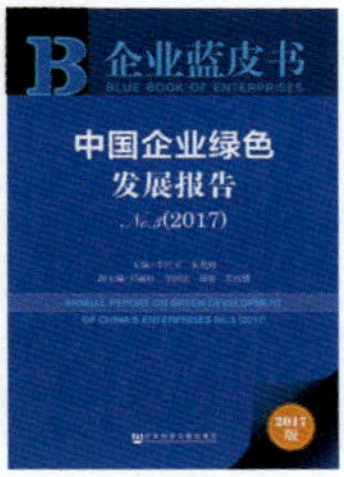

企业蓝皮书

中国企业绿色发展报告 No.2（2017）

李红玉　朱光辉 / 主编　　2017 年 8 月出版　　估价：89.00 元

◆　本书深入分析中国企业能源消费、资源利用、绿色金融、绿色产品、绿色管理、信息化、绿色发展政策及绿色文化方面的现状，并对目前存在的问题进行研究，剖析因果，谋划对策。为企业绿色发展提供借鉴，为我国生态文明建设提供支撑。

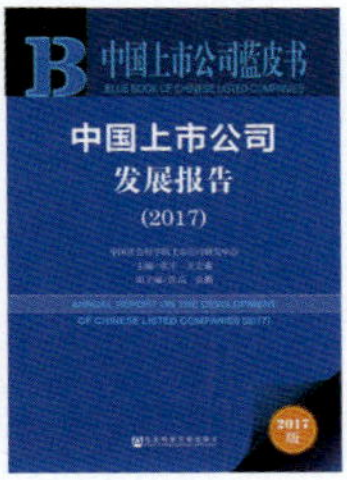

中国上市公司蓝皮书

中国上市公司发展报告（2017）

张平　王宏淼 / 主编　　2017 年 10 月出版　　估价：98.00 元

◆　本书由中国社会科学院上市公司研究中心组织编写的，着力于全面、真实、客观反映当前中国上市公司财务状况和价值评估的综合性年度报告。本书详尽分析了 2016 年中国上市公司情况，特别是现实中暴露出的制度性、基础性问题，并对资本市场改革进行了探讨。

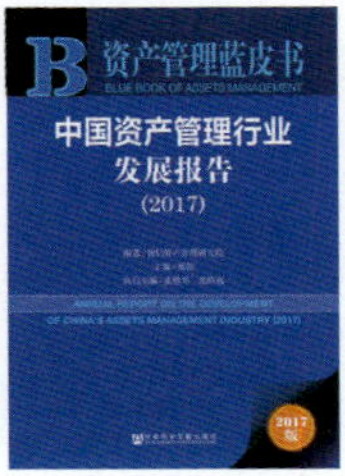

资产管理蓝皮书

中国资产管理行业发展报告（2017）

智信资产管理研究院 / 编著　　2017 年 6 月出版　　估价：89.00 元

◆　中国资产管理行业刚刚兴起，未来将中国金融市场最有看点的行业。本书主要分析了 2016 年度资产管理行业的发展情况，同时对资产管理行业的未来发展做出科学的预测。

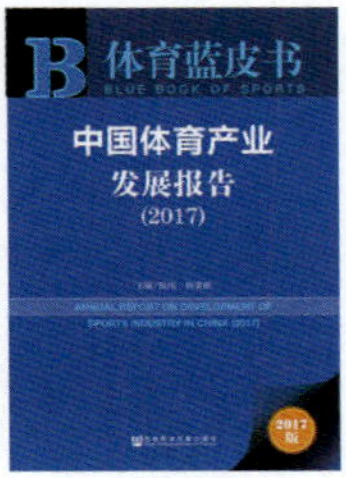

体育蓝皮书

中国体育产业发展报告（2017）

阮伟　钟秉枢 / 主编　　2017 年 12 月出版　　估价：89.00 元

◆　本书运用多种研究方法，在对于体育竞赛业、体育用品业、体育场馆业、体育传媒业等传统产业研究的基础上，紧紧围绕 2016 年体育领域内的各种热点事件进行研究和梳理，进一步拓宽了研究的广度、提升了研究的高度、挖掘了研究的深度。

国别与地区类

国别与地区类皮书关注全球重点国家与地区，
提供全面、独特的解读与研究

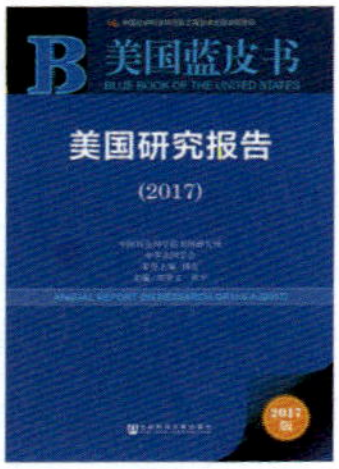

美国蓝皮书

美国研究报告（2017）

郑秉文　黄平 / 主编　2017 年 6 月出版　估价：89.00 元

◆　本书是由中国社会科学院美国所主持完成的研究成果，它回顾了美国 2016 年的经济、政治形势与外交战略，对 2017 年以来美国内政外交发生的重大事件及重要政策进行了较为全面的回顾和梳理。

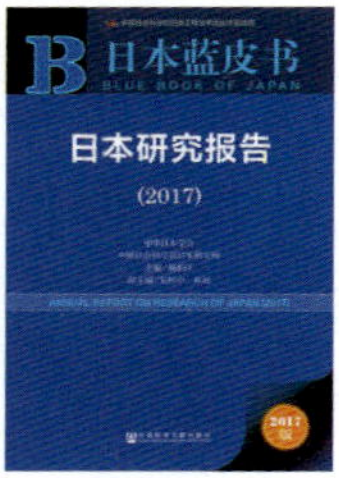

日本蓝皮书

日本研究报告（2017）

杨伯江 / 主编　2017 年 5 月出版　估价：89.00 元

◆　本书对 2016 年拉丁美洲和加勒比地区诸国的政治、经济、社会、外交等方面的发展情况做了系统介绍，对该地区相关国家的热点及焦点问题进行了总结和分析，并在此基础上对该地区各国 2017 年的发展前景做出预测。

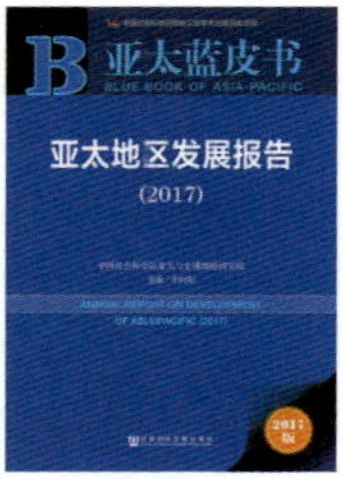

亚太蓝皮书

亚太地区发展报告（2017）

李向阳 / 主编　2017 年 3 月出版　估价：89.00 元

◆　本书是中国社会科学院亚太与全球战略研究院的集体研究成果。2016 年的“亚太蓝皮书”继续关注中国周边环境的变化。该书盘点了 2016 年亚太地区的焦点和热点问题，为深入了解 2016 年及未来中国与周边环境的复杂形势提供了重要参考。

德国蓝皮书

德国发展报告（2017）

郑春荣 / 主编　2017 年 6 月出版　估价：89.00 元

◆　本报告由同济大学德国研究所组织编撰，由该领域的专家学者对德国的政治、经济、社会文化、外交等方面的形势发展情况，进行全面的阐述与分析。

日本经济蓝皮书

日本经济与中日经贸关系研究报告（2017）

王洛林　张季风 / 编著　2017 年 5 月出版　估价：89.00 元

◆　本书系统、详细地介绍了 2016 年日本经济以及中日经贸关系发展情况，在进行了大量数据分析的基础上，对 2017 年日本经济以及中日经贸关系的大致发展趋势进行了分析与预测。

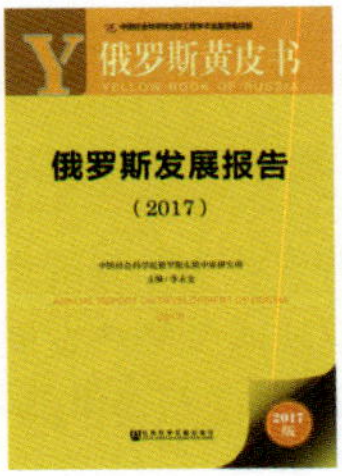

俄罗斯黄皮书

俄罗斯发展报告（2017）

李永全 / 编著　2017 年 7 月出版　估价：89.00 元

◆　本书系统介绍了 2016 年俄罗斯经济政治情况，并对 2016 年该地区发生的焦点、热点问题进行了分析与回顾；在此基础上，对该地区 2017 年的发展前景进行了预测。

非洲黄皮书

非洲发展报告 No.19（2016 ~ 2017）

张宏明 / 主编　2017 年 8 月出版　估价：89.00 元

◆　本书是由中国社会科学院西亚非洲研究所组织编撰的非洲形势年度报告，比较全面、系统地分析了 2016 年非洲政治形势和热点问题，探讨了非洲经济形势和市场走向，剖析了大国对非洲关系的新动向；此外，还介绍了国内非洲研究的新成果。

地方发展类

地方发展类皮书关注中国各省份、经济区域，
提供科学、多元的预判与资政信息

北京蓝皮书

北京公共服务发展报告（2016~2017）

施昌奎 / 主编　2017 年 2 月出版　估价：89.00 元

◆　本书是由北京市政府职能部门的领导、首都著名高校的教授、知名研究机构的专家共同完成的关于北京市公共服务发展与创新的研究成果。

河南蓝皮书

河南经济发展报告（2017）

张占仓 / 编著　2017 年 3 月出版　估价：89.00 元

◆　本书以国内外经济发展环境和走向为背景，主要分析当前河南经济形势，预测未来发展趋势，全面反映河南经济发展的最新动态、热点和问题，为地方经济发展和领导决策提供参考。

广州蓝皮书

2017 年中国广州经济形势分析与预测

庾建设　陈浩钿　谢博能 / 主编　2017 年 7 月出版　估价：85.00 元

◆　本书由广州大学与广州市委政策研究室、广州市统计局联合主编，汇集了广州科研团体、高等院校和政府部门诸多经济问题研究专家、学者和实际部门工作者的最新研究成果，是关于广州经济运行情况和相关专题分析、预测的重要参考资料。

文化传媒类

文化传媒类皮书透视文化领域、文化产业，
探索文化大繁荣、大发展的路径

新媒体蓝皮书

中国新媒体发展报告 No.8（2017）

唐绪军 / 主编　2017 年 6 月出版　估价：89.00 元

◆　本书是由中国社会科学院新闻与传播研究所组织编写的关于新媒体发展的最新年度报告，旨在全面分析中国新媒体的发展现状，解读新媒体的发展趋势，探析新媒体的深刻影响。

移动互联网蓝皮书

中国移动互联网发展报告（2017）

官建文 / 编著　2017 年 6 月出版　估价：89.00 元

◆　本书着眼于对中国移动互联网 2016 年度的发展情况做深入解析，对未来发展趋势进行预测，力求从不同视角、不同层面全面剖析中国移动互联网发展的现状、年度突破及热点趋势等。

传媒蓝皮书

中国传媒产业发展报告（2017）

崔保国 / 主编　2017 年 5 月出版　估价：98.00 元

◆　“传媒蓝皮书”连续十多年跟踪观察和系统研究中国传媒产业发展。本报告在对传媒产业总体以及各细分行业发展状况与趋势进行深入分析基础上，对年度发展热点进行跟踪，剖析新技术引领下的商业模式，对传媒各领域发展趋势、内体经营、传媒投资进行解析，为中国传媒产业正在发生的变革提供前瞻行参考。

经济类

“三农”互联网金融蓝皮书
中国“三农”互联网金融发展报告（2017）
著(编)者：李勇坚 王弢　2017年8月出版 / 估价：98.00元
PSN B-2016-561-1/1

G20国家创新竞争力黄皮书
二十国集团（G20）国家创新竞争力发展报告（2016~2017）
著(编)者：李建平 李闽榕 赵新力 周天勇
2017年8月出版 / 估价：158.00元
PSN Y-2011-229-1/1

产业蓝皮书
中国产业竞争力报告（2017）No.7
著(编)者：张其仔　2017年12月出版 / 估价：98.00元
PSN B-2010-175-1/1

城市创新蓝皮书
中国城市创新报告（2017）
著(编)者：周天勇 旷建伟　2017年11月出版 / 估价：89.00元
PSN B-2013-340-1/1

城市蓝皮书
中国城市发展报告 No.10
著(编)者：潘家华 单菁菁　2017年9月出版 / 估价：89.00元
PSN B-2007-091-1/1

城乡一体化蓝皮书
中国城乡一体化发展报告（2016～2017）
著(编)者：汝信 付崇兰　2017年7月出版 / 估价：85.00元
PSN B-2011-226-1/2

城镇化蓝皮书
中国新型城镇化健康发展报告（2017）
著(编)者：张占斌　2017年8月出版 / 估价：89.00元
PSN B-2014-396-1/1

创新蓝皮书
创新型国家建设报告（2016～2017）
著(编)者：詹正茂　2017年12月出版 / 估价：89.00元
PSN B-2009-140-1/1

创业蓝皮书
中国创业发展报告（2016～2017）
著(编)者：黄群慧 赵卫星 钟宏武等
2017年11月出版 / 估价：89.00元
PSN B-2016-578-1/1

低碳发展蓝皮书
中国低碳发展报告（2016~2017）
著(编)者：齐晔 张希良　2017年3月出版 / 估价：98.00元
PSN B-2011-223-1/1

低碳经济蓝皮书
中国低碳经济发展报告（2017）
著(编)者：薛进军 赵忠秀　2017年6月出版 / 估价：85.00元
PSN B-2011-194-1/1

东北蓝皮书
中国东北地区发展报告（2017）
著(编)者：朱宇 张新颖　2017年12月出版 / 估价：89.00元
PSN B-2006-067-1/1

发展与改革蓝皮书
中国经济发展和体制改革报告No.8
著(编)者：邹东涛 王再文　2017年1月出版 / 估价：98.00元
PSN B-2008-122-1/1

工业化蓝皮书
中国工业化进程报告（2017）
著(编)者：黄群慧　2017年12月出版 / 估价：158.00元
PSN B-2007-095-1/1

管理蓝皮书
中国管理发展报告（2017）
著(编)者：张晓东　2017年10月出版 / 估价：98.00元
PSN B-2014-416-1/1

国际城市蓝皮书
国际城市发展报告（2017）
著(编)者：屠启宇　2017年2月出版 / 估价：89.00元
PSN B-2012-260-1/1

国家创新蓝皮书
中国创新发展报告（2017）
著(编)者：陈劲　2017年12月出版 / 估价：89.00元
PSN B-2014-370-1/1

金融蓝皮书
中国金融发展报告（2017）
著(编)者：李杨 王国刚　2017年12月出版 / 估价：89.00元
PSN B-2004-031-1/6

京津冀金融蓝皮书
京津冀金融发展报告（2017）
著(编)者：王爱俭 李向前
2017年3月出版 / 估价：89.00元
PSN B-2016-528-1/1

京津冀蓝皮书
京津冀发展报告（2017）
著(编)者：文魁 祝尔娟　2017年4月出版 / 估价：89.00元
PSN B-2012-262-1/1

经济蓝皮书
2017年中国经济形势分析与预测
著(编)者：李扬　2016年12月出版 / 定价：89.00元
PSN B-1996-001-1/1

经济蓝皮书·春季号
2017年中国经济前景分析
著(编)者：李扬　2017年6月出版 / 估价：89.00元
PSN B-1999-008-1/1

经济蓝皮书·夏季号
中国经济增长报告（2016～2017）
著(编)者：李扬　2017年9月出版 / 估价：98.00元
PSN B-2010-176-1/1

经济信息绿皮书
中国与世界经济发展报告（2017）
著(编)者：杜平　2017年12月出版 / 估价：89.00元
PSN G-2003-023-1/1

就业蓝皮书
2017年中国本科生就业报告
著(编)者：麦可思研究院　2017年6月出版 / 估价：98.00元
PSN B-2009-146-1/2

就业蓝皮书
2017年中国高职高专生就业报告
著(编)者：麦可思研究院　2017年6月出版 / 估价：98.00元
PSN B-2015-472-2/2

科普能力蓝皮书
中国科普能力评价报告（2017）
著(编)者：李富 强李群　2017年8月出版 / 估价：89.00元
PSN B-2016-556-1/1

临空经济蓝皮书
中国临空经济发展报告（2017）
著(编)者：连玉明　2017年9月出版 / 估价：89.00元
PSN B-2014-421-1/1

农村绿皮书
中国农村经济形势分析与预测（2016～2017）
著(编)者：魏后凯 杜志雄 黄秉信
2017年4月出版 / 估价：89.00元
PSN G-1998-003-1/1

农业应对气候变化蓝皮书
气候变化对中国农业影响评估报告 No.3
著(编)者：矫梅燕　2017年8月出版 / 估价：98.00元
PSN B-2014-413-1/1

气候变化绿皮书
应对气候变化报告（2017）
著(编)者：王伟光 郑国光　2017年6月出版 / 估价：89.00元
PSN G-2009-144-1/1

区域蓝皮书
中国区域经济发展报告（2016～2017）
著(编)者：赵弘　2017年6月出版 / 估价：89.00元
PSN B-2004-034-1/1

全球环境竞争力绿皮书
全球环境竞争力报告（2017）
著(编)者：李建平 李闽榕 王金南
2017年12月出版 / 估价：198.00元
PSN G-2013-363-1/1

人口与劳动绿皮书
中国人口与劳动问题报告 No.18
著(编)者：蔡昉 张车伟　2017年11月出版 / 估价：89.00元
PSN G-2000-012-1/1

商务中心区蓝皮书
中国商务中心区发展报告 No.3（2016）
著(编)者：李国红 单菁菁　2017年1月出版 / 估价：89.00元
PSN B-2015-444-1/1

世界经济黄皮书
2017年世界经济形势分析与预测
著(编)者：张宇燕　2016年12月出版 / 定价：89.00元
PSN Y-1999-006-1/1

世界旅游城市绿皮书
世界旅游城市发展报告（2017）
著(编)者：宋宇　2017年1月出版 / 估价：128.00元
PSN G-2014-400-1/1

土地市场蓝皮书
中国农村土地市场发展报告（2016～2017）
著(编)者：李光荣　2017年3月出版 / 估价：89.00元
PSN B-2016-527-1/1

西北蓝皮书
中国西北发展报告（2017）
著(编)者：高建龙　2017年3月出版 / 估价：89.00元
PSN B-2012-261-1/1

西部蓝皮书
中国西部发展报告（2017）
著(编)者：姚慧琴 徐璋勇　2017年9月出版 / 估价：89.00元
PSN B-2005-039-1/1

新型城镇化蓝皮书
新型城镇化发展报告（2017）
著(编)者：李伟 宋敏 沈体雁　2017年3月出版 / 估价：98.00元
PSN B-2014-431-1/1

新兴经济体蓝皮书
金砖国家发展报告（2017）
著(编)者：林跃勤 周文　2017年12月出版 / 估价：89.00元
PSN B-2011-195-1/1

长三角蓝皮书
2017年新常态下深化一体化的长三角
著(编)者：王庆五　2017年12月出版 / 估价：88.00元
PSN B-2005-038-1/1

中部竞争力蓝皮书
中国中部经济社会竞争力报告（2017）
著(编)者：教育部人文社会科学重点研究基地
南昌大学中国中部经济社会发展研究中心
2017年12月出版 / 估价：89.00元
PSN B-2012-276-1/1

中部蓝皮书
中国中部地区发展报告（2017）
著(编)者：宋亚平　2017年12月出版 / 估价：88.00元
PSN B-2007-089-1/1

中国省域竞争力蓝皮书
中国省域经济综合竞争力发展报告（2017）
著(编)者：李建平 李闽榕 高燕京
2017年2月出版 / 估价：198.00元
PSN B-2007-088-1/1

中三角蓝皮书
长江中游城市群发展报告（2017）
著(编)者：秦尊文　2017年9月出版 / 估价：89.00元
PSN B-2014-417-1/1

中小城市绿皮书
中国中小城市发展报告（2017）
著(编)者：中国城市经济学会中小城市经济发展委员会
中国城镇化促进会中小城市发展委员会
《中国中小城市发展报告》编纂委员会
中小城市发展战略研究院
2017年11月出版 / 估价：128.00元
PSN G-2010-161-1/1

中原蓝皮书
中原经济区发展报告（2017）
著(编)者：李英杰　2017年6月出版 / 估价：88.00元
PSN B-2011-192-1/1

自贸区蓝皮书
中国自贸区发展报告（2017）
著(编)者：王力　2017年7月出版 / 估价：89.00元
PSN B-2016-559-1/1

社会政法类

北京蓝皮书
中国社区发展报告（2017）
著(编)者：于燕燕　　2017年2月出版 / 估价：89.00元
PSN B-2007-083-5/8

殡葬绿皮书
中国殡葬事业发展报告（2017）
著(编)者：李伯森　　2017年4月出版 / 估价：158.00元
PSN G-2010-180-1/1

城市管理蓝皮书
中国城市管理报告（2016~2017）
著(编)者：刘林　刘承水　2017年5月出版 / 估价：158.00元
PSN B-2013-336-1/1

城市生活质量蓝皮书
中国城市生活质量报告（2017）
著(编)者：中国经济实验研究院
2017年7月出版 / 估价：89.00元
PSN B-2013-326-1/1

城市政府能力蓝皮书
中国城市政府公共服务能力评估报告（2017）
著(编)者：何艳玲　　2017年4月出版 / 估价：89.00元
PSN B-2013-338-1/1

慈善蓝皮书
中国慈善发展报告（2017）
著(编)者：杨团　　2017年6月出版 / 估价：89.00元
PSN B-2009-142-1/1

党建蓝皮书
党的建设研究报告 No.2（2017）
著(编)者：崔建民　陈东平　　2017年2月出版 / 估价：89.00元
PSN B-2016-524-1/1

地方法治蓝皮书
中国地方法治发展报告 No.3（2017）
著(编)者：李林　田禾　2017年3出版 / 估价：108.00元
PSN B-2015-442-1/1

法治蓝皮书
中国法治发展报告 No.15（2017）
著(编)者：李林 田禾　2017年3月出版 / 估价：118.00元
PSN B-2004-027-1/1

法治政府蓝皮书
中国法治政府发展报告（2017）
著(编)者：中国政法大学法治政府研究院
2017年2月出版 / 估价：98.00元
PSN B-2015-502-1/2

法治政府蓝皮书
中国法治政府评估报告（2017）
著(编)者：中国政法大学法治政府研究院
2016年11月出版 / 估价：98.00元
PSN B-2016-577-2/2

反腐倡廉蓝皮书
中国反腐倡廉建设报告 No.7
著(编)者：张英伟　　2017年12月出版 / 估价：89.00元
PSN B-2012-259-1/1

非传统安全蓝皮书
中国非传统安全研究报告（2016～2017）
著(编)者：余潇枫 魏志江　　2017年6月出版 / 估价：89.00元
PSN B-2012-273-1/1

妇女发展蓝皮书
中国妇女发展报告 No.7
著(编)者：王金玲　　2017年9月出版 / 估价：148.00元
PSN B-2006-069-1/1

妇女教育蓝皮书
中国妇女教育发展报告 No.4
著(编)者：张李玺　　2017年10月出版 / 估价：78.00元
PSN B-2008-121-1/1

妇女绿皮书
中国性别平等与妇女发展报告（2017）
著(编)者：谭琳　　2017年12月出版 / 估价：99.00元
PSN G-2006-073-1/1

公共服务蓝皮书
中国城市基本公共服务力评价（2017）
著(编)者：钟君　吴正杲　　2017年12月出版 / 估价：89.00元
PSN B-2011-214-1/1

公民科学素质蓝皮书
中国公民科学素质报告（2016～2017）
著(编)者：李群　陈雄　马宗文
2017年1月出版 / 估价：89.00元
PSN B-2014-379-1/1

公共关系蓝皮书
中国公共关系发展报告（2017）
著(编)者：柳斌杰　　2017年11月出版 / 估价：89.00元
PSN B-2016-580-1/1

公益蓝皮书
中国公益慈善发展报告（2017）
著(编)者：朱健刚　　2017年4月出版 / 估价：118.00元
PSN B-2012-283-1/1

国际人才蓝皮书
海外华侨华人专业人士报告（2017）
著(编)者：王辉耀 苗绿　　2017年8月出版 / 估价：89.00元
PSN B-2014-409-4/4

国际人才蓝皮书
中国国际移民报告（2017）
著(编)者：王辉耀　　2017年2月出版 / 估价：89.00元
PSN B-2012-304-3/4

国际人才蓝皮书
中国留学发展报告（2017）No.5
著(编)者：王辉耀 苗绿　　2017年10月出版 / 估价：89.00元
PSN B-2012-244-2/4

海洋社会蓝皮书
中国海洋社会发展报告（2017）
著(编)者：崔凤 宋宁而　　2017年7月出版 / 估价：89.00元
PSN B-2015-478-1/1

行政改革蓝皮书
中国行政体制改革报告（2017）No.6
著(编)者：魏礼群　2017年5月出版 / 估价：98.00元
PSN B-2011-231-1/1

华侨华人蓝皮书
华侨华人研究报告（2017）
著(编)者：贾益民　2017年12月出版 / 估价：128.00元
PSN B-2011-204-1/1

环境竞争力绿皮书
中国省域环境竞争力发展报告（2017）
著(编)者：李建平 李闽榕 王金南
2017年11月出版 / 估价：198.00元
PSN G-2010-165-1/1

环境绿皮书
中国环境发展报告（2017）
著(编)者：刘鉴强　2017年11月出版 / 估价：89.00元
PSN G-2006-048-1/1

基金会蓝皮书
中国基金会发展报告（2016~2017）
著(编)者：中国基金会发展报告课题组
2017年4月出版 / 估价：85.00元
PSN B-2013-368-1/1

基金会绿皮书
中国基金会发展独立研究报告（2017）
著(编)者：基金会中心网 中央民族大学基金会研究中心
2017年6月出版 / 估价：88.00元
PSN G-2011-213-1/1

基金会透明度蓝皮书
中国基金会透明度发展研究报告（2017）
著(编)者：基金会中心网 清华大学廉政与治理研究中心
2017年12月出版 / 估价：89.00元
PSN B-2015-509-1/1

家庭蓝皮书
中国"创建幸福家庭活动"评估报告（2017）
国务院发展研究中心"创建幸福家庭活动评估"课题组著
2017年8月出版 / 估价：89.00元
PSN B-2012-261-1/1

健康城市蓝皮书
中国健康城市建设研究报告（2017）
著(编)者：王鸿春 解树江 盛继洪
2017年9月出版 / 估价：89.00元
PSN B-2016-565-2/2

教师蓝皮书
中国中小学教师发展报告（2017）
著(编)者：曾晓东 鱼霞　2017年6月出版 / 估价：89.00元
PSN B-2012-289-1/1

教育蓝皮书
中国教育发展报告（2017）
著(编)者：杨东平　2017年4月出版 / 估价：89.00元
PSN B-2006-047-1/1

科普蓝皮书
中国基层科普发展报告（2016～2017）
著(编)者：赵立 新陈玲　2017年9月出版 / 估价：89.00元
PSN B-2016-569-3/3

科普蓝皮书
中国科普基础设施发展报告（2017）
著(编)者：任福君　2017年6月出版 / 估价：89.00元
PSN B-2010-174-1/3

科普蓝皮书
中国科普人才发展报告（2017）
著(编)者：郑念 任嵘嵘　2017年4月出版 / 估价：98.00元
PSN B-2015-513-2/3

科学教育蓝皮书
中国科学教育发展报告（2017）
著(编)者：罗晖 王康友　2017年10月出版 / 估价：89.00元
PSN B-2015-487-1/1

劳动保障蓝皮书
中国劳动保障发展报告（2017）
著(编)者：刘燕斌　2017年9月出版 / 估价：188.00元
PSN B-2014-415-1/1

老龄蓝皮书
中国老年宜居环境发展报告（2017）
著(编)者：党俊武 周燕珉　2017年1月出版 / 估价：89.00元
PSN B-2013-320-1/1

连片特困区蓝皮书
中国连片特困区发展报告（2017）
著(编)者：游俊 冷志明 丁建军
2017年3月出版 / 估价：98.00元
PSN B-2013-321-1/1

民间组织蓝皮书
中国民间组织报告（2017）
著(编)者：黄晓勇　2017年12月出版 / 估价：89.00元
PSN B-2008-118-1/1

民调蓝皮书
中国民生调查报告（2017）
著(编)者：谢耘耕　2017年12月出版 / 估价：98.00元
PSN B-2014-398-1/1

民族发展蓝皮书
中国民族发展报告（2017）
著(编)者：郝时远 王延中 王希恩
2017年4月出版 / 估价：98.00元
PSN B-2006-070-1/1

女性生活蓝皮书
中国女性生活状况报告 No.11（2017）
著(编)者：韩湘景　2017年10月出版 / 估价：98.00元
PSN B-2006-071-1/1

汽车社会蓝皮书
中国汽车社会发展报告（2017）
著(编)者：王俊秀　2017年1月出版 / 估价：89.00元
PSN B-2011-224-1/1

青年蓝皮书
中国青年发展报告（2017）No.3
著(编)者：廉思 等　2017年4月出版 / 估价：89.00元
PSN B-2013-333-1/1

青少年蓝皮书
中国未成年人互联网运用报告（2017）
著(编)者：李文革 沈杰 季为民
2017年11月出版 / 估价：89.00元
PSN B-2010-156-1/1

青少年体育蓝皮书
中国青少年体育发展报告（2017）
著(编)者：郭建军 杨桦　2017年9月出版 / 估价：89.00元
PSN B-2015-482-1/1

群众体育蓝皮书
中国群众体育发展报告（2017）
著(编)者：刘国永 杨桦　2017年12月出版 / 估价：89.00元
PSN B-2016-519-2/3

人权蓝皮书
中国人权事业发展报告 No.7（2017）
著(编)者：李君如　2017年9月出版 / 估价：98.00元
PSN B-2011-215-1/1

社会保障绿皮书
中国社会保障发展报告（2017）No.9
著(编)者：王延中　2017年4月出版 / 估价：89.00元
PSN G-2001-014-1/1

社会风险评估蓝皮书
风险评估与危机预警评估报告（2017）
著(编)者：唐钧　2017年8月出版 / 估价：85.00元
PSN B-2016-521-1/1

社会工作蓝皮书
中国社会工作发展报告（2017）
著(编)者：民政部社会工作研究中心
2017年8月出版 / 估价：89.00元
PSN B-2009-141-1/1

社会管理蓝皮书
中国社会管理创新报告 No.5
著(编)者：连玉明　2017年11月出版 / 估价：89.00元
PSN B-2012-300-1/1

社会蓝皮书
2017年中国社会形势分析与预测
著(编)者：李培林 陈光金 张翼
2016年12月出版 / 定价：89.00元
PSN B-1998-002-1/1

社会体制蓝皮书
中国社会体制改革报告No.5（2017）
著(编)者：龚维斌　2017年4月出版 / 估价：89.00元
PSN B-2013-330-1/1

社会心态蓝皮书
中国社会心态研究报告（2017）
著(编)者：王俊秀 杨宜音　2017年12月出版 / 估价：89.00元
PSN B-2011-199-1/1

社会组织蓝皮书
中国社会组织评估发展报告（2017）
著(编)者：徐家良 廖鸿　2017年12月出版 / 估价：89.00元
PSN B-2013-366-1/1

生态城市绿皮书
中国生态城市建设发展报告（2017）
著(编)者：刘举科 孙伟平 胡文臻
2017年9月出版 / 估价：118.00元
PSN G-2012-269-1/1

生态文明绿皮书
中国省域生态文明建设评价报告（ECI 2017）
著(编)者：严耕　2017年12月出版 / 估价：98.00元
PSN G-2010-170-1/1

体育蓝皮书
中国公共体育服务发展报告（2017）
著(编)者：戴健　2017年12月出版 / 估价：89.00元
PSN B-2013-367-2/4

土地整治蓝皮书
中国土地整治发展研究报告 No.4
著(编)者：国土资源部土地整治中心
2017年7月出版 / 估价：89.00元
PSN B-2014-401-1/1

土地政策蓝皮书
中国土地政策研究报告（2017）
著(编)者：高延利 李宪文
2017年12月出版 / 估价：89.00元
PSN B-2015-506-1/1

医改蓝皮书
中国医药卫生体制改革报告（2017）
著(编)者：文学国 房志武　2017年11月出版 / 估价：98.00元
PSN B-2014-432-1/1

医疗卫生绿皮书
中国医疗卫生发展报告 No.7（2017）
著(编)者：申宝忠 韩玉珍　2017年4月出版 / 估价：85.00元
PSN G-2004-033-1/1

应急管理蓝皮书
中国应急管理报告（2017）
著(编)者：宋英华　2017年9月出版 / 估价：98.00元
PSN B-2016-563-1/1

政治参与蓝皮书
中国政治参与报告（2017）
著(编)者：房宁　2017年9月出版 / 估价：118.00元
PSN B-2011-200-1/1

中国农村妇女发展蓝皮书
农村流动女性城市生活发展报告（2017）
著(编)者：谢丽华　2017年12月出版 / 估价：89.00元
PSN B-2014-434-1/1

宗教蓝皮书
中国宗教报告（2017）
著(编)者：邱永辉　2017年4月出版 / 估价：89.00元
PSN B-2008-117-1/1

行业报告类

SUV蓝皮书
中国SUV市场发展报告（2016~2017）
著(编)者：靳军　2017年9月出版 / 估价：89.00元
PSN B-2016-572-1/1

保健蓝皮书
中国保健服务产业发展报告 No.2
著(编)者：中国保健协会 中共中央党校
2017年7月出版 / 估价：198.00元
PSN B-2012-272-3/3

保健蓝皮书
中国保健食品产业发展报告 No.2
著(编)者：中国保健协会
中国社会科学院食品药品产业发展与监管研究中心
2017年7月出版 / 估价：198.00元
PSN B-2012-271-2/3

保健蓝皮书
中国保健用品产业发展报告 No.2
著(编)者：中国保健协会
国务院国有资产监督管理委员会研究中心
2017年3月出版 / 估价：198.00元
PSN B-2012-270-1/3

保险蓝皮书
中国保险业竞争力报告（2017）
著(编)者：项俊波　2017年12月出版 / 估价：99.00元
PSN B-2013-311-1/1

冰雪蓝皮书
中国滑雪产业发展报告（2017）
著(编)者：孙承华 伍斌 魏庆华 张鸿俊
2017年8月出版 / 估价：89.00元
PSN B-2016-560-1/1

彩票蓝皮书
中国彩票发展报告（2017）
著(编)者：益彩基金　2017年4月出版 / 估价：98.00元
PSN B-2015-462-1/1

餐饮产业蓝皮书
中国餐饮产业发展报告（2017）
著(编)者：邢颖　2017年6月出版 / 估价：98.00元
PSN B-2009-151-1/1

测绘地理信息蓝皮书
新常态下的测绘地理信息研究报告（2017）
著(编)者：库热西・买合苏提
2017年12月出版 / 估价：118.00元
PSN B-2009-145-1/1

茶业蓝皮书
中国茶产业发展报告（2017）
著(编)者：杨江帆 李闽榕　2017年10月出版 / 估价：88.00元
PSN B-2010-164-1/1

产权市场蓝皮书
中国产权市场发展报告（2016～2017）
著(编)者：曹和平　2017年5月出版 / 估价：89.00元
PSN B-2009-147-1/1

产业安全蓝皮书
中国出版传媒产业安全报告（2016~2017）
著(编)者：北京印刷学院文化产业安全研究院
2017年3月出版 / 估价：89.00元
PSN B-2014-384-13/14

产业安全蓝皮书
中国文化产业安全报告（2017）
著(编)者：北京印刷学院文化产业安全研究院
2017年12月出版 / 估价：89.00元
PSN B-2014-378-12/14

产业安全蓝皮书
中国新媒体产业安全报告（2017）
著(编)者：北京印刷学院文化产业安全研究院
2017年12月出版 / 估价：89.00元
PSN B-2015-500-14/14

城投蓝皮书
中国城投行业发展报告（2017）
著(编)者：王晨艳 丁伯康　2017年11月出版 / 估价：300.00元
PSN B-2016-514-1/1

电子政务蓝皮书
中国电子政务发展报告（2016~2017）
著(编)者：李季 杜平　2017年7月出版 / 估价：89.00元
PSN B-2003-022-1/1

杜仲产业绿皮书
中国杜仲橡胶资源与产业发展报告（2016～2017）
著(编)者：杜红岩 胡文臻 俞锐
2017年1月出版 / 估价：85.00元
PSN G-2013-350-1/1

房地产蓝皮书
中国房地产发展报告 No.14（2017）
著(编)者：李春华 王业强　2017年5月出版 / 估价：89.00元
PSN B-2004-028-1/1

服务外包蓝皮书
中国服务外包产业发展报告（2017）
著(编)者：王晓红 刘德军
2017年6月出版 / 估价：89.00元
PSN B-2013-331-2/2

服务外包蓝皮书
中国服务外包竞争力报告（2017）
著(编)者：王力 刘春生 黄育华
2017年11月出版 / 估价：85.00元
PSN B-2011-216-1/2

工业和信息化蓝皮书
世界网络安全发展报告（2016~2017）
著(编)者：洪京一　2017年4月出版 / 估价：89.00元
PSN B-2015-452-5/5

工业和信息化蓝皮书
世界信息化发展报告（2016~2017）
著(编)者：洪京一　2017年4月出版 / 估价：89.00元
PSN B-2015-451-4/5

工业和信息化蓝皮书
世界信息技术产业发展报告（2016~2017）
著(编)者：洪京一　2017年4月出版 / 估价：89.00元
PSN B-2015-449-2/5

工业和信息化蓝皮书
移动互联网产业发展报告（2016~2017）
著(编)者：洪京一　2017年4月出版 / 估价：89.00元
PSN B-2015-448-1/5

工业和信息化蓝皮书
战略性新兴产业发展报告（2016~2017）
著(编)者：洪京一　2017年4月出版 / 估价：89.00元
PSN B-2015-450-3/5

工业设计蓝皮书
中国工业设计发展报告（2017）
著(编)者：王晓红 于炜 张立群
2017年9月出版 / 估价：138.00元
PSN B-2014-420-1/1

黄金市场蓝皮书
中国商业银行黄金业务发展报告（2016~2017）
著(编)者：平安银行　2017年3月出版 / 估价：98.00元
PSN B-2016-525-1/1

互联网金融蓝皮书
中国互联网金融发展报告（2017）
著(编)者：李东荣　2017年9月出版 / 估价：128.00元
PSN B-2014-374-1/1

互联网医疗蓝皮书
中国互联网医疗发展报告（2017）
著(编)者：宫晓东　2017年9月出版 / 估价：89.00元
PSN B-2016-568-1/1

会展蓝皮书
中外会展业动态评估年度报告（2017）
著(编)者：张敏　2017年1月出版 / 估价：88.00元
PSN B-2013-327-1/1

金融监管蓝皮书
中国金融监管报告（2017）
著(编)者：胡滨　2017年6月出版 / 估价：89.00元
PSN B-2012-281-1/1

金融蓝皮书
中国金融中心发展报告（2017）
著(编)者：王力 黄育华　2017年11月出版 / 估价：85.00元
PSN B-2011-186-6/6

建筑装饰蓝皮书
中国建筑装饰行业发展报告（2017）
著(编)者：刘晓一 葛顺道　2017年7月出版 / 估价：198.00元
PSN B-2016-554-1/1

客车蓝皮书
中国客车产业发展报告（2016~2017）
著(编)者：姚蔚　2017年10月出版 / 估价：85.00元
PSN B-2013-361-1/1

旅游安全蓝皮书
中国旅游安全报告（2017）
著(编)者：郑向敏 谢朝武　2017年5月出版 / 估价：128.00元
PSN B-2012-280-1/1

旅游绿皮书
2016～2017年中国旅游发展分析与预测
著(编)者：张广瑞 刘德谦　2017年4月出版 / 估价：89.00元
PSN G-2002-018-1/1

煤炭蓝皮书
中国煤炭工业发展报告（2017）
著(编)者：岳福斌　2017年12月出版 / 估价：85.00元
PSN B-2008-123-1/1

民营企业社会责任蓝皮书
中国民营企业社会责任报告（2017）
著(编)者：中华全国工商业联合会
2017年12月出版 / 估价：89.00元
PSN B-2015-511-1/1

民营医院蓝皮书
中国民营医院发展报告（2017）
著(编)者：庄一强　2017年10月出版 / 估价：85.00元
PSN B-2012-299-1/1

闽商蓝皮书
闽商发展报告（2017）
著(编)者：李闽榕 王日根 林琛
2017年12月出版 / 估价：89.00元
PSN B-2012-298-1/1

能源蓝皮书
中国能源发展报告（2017）
著(编)者：崔民选 王军生 陈义和
2017年10月出版 / 估价：98.00元
PSN B-2006-049-1/1

农产品流通蓝皮书
中国农产品流通产业发展报告（2017）
著(编)者：贾敬敦 张东科 张玉玺 张鹏毅 周伟
2017年1月出版 / 估价：89.00元
PSN B-2012-288-1/1

企业公益蓝皮书
中国企业公益研究报告（2017）
著(编)者：钟宏武 汪杰 顾一 黄晓娟 等
2017年12月出版 / 估价：89.00元
PSN B-2015-501-1/1

企业国际化蓝皮书
中国企业国际化报告（2017）
著(编)者：王辉耀　2017年11月出版 / 估价：98.00元
PSN B-2014-427-1/1

企业蓝皮书
中国企业绿色发展报告 No.2（2017）
著(编)者：李红玉 朱光辉　2017年8月出版 / 估价：89.00元
PSN B-2015-481-2/2

企业社会责任蓝皮书
中国企业社会责任研究报告（2017）
著(编)者：黄群慧 钟宏武 张蒽 翟利峰
2017年11月出版 / 估价：89.00元
PSN B-2009-149-1/1

汽车安全蓝皮书
中国汽车安全发展报告（2017）
著(编)者：中国汽车技术研究中心
2017年7月出版 / 估价：89.00元
PSN B-2014-385-1/1

汽车电子商务蓝皮书
中国汽车电子商务发展报告（2017）
著(编)者：中华全国工商业联合会汽车经销商商会
北京易观智库网络科技有限公司
2017年10月出版 / 估价：128.00元
PSN B-2015-485-1/1

汽车工业蓝皮书
中国汽车工业发展年度报告（2017）
著(编)者：中国汽车工业协会 中国汽车技术研究中心
丰田汽车（中国）投资有限公司
2017年4月出版 / 估价：128.00元
PSN B-2015-463-1/2

汽车工业蓝皮书
中国汽车零部件产业发展报告（2017）
著(编)者：中国汽车工业协会 中国汽车工程研究院
2017年10月出版 / 估价：98.00元
PSN B-2016-515-2/2

汽车蓝皮书
中国汽车产业发展报告（2017）
著(编)者：国务院发展研究中心产业经济研究部
中国汽车工程学会 大众汽车集团（中国）
2017年8月出版 / 估价：98.00元
PSN B-2008-124-1/1

人力资源蓝皮书
中国人力资源发展报告（2017）
著(编)者：余兴安 2017年11月出版 / 估价：89.00元
PSN B-2012-287-1/1

融资租赁蓝皮书
中国融资租赁业发展报告（2016～2017）
著(编)者：李光荣 王力 2017年8月出版 / 估价：89.00元
PSN B-2015-443-1/1

商会蓝皮书
中国商会发展报告No.5（2017）
著(编)者：王钦敏 2017年7月出版 / 估价：89.00元
PSN B-2008-125-1/1

输血服务蓝皮书
中国输血行业发展报告（2017）
著(编)者：朱永明 耿鸿武 2016年8月出版 / 估价：89.00元
PSN B-2016-583-1/1

上市公司蓝皮书
中国上市公司社会责任信息披露报告（2017）
著(编)者：张旺 张杨 2017年11月出版 / 估价：89.00元
PSN B-2011-234-1/2

社会责任管理蓝皮书
中国上市公司社会责任能力成熟度报告（2017）No.2
著(编)者：肖红军 王晓光 李伟阳
2017年12月出版 / 估价：98.00元
PSN B-2015-507-2/2

社会责任管理蓝皮书
中国企业公众透明度报告(2017)No.3
著(编)者：黄速建 熊梦 王晓光 肖红军
2017年1月出版 / 估价：98.00元
PSN B-2015-440-1/2

食品药品蓝皮书
食品药品安全与监管政策研究报告（2016～2017）
著(编)者：唐民皓 2017年6月出版 / 估价：89.00元
PSN B-2009-129-1/1

世界能源蓝皮书
世界能源发展报告（2017）
著(编)者：黄晓勇 2017年6月出版 / 估价：99.00元
PSN B-2013-349-1/1

水利风景区蓝皮书
中国水利风景区发展报告（2017）
著(编)者：谢婵才 兰思仁 2017年5月出版 / 估价：89.00元
PSN B-2015-480-1/1

私募市场蓝皮书
中国私募股权市场发展报告（2017）
著(编)者：曹和平 2017年12月出版 / 估价：89.00元
PSN B-2010-162-1/1

碳市场蓝皮书
中国碳市场报告（2017）
著(编)者：定金彪 2017年11月出版 / 估价：89.00元
PSN B-2014-430-1/1

体育蓝皮书
中国体育产业发展报告（2017）
著(编)者：阮伟 钟秉枢 2017年12月出版 / 估价：89.00元
PSN B-2010-179-1/4

网络空间安全蓝皮书
中国网络空间安全发展报告（2017）
著(编)者：惠志斌 唐涛 2017年4月出版 / 估价：89.00元
PSN B-2015-466-1/1

西部金融蓝皮书
中国西部金融发展报告（2017）
著(编)者：李忠民 2017年8月出版 / 估价：85.00元
PSN B-2010-160-1/1

协会商会蓝皮书
中国行业协会商会发展报告（2017）
著(编)者：景朝阳 李勇 2017年4月出版 / 估价：99.00元
PSN B-2015-461-1/1

新能源汽车蓝皮书
中国新能源汽车产业发展报告（2017）
著(编)者：中国汽车技术研究中心
日产（中国）投资有限公司 东风汽车有限公司
2017年7月出版 / 估价：98.00元
PSN B-2013-347-1/1

新三板蓝皮书
中国新三板市场发展报告（2017）
著(编)者：王力 2017年6月出版 / 估价：89.00元
PSN B-2016-534-1/1

信托市场蓝皮书
中国信托业市场报告（2016～2017）
著(编)者：用益信托工作室
2017年1月出版 / 估价：198.00元
PSN B-2014-371-1/1

信息化蓝皮书
中国信息化形势分析与预测（2016~2017）
著(编)者：周宏仁　2017年8月出版 / 估价：98.00元
PSN B-2010-168-1/1

信用蓝皮书
中国信用发展报告（2017）
著(编)者：章政 田侃　2017年4月出版 / 估价：99.00元
PSN B-2013-328-1/1

休闲绿皮书
2017年中国休闲发展报告
著(编)者：宋瑞　2017年10月出版 / 估价：89.00元
PSN G-2010-158-1/1

休闲体育蓝皮书
中国休闲体育发展报告（2016～2017）
著(编)者：李相如　钟炳枢　2017年10月出版 / 估价：89.00元
PSN G-2016-516-1/1

养老金融蓝皮书
中国养老金融发展报告（2017）
著(编)者：董克用　姚余栋
2017年6月出版 / 估价：89.00元
PSN B-2016-584-1/1

药品流通蓝皮书
中国药品流通行业发展报告（2017）
著(编)者：佘鲁林 温再兴　2017年8月出版 / 估价：158.00元
PSN B-2014-429-1/1

医院蓝皮书
中国医院竞争力报告（2017）
著(编)者：庄一强　曾益新　2017年3月出版 / 估价：128.00元
PSN B-2016-529-1/1

医药蓝皮书
中国中医药产业园战略发展报告（2017）
著(编)者：裴长洪 房书亭 吴滌心
2017年8月出版 / 估价：89.00元
PSN B-2012-305-1/1

邮轮绿皮书
中国邮轮产业发展报告（2017）
著(编)者：汪泓　2017年10月出版 / 估价：89.00元
PSN G-2014-419-1/1

智能养老蓝皮书
中国智能养老产业发展报告（2017）
著(编)者：朱勇　2017年10月出版 / 估价：89.00元
PSN B-2015-488-1/1

债券市场蓝皮书
中国债券市场发展报告（2016～2017）
著(编)者：杨农　2017年10月出版 / 估价：89.00元
PSN B-2016-573-1/1

中国节能汽车蓝皮书
中国节能汽车发展报告（2016~2017）
著(编)者：中国汽车工程研究院股份有限公司
2017年9月出版 / 估价：98.00元
PSN B-2016-566-1/1

中国上市公司蓝皮书
中国上市公司发展报告（2017）
著(编)者：张平 王宏淼
2017年10月出版 / 估价：98.00元
PSN B-2014-414-1/1

中国陶瓷产业蓝皮书
中国陶瓷产业发展报告（2017）
著(编)者：左和平 黄速建　2017年10月出版 / 估价：98.00元
PSN B-2016-574-1/1

中国总部经济蓝皮书
中国总部经济发展报告（2016～2017）
著(编)者：赵弘　2017年9月出版 / 估价：89.00元
PSN B-2005-036-1/1

中医文化蓝皮书
中国中医药文化传播发展报告（2017）
著(编)者：毛嘉陵　2017年7月出版 / 估价：89.00元
PSN B-2015-468-1/1

装备制造业蓝皮书
中国装备制造业发展报告（2017）
著(编)者：徐东华　2017年12月出版 / 估价：148.00元
PSN B-2015-505-1/1

资本市场蓝皮书
中国场外交易市场发展报告（2016～2017）
著(编)者：高峦　2017年3月出版 / 估价：89.00元
PSN B-2009-153-1/1

资产管理蓝皮书
中国资产管理行业发展报告（2017）
著(编)者：智信资产管理研究院
2017年6月出版 / 估价：89.00元
PSN B-2014-407-2/2

文化传媒类

传媒竞争力蓝皮书
中国传媒国际竞争力研究报告（2017）
著(编)者：李本乾 刘强
2017年11月出版 / 估价：148.00元
PSN B-2013-356-1/1

传媒蓝皮书
中国传媒产业发展报告（2017）
著(编)者：崔保国　2017年5月出版 / 估价：98.00元
PSN B-2005-035-1/1

传媒投资蓝皮书
中国传媒投资发展报告（2017）
著(编)者：张向东 谭云明
2017年6月出版 / 估价：128.00元
PSN B-2015-474-1/1

动漫蓝皮书
中国动漫产业发展报告（2017）
著(编)者：卢斌 郑玉明 牛兴侦
2017年9月出版 / 估价：89.00元
PSN B-2011-198-1/1

非物质文化遗产蓝皮书
中国非物质文化遗产发展报告（2017）
著(编)者：陈平　2017年5月出版 / 估价：98.00元
PSN B-2015-469-1/1

广电蓝皮书
中国广播电影电视发展报告（2017）
著(编)者：国家新闻出版广电总局发展研究中心
2017年7月出版 / 估价：98.00元
PSN B-2006-072-1/1

广告主蓝皮书
中国广告主营销传播趋势报告 No.9
著(编)者：黄升民 杜国清 邵华冬 等
2017年10月出版 / 估价：148.00元
PSN B-2005-041-1/1

国际传播蓝皮书
中国国际传播发展报告（2017）
著(编)者：胡正荣 李继东 姬德强
2017年11月出版 / 估价：89.00元
PSN B-2014-408-1/1

纪录片蓝皮书
中国纪录片发展报告（2017）
著(编)者：何苏六　2017年9月出版 / 估价：89.00元
PSN B-2011-222-1/1

科学传播蓝皮书
中国科学传播报告（2017）
著(编)者：詹正茂　2017年7月出版 / 估价：89.00元
PSN B-2008-120-1/1

两岸创意经济蓝皮书
两岸创意经济研究报告（2017）
著(编)者：罗昌智 林咏能
2017年10月出版 / 估价：98.00元
PSN B-2014-437-1/1

两岸文化蓝皮书
两岸文化产业合作发展报告（2017）
著(编)者：胡惠林 李保宗　2017年7月出版 / 估价：89.00元
PSN B-2012-285-1/1

媒介与女性蓝皮书
中国媒介与女性发展报告(2016~2017)
著(编)者：刘利群　2017年9月出版 / 估价：118.00元
PSN B-2013-345-1/1

媒体融合蓝皮书
中国媒体融合发展报告（2017）
著(编)者：梅宁华 宋建武　2017年7月出版 / 估价：89.00元
PSN B-2015-479-1/1

全球传媒蓝皮书
全球传媒发展报告（2017）
著(编)者：胡正荣 李继东 唐晓芬
2017年11月出版 / 估价：89.00元
PSN B-2012-237-1/1

少数民族非遗蓝皮书
中国少数民族非物质文化遗产发展报告（2017）
著(编)者：肖远平（彝） 柴立（满）
2017年8月出版 / 估价：98.00元
PSN B-2015-467-1/1

视听新媒体蓝皮书
中国视听新媒体发展报告（2017）
著(编)者：国家新闻出版广电总局发展研究中心
2017年7月出版 / 估价：98.00元
PSN B-2011-184-1/1

文化创新蓝皮书
中国文化创新报告（2017）No.7
著(编)者：于平 傅才武　2017年7月出版 / 估价：98.00元
PSN B-2009-143-1/1

文化建设蓝皮书
中国文化发展报告（2016~2017）
著(编)者：江畅 孙伟平 戴茂堂
2017年6月出版 / 估价：116.00元
PSN B-2014-392-1/1

文化科技蓝皮书
文化科技创新发展报告（2017）
著(编)者：于平 李凤亮　2017年11月出版 / 估价：89.00元
PSN B-2013-342-1/1

文化蓝皮书
中国公共文化服务发展报告（2017）
著(编)者：刘新成 张永新 张旭
2017年12月出版 / 估价：98.00元
PSN B-2007-093-2/10

文化蓝皮书
中国公共文化投入增长测评报告（2017）
著(编)者：王亚南　2017年4月出版 / 估价：89.00元
PSN B-2014-435-10/10

文化蓝皮书
中国少数民族文化发展报告（2016~2017）
著(编)者：武翠英 张晓明 任乌晶
2017年9月出版 / 估价：89.00元
PSN B-2013-369-9/10

文化蓝皮书
中国文化产业发展报告（2016~2017）
著(编)者：张晓明 王家新 章建刚
2017年2月出版 / 估价：89.00元
PSN B-2002-019-1/10

文化蓝皮书
中国文化产业供需协调检测报告（2017）
著(编)者：王亚南　2017年2月出版 / 估价：89.00元
PSN B-2013-323-8/10

文化蓝皮书
中国文化消费需求景气评价报告（2017）
著(编)者：王亚南　2017年4月出版 / 估价：89.00元
PSN B-2011-236-4/10

文化品牌蓝皮书
中国文化品牌发展报告（2017）
著(编)者：欧阳友权　2017年5月出版 / 估价：98.00元
PSN B-2012-277-1/1

文化遗产蓝皮书
中国文化遗产事业发展报告（2017）
著(编)者：苏杨 张颖岚 王宇飞
2017年8月出版 / 估价：98.00元
PSN B-2008-119-1/1

文学蓝皮书
中国文情报告（2016～2017）
著(编)者：白烨　2017年5月出版 / 估价：49.00元
PSN B-2011-221-1/1

新媒体蓝皮书
中国新媒体发展报告No.8（2017）
著(编)者：唐绪军　2017年6月出版 / 估价：89.00元
PSN B-2010-169-1/1

新媒体社会责任蓝皮书
中国新媒体社会责任研究报告（2017）
著(编)者：钟瑛　2017年11月出版 / 估价：89.00元
PSN B-2014-423-1/1

移动互联网蓝皮书
中国移动互联网发展报告（2017）
著(编)者：官建文　2017年6月出版 / 估价：89.00元
PSN B-2012-282-1/1

舆情蓝皮书
中国社会舆情与危机管理报告（2017）
著(编)者：谢耘耕　2017年9月出版 / 估价：128.00元
PSN B-2011-235-1/1

影视风控蓝皮书
中国影视舆情与风控报告 （2017）
著(编)者：司若　2017年4月出版 / 估价：138.00元
PSN B-2016-530-1/1

地方发展类

安徽经济蓝皮书
合芜蚌国家自主创新综合示范区研究报告（2016～2017）
著(编)者：王开玉　2017年11月出版 / 估价：89.00元
PSN B-2014-383-1/1

安徽蓝皮书
安徽社会发展报告（2017）
著(编)者：程桦　2017年4月出版 / 估价：89.00元
PSN B-2013-325-1/1

安徽社会建设蓝皮书
安徽社会建设分析报告（2016～2017）
著(编)者：黄家海 王开玉 蔡宪
2016年4月出版 / 估价：89.00元
PSN B-2013-322-1/1

澳门蓝皮书
澳门经济社会发展报告（2016～2017）
著(编)者：吴志良 郝雨凡　2017年6月出版 / 估价：98.00元
PSN B-2009-138-1/1

北京蓝皮书
北京公共服务发展报告（2016～2017）
著(编)者：施昌奎　2017年2月出版 / 估价：89.00元
PSN B-2008-103-7/8

北京蓝皮书
北京经济发展报告（2016～2017）
著(编)者：杨松　2017年6月出版 / 估价：89.00元
PSN B-2006-054-2/8

北京蓝皮书
北京社会发展报告（2016～2017）
著(编)者：李伟东　2017年6月出版 / 估价：89.00元
PSN B-2006-055-3/8

北京蓝皮书
北京社会治理发展报告（2016～2017）
著(编)者：殷星辰　2017年5月出版 / 估价：89.00元
PSN B-2014-391-8/8

北京蓝皮书
北京文化发展报告（2016～2017）
著(编)者：李建盛　2017年4月出版 / 估价：89.00元
PSN B-2007-082-4/8

北京律师绿皮书
北京律师发展报告No.3（2017）
著(编)者：王隽　2017年7月出版 / 估价：88.00元
PSN G-2012-301-1/1

北京旅游蓝皮书
北京旅游发展报告（2017）
著(编)者：北京旅游学会　2017年1月出版 / 估价：88.00元
PSN B-2011-217-1/1

北京人才蓝皮书
北京人才发展报告（2017）
著(编)者：于淼　2017年12月出版 / 估价：128.00元
PSN B-2011-201-1/1

北京社会心态蓝皮书
北京社会心态分析报告（2016～2017）
著(编)者：北京社会心理研究所
2017年8月出版 / 估价：89.00元
PSN B-2014-422-1/1

北京社会组织管理蓝皮书
北京社会组织发展与管理（2016～2017）
著(编)者：黄江松　2017年4月出版 / 估价：88.00元
PSN B-2015-446-1/1

北京体育蓝皮书
北京体育产业发展报告（2016～2017）
著(编)者：钟秉枢 陈杰 杨铁黎
2017年9月出版 / 估价：89.00元
PSN B-2015-475-1/1

北京养老产业蓝皮书
北京养老产业发展报告（2017）
著(编)者：周明明 冯喜良　2017年8月出版 / 估价：89.00元
PSN B-2015-465-1/1

滨海金融蓝皮书
滨海新区金融发展报告（2017）
著(编)者：王爱俭 张锐钢　2017年12月出版 / 估价：89.00元
PSN B-2014-424-1/1

城乡一体化蓝皮书
中国城乡一体化发展报告•北京卷（2016～2017）
著(编)者：张宝秀 黄序　2017年5月出版 / 估价：89.00元
PSN B-2012-258-2/2

创意城市蓝皮书
北京文化创意产业发展报告（2017）
著(编)者：张京成 王国华　2017年10月出版 / 估价：89.00元
PSN B-2012-263-1/7

创意城市蓝皮书
青岛文化创意产业发展报告（2017）
著(编)者：马达 张丹妮　2017年8月出版 / 估价：89.00元
PSN B-2011-235-1/1

创意城市蓝皮书
天津文化创意产业发展报告（2016～2017）
著(编)者：谢思全　2017年6月出版 / 估价：89.00元
PSN B-2016-537-7/7

创意城市蓝皮书
无锡文化创意产业发展报告（2017）
著(编)者：谭军 张鸣年　2017年10月出版 / 估价：89.00元
PSN B-2013-346-3/7

创意城市蓝皮书
武汉文化创意产业发展报告（2017）
著(编)者：黄永林 陈汉桥　2017年9月出版 / 估价：99.00元
PSN B-2013-354-4/7

创意上海蓝皮书
上海文化创意产业发展报告（2016～2017）
著(编)者：王慧敏 王兴全　2017年8月出版 / 估价：89.00元
PSN B-2016-562-1/1

福建妇女发展蓝皮书
福建省妇女发展报告（2017）
著(编)者：刘群英　2017年11月出版 / 估价：88.00元
PSN B-2011-220-1/1

福建自贸区蓝皮书
中国（福建）自由贸易实验区发展报告（2016～2017）
著(编)者：黄茂兴　2017年4月出版 / 估价：108.00元
PSN B-2017-532-1/1

甘肃蓝皮书
甘肃经济发展分析与预测（2017）
著(编)者：朱智文 罗哲　2017年1月出版 / 估价：89.00元
PSN B-2013-312-1/6

甘肃蓝皮书
甘肃社会发展分析与预测（2017）
著(编)者：安文华 包晓霞 谢增虎
2017年1月出版 / 估价：89.00元
PSN B-2013-313-2/6

甘肃蓝皮书
甘肃文化发展分析与预测（2017）
著(编)者：安文华　周小华　2017年1月出版 / 估价：89.00元
PSN B-2013-314-3/6

甘肃蓝皮书
甘肃县域和农村发展报告（2017）
著(编)者：刘进军 柳民 王建兵
2017年1月出版 / 估价：89.00元
PSN B-2013-316-5/6

甘肃蓝皮书
甘肃舆情分析与预测（2017）
著(编)者：陈双梅 郝树声　2017年1月出版 / 估价：89.00元
PSN B-2013-315-4/6

甘肃蓝皮书
甘肃商贸流通发展报告（2017）
著(编)者：杨志武 王福生 王晓芳
2017年1月出版 / 估价：89.00元
PSN B-2016-523-6/6

广东蓝皮书
广东全面深化改革发展报告（2017）
著(编)者：周林生 涂成林　2017年12月出版 / 估价：89.00元
PSN B-2015-504-3/3

广东蓝皮书
广东社会工作发展报告（2017）
著(编)者：罗观翠　2017年6月出版 / 估价：89.00元
PSN B-2014-402-2/3

广东蓝皮书
广东省电子商务发展报告（2017）
著(编)者：程晓 邓顺国　2017年7月出版 / 估价：89.00元
PSN B-2013-360-1/3

广东社会建设蓝皮书
广东省社会建设发展报告（2017）
著(编)者：广东省社会工作委员会
2017年12月出版 / 估价：99.00元
PSN B-2014-436-1/1

广东外经贸蓝皮书
广东对外经济贸易发展研究报告（2016~2017）
著(编)者：陈万灵　2017年8月出版 / 估价：98.00元
PSN B-2012-286-1/1

广西北部湾经济区蓝皮书
广西北部湾经济区开放开发报告（2017）
著(编)者：广西北部湾经济区规划建设管理委员会办公室
广西社会科学院广西北部湾发展研究院
2017年2月出版 / 估价：89.00元
PSN B-2010-181-1/1

巩义蓝皮书
巩义经济社会发展报告（2017）
著(编)者：丁同民 朱军　2017年4月出版 / 估价：58.00元
PSN B-2016-533-1/1

广州蓝皮书
2017年中国广州经济形势分析与预测
著(编)者：庾建设 陈浩钿 谢博能
2017年7月出版 / 估价：85.00元
PSN B-2011-185-9/14

广州蓝皮书
2017年中国广州社会形势分析与预测
著(编)者：张强 陈怡霓 杨秦　2017年6月出版 / 估价：85.00元
PSN B-2008-110-5/14

广州蓝皮书
广州城市国际化发展报告（2017）
著(编)者：朱名宏　2017年8月出版 / 估价：79.00元
PSN B-2012-246-11/14

广州蓝皮书
广州创新型城市发展报告（2017）
著(编)者：尹涛　2017年7月出版 / 估价：79.00元
PSN B-2012-247-12/14

广州蓝皮书
广州经济发展报告（2017）
著(编)者：朱名宏　2017年7月出版 / 估价：79.00元
PSN B-2005-040-1/14

广州蓝皮书
广州农村发展报告（2017）
著(编)者：朱名宏　2017年8月出版 / 估价：79.00元
PSN B-2010-167-8/14

广州蓝皮书
广州汽车产业发展报告（2017）
著(编)者：杨再高 冯兴亚　2017年7月出版 / 估价：79.00元
PSN B-2006-066-3/14

广州蓝皮书
广州青年发展报告（2016～2017）
著(编)者：徐柳 张强　2017年9月出版 / 估价：79.00元
PSN B-2013-352-13/14

广州蓝皮书
广州商贸业发展报告（2017）
著(编)者：李江涛 肖振宇 荀振英
2017年7月出版 / 估价：79.00元
PSN B-2012-245-10/14

广州蓝皮书
广州社会保障发展报告（2017）
著(编)者：蔡国萱　2017年8月出版 / 估价：79.00元
PSN B-2014-425-14/14

广州蓝皮书
广州文化创意产业发展报告（2017）
著(编)者：徐咏虹　2017年7月出版 / 估价：79.00元
PSN B-2008-111-6/14

广州蓝皮书
中国广州城市建设与管理发展报告（2017）
著(编)者：董皞 陈小钢 李江涛
2017年7月出版 / 估价：85.00元
PSN B-2007-087-4/14

广州蓝皮书
中国广州科技创新发展报告（2017）
著(编)者：邹采荣 马正勇 陈爽
2017年7月出版 / 估价：79.00元
PSN B-2006-065-2/14

广州蓝皮书
中国广州文化发展报告（2017）
著(编)者：徐俊忠 陆志强 顾涧清
2017年7月出版 / 估价：79.00元
PSN B-2009-134-7/14

贵阳蓝皮书
贵阳城市创新发展报告No.2（白云篇）
著(编)者：连玉明　2017年10月出版 / 估价：89.00元
PSN B-2015-491-3/10

贵阳蓝皮书
贵阳城市创新发展报告No.2（观山湖篇）
著(编)者：连玉明　2017年10月出版 / 估价：89.00元
PSN B-2011-235-1/1

贵阳蓝皮书
贵阳城市创新发展报告No.2（花溪篇）
著(编)者：连玉明　2017年10月出版 / 估价：89.00元
PSN B-2015-490-2/10

贵阳蓝皮书
贵阳城市创新发展报告No.2（开阳篇）
著(编)者：连玉明　2017年10月出版 / 估价：89.00元
PSN B-2015-492-4/10

贵阳蓝皮书
贵阳城市创新发展报告No.2（南明篇）
著(编)者：连玉明　2017年10月出版 / 估价：89.00元
PSN B-2015-496-8/10

贵阳蓝皮书
贵阳城市创新发展报告No.2（清镇篇）
著(编)者：连玉明　2017年10月出版 / 估价：89.00元
PSN B-2015-489-1/10

贵阳蓝皮书
贵阳城市创新发展报告No.2（乌当篇）
著(编)者：连玉明　2017年10月出版 / 估价：89.00元
PSN B-2015-495-7/10

贵阳蓝皮书
贵阳城市创新发展报告No.2（息烽篇）
著(编)者：连玉明　2017年10月出版 / 估价：89.00元
PSN B-2015-493-5/10

贵阳蓝皮书
贵阳城市创新发展报告No.2（修文篇）
著(编)者：连玉明　2017年10月出版 / 估价：89.00元
PSN B-2015-494-6/10

贵阳蓝皮书
贵阳城市创新发展报告No.2（云岩篇）
著(编)者：连玉明　2017年10月出版 / 估价：89.00元
PSN B-2015-498-10/10

贵州房地产蓝皮书
贵州房地产发展报告No.4（2017）
著(编)者：武廷方　2017年7月出版 / 估价：89.00元
PSN B-2014-426-1/1

贵州蓝皮书
贵州册亨经济社会发展报告(2017)
著(编)者：黄德林　2017年3月出版 / 估价：89.00元
PSN B-2016-526-8/9

贵州蓝皮书
贵安新区发展报告（2016~2017）
著(编)者：马长青 吴大华　2017年6月出版 / 估价：89.00元
PSN B-2015-459-4/9

贵州蓝皮书
贵州法治发展报告（2017）
著(编)者：吴大华　2017年5月出版 / 估价：89.00元
PSN B-2012-254-2/9

贵州蓝皮书
贵州国有企业社会责任发展报告（2016～2017）
著(编)者：郭丽 周航 万强
2017年12月出版 / 估价：89.00元
PSN B-2015-512-6/9

贵州蓝皮书
贵州民航业发展报告（2017）
著(编)者：申振东 吴大华　2017年10月出版 / 估价：89.00元
PSN B-2015-471-5/9

贵州蓝皮书
贵州民营经济发展报告（2017）
著(编)者：杨静 吴大华　2017年3月出版 / 估价：89.00元
PSN B-2016-531-9/9

贵州蓝皮书
贵州人才发展报告（2017）
著(编)者：于杰 吴大华　2017年9月出版 / 估价：89.00元
PSN B-2014-382-3/9

贵州蓝皮书
贵州社会发展报告（2017）
著(编)者：王兴骥　2017年6月出版 / 估价：89.00元
PSN B-2010-166-1/9

贵州蓝皮书
贵州国家级开放创新平台发展报告（2017）
著(编)者：申晓庆　吴大华　李泓
2017年6月出版 / 估价：89.00元
PSN B-2016-518-1/9

海淀蓝皮书
海淀区文化和科技融合发展报告（2017）
著(编)者：陈名杰 孟景伟　2017年5月出版 / 估价：85.00元
PSN B-2013-329-1/1

杭州都市圈蓝皮书
杭州都市圈发展报告（2017）
著(编)者：沈翔 戚建国　2017年5月出版 / 估价：128.00元
PSN B-2012-302-1/1

杭州蓝皮书
杭州妇女发展报告（2017）
著(编)者：魏颖　2017年6月出版 / 估价：89.00元
PSN B-2014-403-1/1

河北经济蓝皮书
河北省经济发展报告（2017）
著(编)者：马树强 金浩 张贵
2017年4月出版 / 估价：89.00元
PSN B-2014-380-1/1

河北蓝皮书
河北经济社会发展报告（2017）
著(编)者：郭金平　2017年1月出版 / 估价：89.00元
PSN B-2014-372-1/1

河北食品药品安全蓝皮书
河北食品药品安全研究报告（2017）
著(编)者：丁锦霞　2017年6月出版 / 估价：89.00元
PSN B-2015-473-1/1

河南经济蓝皮书
2017年河南经济形势分析与预测
著(编)者：胡五岳　2017年2月出版 / 估价：89.00元
PSN B-2007-086-1/1

河南蓝皮书
2017年河南社会形势分析与预测
著(编)者：刘道兴 牛苏林　2017年4月出版 / 估价89.00元
PSN B-2005-043-1/8

河南蓝皮书
河南城市发展报告（2017）
著(编)者：张占仓 王建国　2017年5月出版 / 估价：89.00元
PSN B-2009-131-3/8

河南蓝皮书
河南法治发展报告（2017）
著(编)者：丁同民 张林海　2017年5月出版 / 估价：89.00元
PSN B-2014-376-6/8

河南蓝皮书
河南工业发展报告（2017）
著(编)者：张占仓 丁同民　2017年5月出版 / 估价：89.00元
PSN B-2013-317-5/8

河南蓝皮书
河南金融发展报告（2017）
著(编)者：河南省社会科学院
2017年6月出版 / 估价：89.00元
PSN B-2014-390-7/8

河南蓝皮书
河南经济发展报告（2017）
著(编)者：张占仓 2017年3月出版 / 估价：89.00元
PSN B-2010-157-4/8

河南蓝皮书
河南农业农村发展报告（2017）
著(编)者：吴海峰 2017年4月出版 / 估价：89.00元
PSN B-2015-445-8/8

河南蓝皮书
河南文化发展报告（2017）
著(编)者：卫绍生 2017年3月出版 / 估价：88.00元
PSN B-2008-106-2/8

河南商务蓝皮书
河南商务发展报告（2017）
著(编)者：焦锦淼 穆荣国 2017年6月出版 / 估价：88.00元
PSN B-2014-399-1/1

黑龙江蓝皮书
黑龙江经济发展报告（2017）
著(编)者：朱宇 2017年1月出版 / 估价：89.00元
PSN B-2011-190-2/2

黑龙江蓝皮书
黑龙江社会发展报告（2017）
著(编)者：谢宝禄 2017年1月出版 / 估价：89.00元
PSN B-2011-189-1/2

湖北文化蓝皮书
湖北文化发展报告（2017）
著(编)者：吴成国 2017年10月出版 / 估价：95.00元
PSN B-2016-567-1/1

湖南城市蓝皮书
区域城市群整合
著(编)者：童中贤 韩未名
2017年12月出版 / 估价：89.00元
PSN B-2006-064-1/1

湖南蓝皮书
2017年湖南产业发展报告
著(编)者：梁志峰 2017年5月出版 / 估价：128.00元
PSN B-2011-207-2/8

湖南蓝皮书
2017年湖南电子政务发展报告
著(编)者：梁志峰 2017年5月出版 / 估价：128.00元
PSN B-2014-394-6/8

湖南蓝皮书
2017年湖南经济展望
著(编)者：梁志峰 2017年5月出版 / 估价：128.00元
PSN B-2011-206-1/8

湖南蓝皮书
2017年湖南两型社会与生态文明发展报告
著(编)者：梁志峰 2017年5月出版 / 估价：128.00元
PSN B-2011-208-3/8

湖南蓝皮书
2017年湖南社会发展报告
著(编)者：梁志峰 2017年5月出版 / 估价：128.00元
PSN B-2014-393-5/8

湖南蓝皮书
2017年湖南县域经济社会发展报告
著(编)者：梁志峰 2017年5月出版 / 估价：128.00元
PSN B-2014-395-7/8

湖南蓝皮书
湖南城乡一体化发展报告（2017）
著(编)者：陈文胜 王文强 陆福兴 邝奕轩
2017年6月出版 / 估价：89.00元
PSN B-2015-477-8/8

湖南县域绿皮书
湖南县域发展报告 No.3
著(编)者：袁准 周小毛 2017年9月出版 / 估价：89.00元
PSN G-2012-274-1/1

沪港蓝皮书
沪港发展报告（2017）
著(编)者：尤安山 2017年9月出版 / 估价：89.00元
PSN B-2013-362-1/1

吉林蓝皮书
2017年吉林经济社会形势分析与预测
著(编)者：马克 2015年12月出版 / 估价：89.00元
PSN B-2013-319-1/1

吉林省城市竞争力蓝皮书
吉林省城市竞争力报告（2017）
著(编)者：崔岳春 张磊 2017年3月出版 / 估价：89.00元
PSN B-2015-508-1/1

济源蓝皮书
济源经济社会发展报告（2017）
著(编)者：喻新安 2017年4月出版 / 估价：89.00元
PSN B-2014-387-1/1

健康城市蓝皮书
北京健康城市建设研究报告（2017）
著(编)者：王鸿春 2017年8月出版 / 估价：89.00元
PSN B-2015-460-1/2

江苏法治蓝皮书
江苏法治发展报告 No.6（2017）
著(编)者：蔡道通 龚廷泰 2017年8月出版 / 估价：98.00元
PSN B-2012-290-1/1

江西蓝皮书
江西经济社会发展报告（2017）
著(编)者：张勇 姜玮 梁勇 2017年10月出版 / 估价：89.00元
PSN B-2015-484-1/2

江西蓝皮书
江西设区市发展报告（2017）
著(编)者：姜玮 梁勇 2017年10月出版 / 估价：79.00元
PSN B-2016-517-2/2

江西文化蓝皮书
江西文化产业发展报告（2017）
著(编)者：张圣才 汪春翔
2017年10月出版 / 估价：128.00元
PSN B-2015-499-1/1

街道蓝皮书
北京街道发展报告No.2（白纸坊篇）
著(编)者：连玉明　2017年8月出版 / 估价：98.00元
PSN B-2016-544-7/15

街道蓝皮书
北京街道发展报告No.2（椿树篇）
著(编)者：连玉明　2017年8月出版 / 估价：98.00元
PSN B-2016-548-11/15

街道蓝皮书
北京街道发展报告No.2（大栅栏篇）
著(编)者：连玉明　2017年8月出版 / 估价：98.00元
PSN B-2016-552-15/15

街道蓝皮书
北京街道发展报告No.2（德胜篇）
著(编)者：连玉明　2017年8月出版 / 估价：98.00元
PSN B-2016-551-14/15

街道蓝皮书
北京街道发展报告No.2（广安门内篇）
著(编)者：连玉明　2017年8月出版 / 估价：98.00元
PSN B-2016-540-3/15

街道蓝皮书
北京街道发展报告No.2（广安门外篇）
著(编)者：连玉明　2017年8月出版 / 估价：98.00元
PSN B-2016-547-10/15

街道蓝皮书
北京街道发展报告No.2（金融街篇）
著(编)者：连玉明　2017年8月出版 / 估价：98.00元
PSN B-2016-538-1/15

街道蓝皮书
北京街道发展报告No.2（牛街篇）
著(编)者：连玉明　2017年8月出版 / 估价：98.00元
PSN B-2016-545-8/15

街道蓝皮书
北京街道发展报告No.2（什刹海篇）
著(编)者：连玉明　2017年8月出版 / 估价：98.00元
PSN B-2016-546-9/15

街道蓝皮书
北京街道发展报告No.2（陶然亭篇）
著(编)者：连玉明　2017年8月出版 / 估价：98.00元
PSN B-2016-542-5/15

街道蓝皮书
北京街道发展报告No.2（天桥篇）
著(编)者：连玉明　2017年8月出版 / 估价：98.00元
PSN B-2016-549-12/15

街道蓝皮书
北京街道发展报告No.2（西长安街篇）
著(编)者：连玉明　2017年8月出版 / 估价：98.00元
PSN B-2016-543-6/15

街道蓝皮书
北京街道发展报告No.2（新街口篇）
著(编)者：连玉明　2017年8月出版 / 估价：98.00元
PSN B-2016-541-4/15

街道蓝皮书
北京街道发展报告No.2（月坛篇）
著(编)者：连玉明　2017年8月出版 / 估价：98.00元
PSN B-2016-539-2/15

街道蓝皮书
北京街道发展报告No.2（展览路篇）
著(编)者：连玉明　2017年8月出版 / 估价：98.00元
PSN B-2016-550-13/15

经济特区蓝皮书
中国经济特区发展报告（2017）
著(编)者：陶一桃　2017年12月出版 / 估价：98.00元
PSN B-2009-139-1/1

辽宁蓝皮书
2017年辽宁经济社会形势分析与预测
著(编)者：曹晓峰　梁启东
2017年1月出版 / 估价：79.00元
PSN B-2006-053-1/1

洛阳蓝皮书
洛阳文化发展报告（2017）
著(编)者：刘福兴　陈启明　2017年7月出版 / 估价：89.00元
PSN B-2015-476-1/1

南京蓝皮书
南京文化发展报告（2017）
著(编)者：徐宁　2017年10月出版 / 估价：89.00元
PSN B-2014-439-1/1

南宁蓝皮书
南宁经济发展报告（2017）
著(编)者：胡建华　2017年9月出版 / 估价：79.00元
PSN B-2016-570-2/3

南宁蓝皮书
南宁社会发展报告（2017）
著(编)者：胡建华　2017年9月出版 / 估价：79.00元
PSN B-2016-571-3/3

内蒙古蓝皮书
内蒙古反腐倡廉建设报告 No.2
著(编)者：张志华　无极　2017年12月出版 / 估价：79.00元
PSN B-2013-365-1/1

浦东新区蓝皮书
上海浦东经济发展报告（2017）
著(编)者：沈开艳　周奇　2017年1月出版 / 估价：89.00元
PSN B-2011-225-1/1

青海蓝皮书
2017年青海经济社会形势分析与预测
著(编)者：陈玮　2015年12月出版 / 估价：79.00元
PSN B-2012-275-1/1

人口与健康蓝皮书
深圳人口与健康发展报告（2017）
著(编)者：陆杰华　罗乐宣　苏杨
2017年11月出版 / 估价：89.00元
PSN B-2011-228-1/1

山东蓝皮书
山东经济形势分析与预测（2017）
著(编)者：李广杰　2017年7月出版 / 估价：89.00元
PSN B-2014-404-1/4

山东蓝皮书
山东社会形势分析与预测（2017）
著(编)者：张华 唐洲雁　2017年6月出版 / 估价：89.00元
PSN B-2014-405-2/4

山东蓝皮书
山东文化发展报告（2017）
著(编)者：涂可国　2017年11月出版 / 估价：98.00元
PSN B-2014-406-3/4

山西蓝皮书
山西资源型经济转型发展报告（2017）
著(编)者：李志强　2017年7月出版 / 估价：89.00元
PSN B-2011-197-1/1

陕西蓝皮书
陕西经济发展报告（2017）
著(编)者：任宗哲 白宽犁 裴成荣
2015年12月出版 / 估价：89.00元
PSN B-2009-135-1/5

陕西蓝皮书
陕西社会发展报告（2017）
著(编)者：任宗哲 白宽犁 牛昉
2015年12月出版 / 估价：89.00元
PSN B-2009-136-2/5

陕西蓝皮书
陕西文化发展报告（2017）
著(编)者：任宗哲 白宽犁 王长寿
2015年12月出版 / 估价：89.00元
PSN B-2009-137-3/5

上海蓝皮书
上海传媒发展报告（2017）
著(编)者：强荧 焦雨虹　2017年1月出版 / 估价：89.00元
PSN B-2012-295-5/7

上海蓝皮书
上海法治发展报告（2017）
著(编)者：叶青　2017年6月出版 / 估价：89.00元
PSN B-2012-296-6/7

上海蓝皮书
上海经济发展报告（2017）
著(编)者：沈开艳　2017年1月出版 / 估价：89.00元
PSN B-2006-057-1/7

上海蓝皮书
上海社会发展报告（2017）
著(编)者：杨雄 周海旺　2017年1月出版 / 估价：89.00元
PSN B-2006-058-2/7

上海蓝皮书
上海文化发展报告（2017）
著(编)者：荣跃明　2017年1月出版 / 估价：89.00元
PSN B-2006-059-3/7

上海蓝皮书
上海文学发展报告（2017）
著(编)者：陈圣来　2017年6月出版 / 估价：89.00元
PSN B-2012-297-7/7

上海蓝皮书
上海资源环境发展报告（2017）
著(编)者：周冯琦 汤庆合 任文伟
2017年1月出版 / 估价：89.00元
PSN B-2006-060-4/7

社会建设蓝皮书
2017年北京社会建设分析报告
著(编)者：宋贵伦 冯虹　2017年10月出版 / 估价：89.00元
PSN B-2010-173-1/1

深圳蓝皮书
深圳法治发展报告（2017）
著(编)者：张骁儒　2017年6月出版 / 估价：89.00元
PSN B-2015-470-6/7

深圳蓝皮书
深圳经济发展报告（2017）
著(编)者：张骁儒　2017年7月出版 / 估价：89.00元
PSN B-2008-112-3/7

深圳蓝皮书
深圳劳动关系发展报告（2017）
著(编)者：汤庭芬　2017年6月出版 / 估价：89.00元
PSN B-2007-097-2/7

深圳蓝皮书
深圳社会建设与发展报告（2017）
著(编)者：张骁儒 陈东平　2017年7月出版 / 估价：89.00元
PSN B-2008-113-4/7

深圳蓝皮书
深圳文化发展报告(2017)
著(编)者：张骁儒　2017年7月出版 / 估价：89.00元
PSN B-2016-555-7/7

四川法治蓝皮书
丝绸之路经济带发展报告（2016～2017）
著(编)者：任宗哲 白宽犁 谷孟宾
2017年12月出版 / 估价：85.00元
PSN B-2014-410-1/1

四川法治蓝皮书
四川依法治省年度报告 No.3（2017）
著(编)者：李林 杨天宗 田禾
2017年3月出版 / 估价：108.00元
PSN B-2015-447-1/1

四川蓝皮书
2017年四川经济形势分析与预测
著(编)者：杨钢　2017年1月出版 / 估价：98.00元
PSN B-2007-098-2/7

四川蓝皮书
四川城镇化发展报告（2017）
著(编)者：侯水平 陈炜　2017年4月出版 / 估价：85.00元
PSN B-2015-456-7/7

四川蓝皮书
四川法治发展报告（2017）
著(编)者：郑泰安　2017年1月出版 / 估价：89.00元
PSN B-2015-441-5/7

四川蓝皮书
四川企业社会责任研究报告（2016～2017）
著(编)者：侯水平 盛毅 翟刚
2017年4月出版 / 估价：89.00元
PSN B-2014-386-4/7

四川蓝皮书
四川社会发展报告（2017）
著(编)者：李羚　2017年5月出版 / 估价：89.00元
PSN B-2008-127-3/7

四川蓝皮书
四川生态建设报告（2017）
著(编)者：李晟之　2017年4月出版 / 估价：85.00元
PSN B-2015-455-6/7

四川蓝皮书
四川文化产业发展报告（2017）
著(编)者：向宝云 张立伟
2017年4月出版 / 估价：89.00元
PSN B-2006-074-1/7

体育蓝皮书
上海体育产业发展报告（2016～2017）
著(编)者：张林 黄海燕
2017年10月出版 / 估价：89.00元
PSN B-2015-454-4/4

体育蓝皮书
长三角地区体育产业发展报告（2016～2017）
著(编)者：张林　2017年4月出版 / 估价：89.00元
PSN B-2015-453-3/4

天津金融蓝皮书
天津金融发展报告（2017）
著(编)者：王爱俭 孔德昌
2017年12月出版 / 估价：98.00元
PSN B-2014-418-1/1

图们江区域合作蓝皮书
图们江区域合作发展报告（2017）
著(编)者：李铁　2017年6月出版 / 估价：98.00元
PSN B-2015-464-1/1

温州蓝皮书
2017年温州经济社会形势分析与预测
著(编)者：潘忠强 王春光 金浩
2017年4月出版 / 估价：89.00元
PSN B-2008-105-1/1

西咸新区蓝皮书
西咸新区发展报告（2016~2017）
著(编)者：李扬 王军　2017年6月出版 / 估价：89.00元
PSN B-2016-535-1/1

扬州蓝皮书
扬州经济社会发展报告（2017）
著(编)者：丁纯　2017年12月出版 / 估价：98.00元
PSN B-2011-191-1/1

长株潭城市群蓝皮书
长株潭城市群发展报告（2017）
著(编)者：张萍　2017年12月出版 / 估价：89.00元
PSN B-2008-109-1/1

中医文化蓝皮书
北京中医文化传播发展报告（2017）
著(编)者：毛嘉陵　2017年5月出版 / 估价：79.00元
PSN B-2015-468-1/2

珠三角流通蓝皮书
珠三角商圈发展研究报告（2017）
著(编)者：王先庆 林至颖
2017年7月出版 / 估价：98.00元
PSN B-2012-292-1/1

遵义蓝皮书
遵义发展报告（2017）
著(编)者：曾征 龚永育 雍思强
2017年12月出版 / 估价：89.00元
PSN B-2014-433-1/1

国际问题类

“一带一路”跨境通道蓝皮书
“一带一路”跨境通道建设研究报告（2017）
著(编)者：郭业洲　2017年8月出版 / 估价：89.00元
PSN B-2016-558-1/1

“一带一路”蓝皮书
“一带一路”建设发展报告（2017）
著(编)者：孔丹 李永全　2017年7月出版 / 估价：89.00元
PSN B-2016-553-1/1

阿拉伯黄皮书
阿拉伯发展报告（2016～2017）
著(编)者：罗林　2017年11月出版 / 估价：89.00元
PSN Y-2014-381-1/1

北部湾蓝皮书
泛北部湾合作发展报告（2017）
著(编)者：吕余生　2017年12月出版 / 估价：85.00元
PSN B-2008-114-1/1

大湄公河次区域蓝皮书
大湄公河次区域合作发展报告（2017）
著(编)者：刘稚　2017年8月出版 / 估价：89.00元
PSN B-2011-196-1/1

大洋洲蓝皮书
大洋洲发展报告（2017）
著(编)者：喻常森　2017年10月出版 / 估价：89.00元
PSN B-2013-341-1/1

德国蓝皮书
德国发展报告（2017）
著(编)者：郑春荣　　2017年6月出版 / 估价：89.00元
PSN B-2012-278-1/1

东盟黄皮书
东盟发展报告（2017）
著(编)者：杨晓强 庄国土
2017年3月出版 / 估价：89.00元
PSN Y-2012-303-1/1

东南亚蓝皮书
东南亚地区发展报告（2016～2017）
著(编)者：厦门大学东南亚研究中心　王勤
2017年12月出版 / 估价：89.00元
PSN B-2012-240-1/1

俄罗斯黄皮书
俄罗斯发展报告（2017）
著(编)者：李永全　2017年7月出版 / 估价：89.00元
PSN Y-2006-061-1/1

非洲黄皮书
非洲发展报告 No.19（2016～2017）
著(编)者：张宏明　2017年8月出版 / 估价：89.00元
PSN Y-2012-239-1/1

公共外交蓝皮书
中国公共外交发展报告（2017）
著(编)者：赵启正 雷蔚真
2017年4月出版 / 估价：89.00元
PSN B-2015-457-1/1

国际安全蓝皮书
中国国际安全研究报告(2017)
著(编)者：刘慧　2017年7月出版 / 估价：98.00元
PSN B-2016-522-1/1

国际形势黄皮书
全球政治与安全报告（2017）
著(编)者：李慎明　张宇燕
2016年12月出版 / 估价：89.00元
PSN Y-2001-016-1/1

韩国蓝皮书
韩国发展报告（2017）
著(编)者：牛林杰 刘宝全
2017年11月出版 / 估价：89.00元
PSN B-2010-155-1/1

加拿大蓝皮书
加拿大发展报告（2017）
著(编)者：仲伟合　2017年9月出版 / 估价：89.00元
PSN B-2014-389-1/1

拉美黄皮书
拉丁美洲和加勒比发展报告（2016～2017）
著(编)者：吴白乙　2017年6月出版 / 估价：89.00元
PSN Y-1999-007-1/1

美国蓝皮书
美国研究报告（2017）
著(编)者：郑秉文 黄平　2017年6月出版 / 估价：89.00元
PSN B-2011-210-1/1

缅甸蓝皮书
缅甸国情报告（2017）
著(编)者：李晨阳　2017年12月出版 / 估价：86.00元
PSN B-2013-343-1/1

欧洲蓝皮书
欧洲发展报告（2016～2017）
著(编)者：黄平 周弘 江时学
2017年6月出版 / 估价：89.00元
PSN B-1999-009-1/1

葡语国家蓝皮书
葡语国家发展报告（2017）
著(编)者：王成安 张敏　2017年12月出版 / 估价：89.00元
PSN B-2015-503-1/2

葡语国家蓝皮书
中国与葡语国家关系发展报告·巴西（2017）
著(编)者：张曙光　2017年8月出版 / 估价：89.00元
PSN B-2016-564-2/2

日本经济蓝皮书
日本经济与中日经贸关系研究报告（2017）
著(编)者：张季风　2017年5月出版 / 估价：89.00元
PSN B-2008-102-1/1

日本蓝皮书
日本研究报告（2017）
著(编)者：杨柏江　2017年5月出版 / 估价：89.00元
PSN B-2002-020-1/1

上海合作组织黄皮书
上海合作组织发展报告（2017）
著(编)者：李进峰 吴宏伟 李少捷
2017年6月出版 / 估价：89.00元
PSN Y-2009-130-1/1

世界创新竞争力黄皮书
世界创新竞争力发展报告（2017）
著(编)者：李闽榕 李建平 赵新力
2017年1月出版 / 估价：148.00元
PSN Y-2013-318-1/1

泰国蓝皮书
泰国研究报告（2017）
著(编)者：庄国土 张禹东
2017年8月出版 / 估价：118.00元
PSN B-2016-557-1/1

土耳其蓝皮书
土耳其发展报告（2017）
著(编)者：郭长刚 刘义　2017年9月出版 / 估价：89.00元
PSN B-2014-412-1/1

亚太蓝皮书
亚太地区发展报告（2017）
著(编)者：李向阳　2017年3月出版 / 估价：89.00元
PSN B-2001-015-1/1

印度蓝皮书
印度国情报告（2017）
著(编)者：吕昭义　2017年12月出版 / 估价：89.00元
PSN B-2012-241-1/1

印度洋地区蓝皮书
印度洋地区发展报告（2017）
著(编)者：汪戎　　2017年6月出版 / 估价：89.00元
PSN B-2013-334-1/1

英国蓝皮书
英国发展报告（2016～2017）
著(编)者：王展鹏　　2017年11月出版 / 估价：89.00元
PSN B-2015-486-1/1

越南蓝皮书
越南国情报告（2017）
著(编)者：广西社会科学院 罗梅 李碧华
2017年12月出版 / 估价：89.00元
PSN B-2006-056-1/1

以色列蓝皮书
以色列发展报告（2017）
著(编)者：张倩红　　2017年8月出版 / 估价：89.00元
PSN B-2015-483-1/1

伊朗蓝皮书
伊朗发展报告（2017）
著(编)者：冀开远　　2017年10月出版 / 估价：89.00元
PSN B-2016-575-1/1

中东黄皮书
中东发展报告 No.19（2016～2017）
著(编)者：杨光　　2017年10月出版 / 估价：89.00元
PSN Y-1998-004-1/1

中亚黄皮书
中亚国家发展报告（2017）
著(编)者：孙力 吴宏伟　　2017年7月出版 / 估价：98.00元
PSN Y-2012-238-1/1

皮书序列号是社会科学文献出版社专门为识别皮书、管理皮书而设计的编号。皮书序列号是出版皮书的许可证号，是区别皮书与其他图书的重要标志。

它由一个前缀和四部分构成。这四部分之间用连字符“-”连接。前缀和这四部分之间空半个汉字（见示例）。

《国际人才蓝皮书：中国留学发展报告》序列号示例

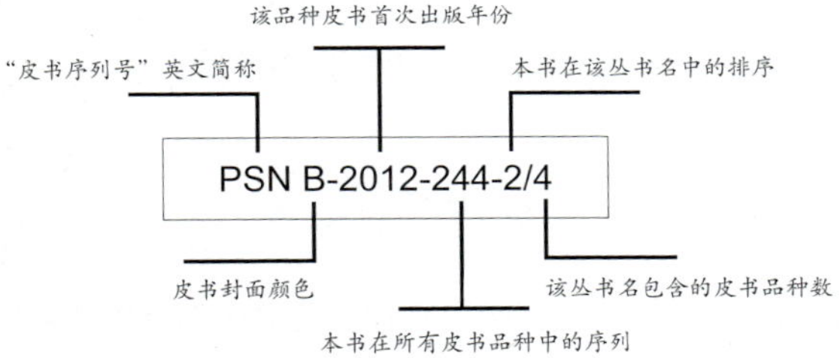

从示例中可以看出，《国际人才蓝皮书：中国留学发展报告》的首次出版年份是2012年，是社科文献出版社出版的第244个皮书品种，是“国际人才蓝皮书”系列的第2个品种（共4个品种）。

✧ 皮书起源 ✧

"皮书"起源于十七、十八世纪的英国，主要指官方或社会组织正式发表的重要文件或报告，多以"白皮书"命名。在中国，"皮书"这一概念被社会广泛接受，并被成功运作、发展成为一种全新的出版形态，则源于中国社会科学院社会科学文献出版社。

✧ 皮书定义 ✧

皮书是对中国与世界发展状况和热点问题进行年度监测，以专业的角度、专家的视野和实证研究方法，针对某一领域或区域现状与发展态势展开分析和预测，具备原创性、实证性、专业性、连续性、前沿性、时效性等特点的公开出版物，由一系列权威研究报告组成。

✧ 皮书作者 ✧

皮书系列的作者以中国社会科学院、著名高校、地方社会科学院的研究人员为主，多为国内一流研究机构的权威专家学者，他们的看法和观点代表了学界对中国与世界的现实和未来最高水平的解读与分析。

✧ 皮书荣誉 ✧

皮书系列已成为社会科学文献出版社的著名图书品牌和中国社会科学院的知名学术品牌。2016 年，皮书系列正式列入"十三五"国家重点出版规划项目；2012~2016 年，重点皮书列入中国社会科学院承担的国家哲学社会科学创新工程项目；2017 年，55 种院外皮书使用"中国社会科学院创新工程学术出版项目"标识。

其中，92.26%的被访者不同程度地表示了赞同。这也说明，减税降费有利于企业创业创新。

4. 近八成的被访者对政府推行“先照后证”“三证合一”的改革举措表示认同

调查显示，问及“您对政府推行‘先照后证’‘三证合一’的改革举措的看法如何”时，有15.48%的被访者认为“很好”，有44.64%的被访者认为“较好”，有17.86%的被访者认为“一般”，有18.45%的被访者认为“不好”，有3.57%的被访者认为“很差”。其中，77.98%的被访者不同程度地表示了认可。

（二）民营企业、个体工商户阶层对进一步简政放权，改善创业创新环境的建议

调查显示，问及“请您就如何进一步推进简政放权，谈一谈自己的看法”时，在168份有效问卷中，有35位被访者提出了书面看法。其中主要的看法包括以下几点：一是对改革政策的具体落实表示了担忧，认为“政策是好，就怕人为操作中出问题”；二是希望进一步降低证照办理门槛，优化办理程序；三是希望简政放权做到放管结合。还有的担心简政放权不到位，存在变相保留和今天放明天增的问题。

六　推进农村改革，保障农民权益

推进新一轮农村改革，重点在于完善土地制度，创新农业经营方式，探索集体资产的有效实现形式。尤其是土地确权，让农民吃上“定心丸”。为了解农民阶层对农村新一轮改革的认知情况，课题组以“农民群体对新一轮农村改革的理解和支持度”为题做了调查。该项调查共发放问卷205份，收回有效问卷201份。

（一）农民群体对新一轮农村改革的认知程度较高

1. 七成多的被访者表示了解农村新一轮改革

调查显示，问及“您了解新一轮农村改革吗”，有19.90%的被访者表示“了解”，有56.72%的被访者表示“了解一点，但具体不清楚”，有23.38%的被访者表示“不知道”。其中，76.62%的被访者程度不同地表示了解。

2. 八成以上的被访者认为新一轮农村改革与个人利益和农村经济社会发展有重要关系

调查显示，问及“您认为新一轮农村改革与个人利益有关系吗”，有41.29%的被访者认为“有很大关系”，有20.40%的被访者认为“有较大关系”，有18.91%的被访者认为“有一定关系”，有11.94%的被访者认为“没有关系”，有7.46%的被访者表示“不清楚”。其中，80.60%的被访者认为与个人利益有关。问及“您认为新一轮农村改革与本村经济社会发展有关系吗”，有41.29%的被访者认为“有很大关系”，有20.40%的被访者认为“有较大关系”，有25.37%的被访者认为“有一定关系”，有6.47%的被访者认为“没有关系”，有6.47%的被访者表示“不清楚”。其中，87.06%的被访者认为新一轮农村改革与本村经济社会发展有着一定的关系。

（二）绝大多数农民群体对新一轮农村改革抱有希望

1. 近八成的被访者对新一轮农村改革促进农村发展抱有希望

调查显示，问及“您对新一轮农村改革促进农村发展的希望如何”时，有36.32%的被访者表示“抱有很大希望”，有16.92%的被访者表示“抱有较大希望”，有25.37%的被访者表示“抱有一定希望”，有7.96%的被访者表示“不抱希望”，有13.43%的被访者表示“不好说”。其中，78.61%的被访者对新一轮农村改革促进农村发展抱有希望。

2. 八成多的被访者对新一轮农村改革维护农民权益抱有希望

调查显示，问及“您对新一轮农村改革维护农民权益的希望如何”时，有45.77%的被访者表示“抱有很大希望”，有16.92%的被访者表示“抱有较大希望”，有23.88%的被访者表示“抱有一定希望”，有7.46%的被访者表示“不抱希望”，有5.97%的被访者表示“不好说”。其中，86.57%的被访者对新一轮农村改革维护农民利益抱有希望。同时也说明，新一轮农村改革得到了广大农民群体的拥护和支持。

七　坚持依法行政，积极应对突发事件

全面推进依法治国，建设法治政府，必须推进依法行政。而推进依法行政，必须抓住领导干部这个“关键少数”。为了解依法行政情况，课题组以“党政干部对依法行政的认识”为题做了调查。该项调查共发放问卷188份，收回有效问卷187份。地方政府应对突发群体性事件的能力也是依法行政及执政能力的主要表现。对此，课题组就民众对地方政府应对突发群体性事件的了解和评价做了调查。该项调查共发放问卷670份，收回有效问卷660份。

（一）党政干部对依法行政认识程度较高

1. 六成多的被访者认为依法治国的首要任务是依法行政

调查显示，问及“您认为依法治国的首要任务是什么”时，有65.41%的被访者选择了“依法行政（依法治官）”，有30.81%的被访者选择了“依法管理社会事务”，有3.78%的被访者选择了“依法治民”。这说明，六成多的被访者对依法治国、依法行政有正确的认

识。同时也说明，对党政干部的法治教育还需不断深化。

2. 九成多的被访者认为依法行政非常重要

调查显示，问及“您对依法行政重要性的认识如何”时，有91.44%的被访者认为“非常重要”，有8.02%的被访者认为“重要”，有0.54%的被访者认为“一般”。其中，99.46%的被访者认为重要和非常重要。

3. 对依法行政的监督不够完善、行政执法体系不完善、行政人员观念落后是目前依法行政存在的主要问题

调查显示，问及“您认为当前依法行政存在的主要问题有哪些（多选题）”时，被访者选择比例从高到低排在前3位的是：“对依法行政的监督不够完善”（76.34%），排在第1位；“行政执法体系不够完善”（71.51%），排在第2位；“行政人员观念落后”（68.82%），排在第3位。随后依次是“行政立法还不全面”（62.90%），“已有的行政法律法规存在缺陷”（54.84%），“其他”（10.75%）。

（二）民众对当地政府应对突发群体事件的评价较好

1. 九成以上的被访者认可当地政府应对突发性群体事件的能力

调查显示，问及“您认为当地政府应对突发群体性事件的能力如何”时，有7.94%的被访者认为“能力很强”，有40.31%的被访者认为“能力较强”，有47.33%的被访者认为能力“一般”，有2.90%的被访者认为“能力较弱”，有1.52%的被访者认为“能力很差”。其中，95.58%的被访者程度不同地认可当地政府应对突发群体性事件的能力。

2. 预防和预警不够、信息公开不全面不及时、缺乏追究责任的机制是被访者认为政府应对突发群体性事件中存在的主要问题

调查显示，问及“您认为当地政府应对突发群体性事件中主要存在哪些问题（多选题）”时，被访者选择比例从高到低排在前3

位的是："预防和预警不够"（39.27%），排在第1位；"信息公开不全面不及时"（37.60%），排在第2位；"缺乏追究责任的机制"（31.81%），排在第3位。随后依次为"处置不及时"（30.75%），"处置措施不恰当"（28.61%），"政府危机意识淡薄"（14.00%）。

八　基层正风反腐，治理庸政懒政

民心是中国共产党最重要的执政基础，深化改革、正风反腐、回应人民群众的期盼是关系政治稳固的核心要素。党的十八大以来，全党上下不断将党风廉政建设和反腐败斗争推向深入，已取得明显成效。在反腐败斗争不断深入的形势下，基层民众对党中央的各项正风反腐举措感受如何，为了解这方面的情况，课题组以"基层民众对正风反腐的认可及参与"为题做了调查。该项调查共发放问卷220份，收回有效问卷220份。干部作风转变，治理"庸政懒政"行为也是反腐败的一个重要方面。"庸政懒政"直接影响改革措施落地。那么，本地行政干部是否存在"庸政懒政"问题，为了解这方面的情况，舆情课题组以"行政干部'庸政懒政'行为及其治理"为题做了调查。该调查共发放问卷200份，收回有效问卷196份。

（一）民众对基层正风反腐成效有较高的认可

1. 八成多的被访者认为当前的不正之风和腐败问题与过去相比已有明显好转

调查显示，问及"您认为当前不正之风和腐败问题与以往相比有无变化"时，有86.77%的被访者认为"有好转"，有13.23%的被访者认为"没有变化"。这说明经过近年的反腐败斗争，基层正风反腐工作已取得明显成效。

2. 近九成的被访者对遏制和消除腐败有信心

调查显示，问及“您对遏制和消除腐败的信心如何”时，有27.37%的被访者表示“很有信心”，有45.24%的被访者表示“较有信心”，有17.30%的被访者表示信心“一般”，有10.09%的被访者表示“没信心”。其中，89.91%的被访者不同程度地表示了信心。

3. 八成以上的被访者认为政府部门工作作风已有改进

调查显示，问及“您认为某些政府部门存在‘门难进、脸难看、话难听、事难办’的工作作风问题是否有改进”时，有21.18%的被访者认为“明显改进”，有62.74%的被访者认为“有所改进”，有13.05%的被访者认为“没有变化”，有3.03%的被访者表示“不清楚”。其中，83.92%的被访者认为已有改进，这说明政府机关工作作风正在改进和好转。

4. 八成的被访者认为当前对领导干部行使权力的监督效果明显

调查显示，问及“您认为对当前领导干部行使权力的监督效果如何”时，有13.90%的被访者认为“非常有效”，有67.24%的被访者认为“比较有效，但还有差距”，有18.86%的被访者认为“效果较差”。其中，81.14%的被访者表示有效果。正风反腐，加强对权力的监督是重要保障，监督有效，作风必然好转。

5. 被访者参与反腐的途径畅通多样

调查显示，问及“您认为民众发挥监督作用的途径有哪些”时，在多个选项中，“登录专门举报网站”（72.06%）排在第1位；“在互联网上发布”（56.37%）排在第2位；“向新闻媒体曝光”（55.42%）排在第3位；“拨打专门举报电话”（48.24%）排第4位；“写信给有关部门”（39.11%）排第5位；“直接找有关部门上访”（20.90%）排第6位；“找人大代表政协委员反映”（15.23%）排第7位。这说明，民众参与反腐渠道和途径已畅通多样。

（二）民众对行政干部“庸政懒政”行为的认识

1. 近六成的被访者认为行政干部存在着得过且过，事业责任感不强的问题

调查显示，问及“您认为行政干部是否存在着得过且过，事业责任感不强，精神不振，不思进取，安于现状，在工作上拈轻怕重，敷衍塞责的问题”时，有10.34%的被访者认为“不存在”，有29.89%的被访者认为“不严重”，有20.69%的被访者认为“严重”，有21.84%的被访者认为“比较严重”，有17.24%的被访者认为“非常严重”。其中，59.77%的被访者认为干部存在着得过且过、事业性责任感不强等问题。

2. 近五成的被访者认为行政干部存在不作为、慢作为、乱作为的问题

调查显示，问及“您认为行政干部是否存在工作方法简单粗暴，不作为、慢作为、乱作为的问题”时，有16.09%的被访者认为“不存在”，有34.48%的被访者认为“不严重”，有22.99%的被访者认为“严重”，有14.94%的被访者认为“比较严重”，有11.50%的被访者认为“非常严重”。其中，49.43%的被访者认为行政干部存在不作为、慢作为、乱作为的问题。

3. 干部选拔任用机制不完善、干部晋升渠道不正、干部收入少付出多是被访者认为干部“庸政懒政”的主要原因

调查显示，问及“您认为造成干部庸政懒政的原因有哪些（多选题）”时，在被访者选择的15个问题中，从高到低排在前3位的是：“干部选拔任用机制不够完善”（58.62%），排在第1位；“基层领导干部晋升渠道不正”（45.98%），排在第2位；“基层领导干部收入少付出多”（45.98%），并列第2位。其他依次是：“担心引火烧身”（42.53%），排在第4位；“缺乏有效的激励手段”（41.38%），排在第5位；“对自己的前途和未来不确定”（40.23%），排在第6位；“工资收入增速过缓”（37.93%），排在第7位；“干部考核评价机制不完善”（37.93%），并列第7位；“存在职能交叉重叠”（35.63%），排在第9位；“制度落实不到位”（26.44%），排在第10位。

九　改革地方司法体制，群众的获得感提升

司法体制改革是目前群众普遍比较关注的社会热点问题，为反映这方面的舆情，课题组以“地方司法体制改革的进展及群众的反响与获得感”为题做了调查。该项调查共发放问卷330份，收回有效问卷299份。

（一）被访者对人民法院体制改革的感受和评价较好

1. 九成多的被访者认可人民法院的立案工作

调查显示，问及“您对人民法院立案工作的评价如何”时，有5.70%的被访者表示“满意”，有38.29%的被访者表示“比较满意”，有48.96%的被访者表示“一般”，有7.05%的被访者表示“不满意”。其中，92.95%的被访者不同程度地表示了认可或满意。

2. 九成多的被访者对法院审判公开不同程度地表示满意

调查显示，问及“您对人民法院审判公开的满意度如何”时，有5.37%的被访者表示“非常满意”，有37.58%的被访者表示“比较满意”，有48.32%的被访者表示“一般”，有7.72%的被访者表示“不满意”，有1.01%的被访者表示“非常不满意”。其中，92.27%的被访者不同程度地表示了满意和认可。

（二）被访者对人民检察院体制改革做了较高的评价

1. 九成以上的被访者对人民检察院办理公诉案件的成效不同程度地表示认可

调查显示，问及“您认为检察机关办理公诉案件的成效如何”时，

有5.03%的被访者认为“成效显著”，有41.28%的被访者认为“较有成效”，有49.66%的被访者认为成效“一般”，有4.03%的被访者认为“没啥成效”。其中，95.97%的被访者不同程度地表示认可。

2. 七成以上的被访者对检察机关行使审判监督的职能表示满意

调查显示，问及“您对检察机关行使审判监督职能的满意程度如何”时，有3.40%的被访者表示“非常满意”，有31.97%的被访者表示“满意”，有39.46%的被访者表示“比较满意”，有24.15%的被访者表示“不满意”，有1.02%的被访者表示“很不满意”。其中，74.83%的被访者不同程度地表示了满意。

（三）地方司法体制改革过程中存在的主要问题

调查显示，问及“您认为司法体制改革中存在的主要问题有哪些（多选题）”时，被访者选择比例从高到低排在前3位的是：“办案拖延问题”（59.53%），排在第1位；“缺乏有效监督”（59.20%），排在第2位；“司法程序复杂”（52.51%），排在第3位。随后依次是“司法公职人员素质不高，职业化程度不够”（50.50%），“审判公开不够”（41.27%），“司法不公”（34.78%），“司法公职人员待遇偏低”（26.09%），“司法公职人员带头普法意识不强”（24.08%）。

十　转变就业观念，营造创业创新环境

就业问题一直是近年来各级政府十分重视的民生问题，尤其对高校毕业生群体的就业问题更加重视。面对当前严峻的就业形势，如何营造良好的就业和创业创新环境，已成为一个重要的社会课题。为反映这方面的舆情，课题组以“大学生群体对地方就业和创业创新环境的感受及建议”为题做了调查。本项调查共发放问卷250份，收回有效问卷247份。

（一）关注国家相关创业政策，大学生创业兴趣增强

1.近六成的被访者表示对创业有兴趣

调查显示，问及“您对创业是否有兴趣”时，有26.32%的被访者选择了“很有兴趣”，有30.76%的被访者选择了“比较有兴趣”，有18.22%的被访者选择了“一般”，有12.96%的被访者选择了“不太感兴趣”，有11.74%的被访者选择了“没兴趣”。其中，表示有兴趣的被访者占57.08%。

2.八成多的被访者关注国家相关创业政策

调查显示，问及“您是否关注国家出台的扶持大学生创新创业的相关政策和法规”时，有66.40%的被访者表示“经常关注”，有19.84%的被访者表示“偶尔关注”，有13.76%的被访者表示“不关注”。其中，表示关注的占86.24%。

（二）政府部门、福利待遇和大城市成被访者就业的首要考虑因素

调查显示，问及“您就业的首选方向是什么”时，有42.51%的被访者选择了“政府部门”，有31.98%的被访者选择了“企业”，有22.27%的被访者选择了“事业单位”，有3.24%的被访者表示“无所谓”。问及“您毕业后最希望到什么地方工作”时，有39.68%的被访者选择了“一线城市”，有29.55%的被访者选择了“二、三线城市”，有19.84%的被访者选择了“基层”，有4.05%的被访者选择了“出国”，有6.88%的被访者选择了“其他”。问及“您择业首先考虑的因素是什么”时，有38.46%的被访者选择了“福利待遇”，有12.96%的被访者选择了“地理区位”，有27.53%的被访者选择了“行业前景”，有10.12%的被访者选择了“个人兴趣”，有10.93%的被访者选择了“工作环境”。上述调查显示，政府部门、福利待遇和大城市成被访者就业的首要考虑因素。

（三）希望得到创业教育、创新创业意识培养及更多社会实践机会

调查显示，问及“您最需要哪类创新创业服务”时，有37.65%的被访者选择了“创业教育培训”，有27.13%的被访者选择了“资金支持”，有22.27%的被访者选择了“模拟创业大赛”，有12.95%的被访者选择了“企业孵化”。问及“您觉得高校是否有必要培养学生的创新创业意识”时，有44.13%的被访者认为“非常有必要”，有29.15%的被访者认为“有必要”，有16.60%的被访者认为“可有可无”，有10.12%的被访者认为“没有必要”。其中，73.28%的被访者认为有必要培养创新创业意识。问及“您认为提高创新创业能力最有效的途径有哪些”时，有25.51%的被访者选择了“获取更多的社会实践机会”，有19.84%的被访者选择了“学校开设更多有关创新创业的课程”，有18.22%的被访者选择了“参加与创新创业相关的各类比赛”，有16.60%的被访者选择了“加强专业技能的学习”，有10.93%的被访者选择了“看创业故事”，有2.90%的被访者选择了“多结交有创业想法的朋友”。调查表明，众多的大学毕业生希望得到创业教育、创新创业意识培养及更多的社会实践机会。

十一　2016年热点特点，2017年变化预测

社会热点问题是舆情的重要组成部分，甘肃地处边缘地区，经济发展落后，尤其是非公有制经济的比重偏低。城乡居民人均收入处全国末位，社会成员受教育程度整体不高，生态环境问题突出，这一省情区情，决定了本省民众对社会热点问题的关注和认知与全国其他地区相比存在某些差异，形成一些地方性的热点，同时也会继续影响着未来舆情的发展变化。

（一）2016年民众关注的社会热点问题

1. 民众关注的社会热点问题排行

就2016年甘肃省社会热点问题调查，课题组在参照往年调查问题的基础上，充分考虑了近一年来全国以及甘肃省经济社会发展变化情况，对2015年的社会热点问题做了适度调整，删除了“改革开放问题”“台海局势”，将“‘联村联户’与‘精准扶贫’”修改为“扶贫与小康社会建设问题”，新增了“创新、协调、开放、绿色、共享发展”“供给侧改革”“二孩全面放开问题”。问题从28个增至29个，要求被访者从中选出最关注的10个问题。此项调查共发放问卷670份，收回有效问卷660份。

问卷调查结果显示，2016年被访者最为关注的10个热点问题是：“食品安全问题”“生态环境问题”“医疗问题”“养老与社会保障问题”“住房问题”“就业问题”“反腐败和干部作风问题”“物价问题”“教育问题”“社会安全和稳定问题”，选择频次居前10位（见表1）。

表1　甘肃民众对社会热点问题的关注度统计

单位：人次，%

关注度排名	关注的问题	选择人次	个案百分比
第1	食品安全问题	486	73.64
第2	生态环境问题	470	71.21
第3	医疗问题	463	70.15
第4	养老与社会保障问题	407	61.27
第5	住房问题	399	60.45
第6	就业问题	370	56.06
第7	反腐败和干部作风问题	346	52.42
第8	物价问题	332	50.30
第9	教育问题	315	47.73
第10	社会安全和稳定问题	265	40.15

对比2015年甘肃民众关注的热点问题，排在前10位的问题仅在排序上略有变化，其中“生态环境问题”跃居至第2位，“就业问题”上升至第6位，“养老与社会保障问题”“反腐败和干部作风问题”的排序稍有下降（见表2）。

表2　2015、2016年甘肃民众关注热点问题前10位变化情况

关注问题	2015年排序	2016年排序
食品安全问题	1	1
养老与社会保障问题	2	4
医疗问题	3	3
生态环境问题	4	2
住房问题	5	5
反腐败和干部作风问题	5	7
物价问题	7	8
就业问题	8	6
教育问题	9	9
社会安全和稳定问题	10	10

2016年民众关注的社会热点问题，从排在前10位的问题看，“食品安全问题”关注度最高，排在第1位，被访者选择比例达73.64%。食品安全问题之所以在2016年中仍然关注度最高，既与食品安全问题的普遍性、严重性和频发有关，也与民众食品安全意识和健康意识增强有关。“生态环境问题”排在第2位。甘肃生态环境问题，既包括自然生态环境问题，如干旱缺水、沙漠化问题，也包括工业污染、城市大气污染、水污染、土壤污染等问题。民众关注生态环境问题表明生态环境治理的意识增强，同时也提示了生态环境问题的严峻形势。“医疗问题”排在第3位。医疗问题关注度高，既与“看病难”“看病贵”有关，也与健康意识增强有关。“养老与社会保障问题”排在第4位。社会保障是社会发展的稳定器，养老和社会保

障是最基本的民生问题，完善养老和社会保障制度，民众关注是必然的。“住房问题”排在第5位。住房问题既是经济问题又是民生问题，房价居高不下，促使政府加大调控力度，民众尤为关注。“就业问题”排在第6位。甘肃经济发展落后，加上产业结构不合理，非公有制经济发展滞后，就业问题一直成为难题。“反腐败和干部作风问题”排在第7位。中央坚决惩治腐败、正风反腐、依法治国，干部作风持续转变，基层民众对此非常关注。“物价问题”排在第8位。近年来，房价过快上涨，2016年初菜价波动引起民众广泛关注。“教育问题”排在第9位。教育问题包括城乡差别、教育不公平等问题，是民众多年关注的重要民生问题。“社会安全和稳定问题”排在第10位。当前我国正处在社会转型期，各类社会矛盾凸显，维护社会稳定和安全是民众所关注和期盼的。

2. 2016年网络新闻关注甘肃问题排行

课题组成员主要依托新华网舆情检测频道对网络涉甘事件进行遴选，将检索时间限定在2015年10月至2016年10月，共获取当日进入新华网舆情检测频道最热新闻前5名事件的13件，并按参与数进行了排序（见表3）。

表3 新华网舆情监测频道涉甘事件

单位：人次

序号	时间	事　　件	来源	首发媒体	参与数
1	2016年8月19日	大学女教师患癌被开除 校领导:别给我哭,见多了	网易	《中国青年报》	453142
2	2016年9月9日	甘肃一家六口因贫穷服毒身亡,三年前低保被取消	新浪	《北京晨报》	333455
3	2016年5月18日	兰州大学生手机拍民警粗暴执法“屁股被打开花”	网易	澎湃新闻网	264140
4	2016年8月23日	兰州交大博文学院恢复患癌女教师身份并道歉	网易	《京华时报》	160473

续表

序号	时间	事　　件	来源	首发媒体	参与数
5	2016年5月23日	学霸称考试简单不公平:应让不努力的人“疼一疼”	网易	《中青报》	114895
6	2015年12月31日	甘肃金昌市长处置跳楼女生事件时被打伤	新浪	《兰州晨报》	71260
7	2016年8月24日	兰交大博文学院登门道歉患癌女教师获赔50万元	新浪	央广网	40640
8	2015年11月16日	工商银行曝巨额违约　2.88亿存款到期无法兑付	网易	《萧山日报》	30761
9	2016年8月22日	兰州交大恢复患癌女教师劳动关系补偿72000元	凤凰	澎湃新闻网	18136
10	2016年8月29日	百元大钞堆“钱山”:村支书千万现金分红村民	腾讯	中新网	15609
11	2016年8月25日	兰州交通大学博文学院院长博士学历被曝造假	新浪	《京华时报》	15531
12	2016年9月12日	甘肃一母亲砍死4子女　国务院扶贫办介入调查	新浪	微信号“北京时间”	12288
13	2016年9月7日	白银杀人往事:高承勇对死者无歉意但在意儿子	腾讯	《新京报》	10440

由于筛选样本的有限性、网络基础设施建设的差异性、网民规模及公共参与热情度等的影响，上述网络涉甘事件并不能全面反映甘肃网络舆情，但在一定程度上能够见微知著，反映出甘肃网络舆情的基本情况。从调查情况看，医疗、教育、扶贫等民生类及涉警事件是网民关注的重点。如“大学女教师患癌被开除”事件，一度引发舆论场高度关注，网民跟帖超过40万。此外，也有一些事件未进入上述榜单但仍引起较大反响，如“甘肃武威记者被抓”事件，被列为2016年上半年公共热点事件排行榜第8位，舆论焦点集中在新闻媒体监督权与保障权以及公安机关规范行使权力等方面。

（二）民众关注的社会热点问题的特点分析

1. 民生问题是民众关注的重点

从2016年甘肃舆情社会热点问题的调查来看，排在前10位的食品安全、医疗、养老和社会保障、住房、就业、物价、教育等问题，都是关乎民生的重要问题，成为社会各阶层关注的重点，而生态环境、反腐败和干部作风、社会安全和稳定等问题也与民众的生产生活关系密切，成为民众重点关注的问题。应该说，多年来各地政府在解决民生问题方面投入不少，花了很大的精力，事实上民生问题也得到了不断改善和缓解。但为什么民众还如此关注，这其中有许多问题需要我们去做深入调查和思考。

2. 热点问题亦反映了地方发展中的深层次矛盾和问题

调查显示，问及“您认为影响或困扰当地社会发展的主要问题有哪些（多选题）”时，有75.27%的被访者选择了“经济问题”，有46.74%的被访者选择了“发展环境问题”，有45.37%的被访者选择了“社会问题”，有39.15%的被访者选择了“生态环境问题”。经济问题和生态环境问题联系密切，尤其是甘肃干旱缺水、沙漠化严重，已对经济发展形成制约。民众高度关注生态环境问题，要求各地政府必须要坚持绿色发展、协调发展，重现生态环境治理。

3. 甘肃网络舆情态势整体平稳

从2016年网络涉甘舆情的情况分析，一是个别重大舆情事件网民关注度较高。如，“大学女教师患癌被开除”“甘肃一家六口因贫穷服毒身亡，三年前低保被取消”等事件，网民参与率高，社会影响大。二是涉甘舆情排在前位的主要涉及医疗、教育、扶贫等民生问题以及公安执法部门。有些事件直接反映出基层管理部门的工作不扎实、管理者素质低甚至执法违法等问题。当然，在处置这些事件中，各地政府都能积极冷静应对，使事件很快平息。

（三）2017年舆情变化预测

1. 民生问题仍然是2017年民众重点关注的社会热点问题

舆情的背面是民生。纵观近几年甘肃舆情调查，民生问题始终是民众重点关注的社会热点。其问题主要集中在食品安全、社会保障、住房、教育、医疗、物价等方面，这些问题由于历史欠账多、民众预期高，加之地方经济的欠发达，地方财政投入不足，解决起来需要一个过程。同时，应该看到甘肃民生保障尤其是社会保障、教育、医疗卫生等方面还处在一个较低层次和水平，这就要求各级政府应把老百姓日常感受变成政策的起点与终点，心中有民，把民生问题解决好。

2. 舆情态势总体平稳，健康向上

改革开放30多年来，甘肃经济社会已发生了巨大变化，人们的生活状况已有重大改善。特别是党的十八大以来，中央推进“四个全面”战略布局，坚持“创新、协调、绿色、开放、共享”的发展理念，推进“一带一路”开发战略，坚持从严治党，加大反腐败力度，扶贫攻坚，全面建设小康社会，可以说深得民心。当前，党风政风和社会风气进一步好转，干部作风问题不断加以解决，老百姓关心的民生问题不断改善，社会稳定和谐。在这样一个大背景下，预测2017年舆情态势总体平稳，健康向上。当然，也不排除一些地方会发生突发群体事件等问题的可能，对此，各级党政机关要增强风险意识，加强责任担当，健全预警机制，继续做好各方面的工作。

3. 党政机关领导干部既要了解研判舆情也要分析思考舆情

近年来，各地党政机关领导都比较重视舆情研判，积极应对各种舆情，但是，面对社会舆情必须明确“怎么看”和“怎么办”的问题，不仅要通过研判舆情了解舆情，而且要分析思考舆情，进一步明确问题的根源和解决的具体途径。尤其是对老百姓始终关注的社会热点问题、民生问题，要做专题调查，提出问题解决的具体方案和时间表。同时，还要注重提升社会治理能力和管理水平。

（说明：本报告所引用的数据和资料，均来自甘肃省社会科学院舆情调研组2016年的调研和访谈成果。）

社会热点篇

Hot Social Topics

B.2

甘肃民众关注的社会热点及网络涉甘舆情调查

梁海燕*

摘　要：　当前，处于社会转型时期，甘肃省各类社会矛盾凸显，舆情热点大多指向社会政治经济生活中的重点、难点和关键环节。并且，网络舆论逐渐成为一种全新的社会舆情方式，与社会舆情相互影响。调查结果显示，民生问题仍是甘肃广大民众关注的焦点，如生态环境、食品安全、反腐、住房、养老、医疗等，关注度排前。同时，民生类以及涉警类事件是网络舆情高敏领域。对此，需要地方政府发挥主导作用，不断健全舆情的

* 梁海燕，法学硕士，甘肃省社会科学院助理研究员，主要研究方向为地方法治及法社会学。

收集、研判、处置和回应机制，着力解决社会热点问题产生的深层次矛盾。

关键词： 社会热点生成背景 网络涉甘事件 舆情调查

社会舆情及其导致的社会舆情事件是一个重大的社会问题，也是一个复杂的社会治理问题。① 当前，我国正处于社会转型时期，各类社会矛盾凸显，舆情热点大多指向社会政治经济生活中的重点、难点和关键环节，一些关系国计民生的重大问题如医疗、养老、环境、食品安全、住房等牵动民众关切，形成社会热点问题。同时，伴随信息技术的迅猛发展，网络平台已经成为民意表达最为活跃的场所，“人人都有麦克风”的众声喧哗在网络上表现得更为明显。民众依托网络获得了充分的获取信息、表达意见、参政议政的渠道，这个过程建构了社会群体的行为逻辑和行动框架，提升了民众的社会动员能力和行动能力，但也兼具破坏力，如传播负面舆论影响民心与社会稳定。在这一背景下，社会舆情在生成、发展、变化等方面都会表现出新的特点，使社会治理面临严峻挑战。

就甘肃民众关注的社会热点问题及网络舆情来看，其形成、表现和变化都有着特定的生成背景和地域背景，凝聚着广大民众的期盼和诉求。甘肃省地处西部地区，经济社会发展落后，生态环境十分脆弱，非公有制经济发展滞后，民众对于医疗、养老、物价、住房、资源环境、收入分配等问题更为关注。同时，这些问题在网络上更容易引起共鸣和被放大，是当前网络舆情的高敏领域，并与社会舆情相互

① 蔡立辉：《社会舆情及其内在机理分析》，http：//www.zsnews.cn/Culture/2014/12/08/2712277.shtml，2014 年 12 月 8 日。

影响、相互作用。因此，开展社会热点问题及网络涉甘舆情调查，对于收集社情民意、推动政府科学民主决策具有重要的现实意义。

一　民众关注的社会热点问题

（一）问卷调查基本情况

2016 年 7 ~8 月，调研组在甘肃开展了“甘肃民众关注的社会热点问题”的问卷调查。本次调查共发放问卷 670 份，回收问卷 664 份，有效问卷 660 份，问卷回收有效率为 98.5%。调查选取了定西市、天水市、武威市和合作市作为调查地，有效问卷数量分布为：定西市 177 份，天水市 182 份，武威市 186 份，合作市 115 份。调研采用社会学家陆学艺先生的阶层分类法，十个阶层样本分布为：国家与社会管理者占 5.76%，经理人员占 2.88%，私营企业主占 5.91%，专业技术人员占 13.03%，办事人员占 10.91%，个体工商户占 6.82%，商业服务业人员占 9.70%，产业工人占 14.24%，农业劳动者占 24.39%，无业失业人员占 6.36%。被访者文化程度结构为：不识字占 2.58%，小学占 4.27%，初中占 21.07%，高中（职高）占 22.60%，大专占 17.55%，大学本科占 29.01%，研究生及以上占 2.90%。问卷调查还兼顾了性别、年龄、党派等统计学要素。

（二）民众关注的社会热点问题

就 2016 年甘肃省社会热点问题的设计，课题组考虑了近一年来全国以及甘肃省经济社会环境变化情况，对调查问卷做了调整，删除了“改革开放问题”“台海局势”，将“‘联村联户’与精准扶贫”修改为“扶贫与小康社会建设问题”，新增了“创新、协调、开放、绿色、共享发展”“供给侧改革”“二孩全面放开问题”，问题从 28

个增至29个，要求被访者从中选出最关注的10个问题。问卷调查统计结果显示，被访者最为关注的十项热点问题为："食品安全问题""生态环境问题""医疗问题""养老与社会保障问题""住房问题""就业问题""反腐败和干部作风问题""物价问题""教育问题""社会安全和稳定问题"，选择频次居前十位（见表1）。

表1　甘肃民众对社会热点问题的关注度统计

单位：次，%

关注度排名	关注的问题	频次	个案百分比
第1	食品安全问题	486	73.64
第2	生态环境问题	470	71.21
第3	医疗问题	463	70.15
第4	养老与社会保障问题	407	61.27
第5	住房问题	399	60.45
第6	就业问题	370	56.06
第7	反腐败和干部作风问题	346	52.42
第8	物价问题	332	50.30
第9	教育问题	315	47.73
第10	社会安全和稳定问题	265	40.15
第11	扶贫与小康社会建设问题	263	39.85
第12	新型城镇化建设	239	36.21
第13	收入差距和分配制度改革	220	33.33
第14	社会诚信问题	216	32.73
第15	道路交通问题	208	31.52
第16	农村土地问题	184	27.88
第17	南海局势	175	26.52
第18	创新、协调、开放、绿色、共享发展	150	22.73
第19	依法治国和严格执法问题	115	17.42
第20	二孩全面放开问题	113	17.12
第21	政治体制改革问题	88	13.33
第22	"一带一路"战略和甘肃建设发展问题	85	12.88
第23	创业创新环境问题	79	11.97
第24	户籍制度改革问题	74	11.21

续表

关注度排名	关注的问题	频次	个案百分比
第 25	甘肃“华夏文明传承创新区”建设	71	10.76
第 26	中日关系	68	10.30
第 27	供给侧改革	38	5.76
第 28	兰州新区建设	21	3.18
第 28	朝鲜半岛局势	21	3.18

对比 2015 年甘肃民众关注的热点问题，排在前十位的问题仅在排序上略有变化，其中“生态环境问题”跃居至第 2 位，“就业问题”上升至第 6 位，“养老与社会保障问题”“反腐败和干部作风问题”的排序稍有下降（见表 2）。

表 2　2015 年、2016 年甘肃民众关注热点问题前十位变化情况

关注问题	2015 年排序	2016 年排序
食品安全问题	1	1
养老与社会保障问题	2	4
医疗问题	3	3
生态环境问题	4	2
住房问题	5	5
反腐败和干部作风问题	5	7
物价问题	7	8
就业问题	8	6
教育问题	9	9
社会安全和稳定问题	10	10

结合问卷调查结果并对比 2015 年民众关注热点问题的情况，对 2016 年甘肃民众关注的社会热点问题做如下分析。

1. 食品安全问题关注度最高，连年稳居榜首

民以食为天，食以安为先。近年来，食品安全一直是民众关注的焦点，继2014年、2015年之后，食品安全问题仍然位列甘肃民众关注的热点问题首位。问卷调查中，有486名被访者选择该项，选择百分比高达73.64%。从十个阶层被访者的选择来看，“食品安全问题”居个体工商户、商业服务业人员选择首位，相比之下，国家与社会管理者的关注度较低，居同阶层选择的第6位（见表3）。

表3 十大阶层对于“食品安全问题”的选择

单位：次，%

阶层	频次	比例	排序
国家与社会管理者	21	55.26	6
经理人员	15	78.95	3
私营企业主	30	76.92	2
专业技术人员	59	68.60	2
办事人员	61	83.56	2
个体工商户	37	82.22	1
商业服务业人员	45	70.31	1
产业工人	74	78.72	2
农业劳动者	113	70.62	3
无业失业人员	31	73.81	2

2. 生态环境问题关注度上升，跃居第2位

当前，伴随国家生态环境治理力度的加大，以及甘肃省生态安全屏障综合试验区建设的推进，甘肃民众对生态环境问题的关注度越来越高。问卷调查显示，71.21%（470人）的被访者选择“生态环境问题”，排序从2015年的第4位上升至第2位。从各个阶层的选择看，有6个阶层被访者的选择在同阶层中居第1位，分别是国家与社会管理者、经理人员、私营企业主、专业技术人员、办事人员、农业劳动者阶层。商业服务业人员、产业工人、无业失业人员的关注度略低（见表4）。

表 4　十大阶层对于“生态环境问题”的选择

单位：次，%

阶层	频次	比例	排序
国家与社会管理者	29	76.32	1
经理人员	15	78.95	1
私营企业主	31	79.49	1
专业技术人员	66	76.74	1
办事人员	63	86.30	1
个体工商户	31	68.89	4
商业服务业人员	37	57.81	5
产业工人	53	56.38	6
农业劳动者	119	74.38	1
无业失业人员	26	61.90	5

3. 医疗问题、养老与社会保障问题关注度居第3、第4位，与上年基本持平

医疗问题、养老与社会保障问题是最基本的民生问题。伴随医疗改革、养老改革的推进，病有所医、老有所养仍是牵动民众心弦的大事。调查结果显示，有 70.15%（463 人）的被访者选择“医疗问题”，居被访者选择第 3 位；61.67%（407 人）的被访者选择“养老与社会保障问题”，居第 4 位。同 2015 年相比，“医疗问题”排序未发生变化，“养老与社会保障问题”下降了 2 个位次。从十个阶层的选择来看，个体工商户、商业服务业人员、产业工人、农业劳动者、无业失业人员的关注度较高，选择这两项的居其同阶层选择前 5 位。体制内的国家与社会管理者、专业技术人员、办事人员对“养老与社会保障问题”的关注度略低。无业失业人员对“养老与社会保障问题”的关注度高于对“医疗问题”的关注度（见表 5）。

表5　十大阶层对于“医疗问题”“养老与社会保障问题”的选择

单位：次，%

阶层	医疗问题			养老与社会保障问题		
	频次	比例	排序	频次	比例	排序
国家与社会管理者	27	71.05	2	18	47.37	8
经理人员	12	63.16	6	12	63.16	7
私营企业主	24	61.54	4	21	53.85	7
专业技术人员	52	60.47	5	42	48.84	7
办事人员	54	73.97	3	46	65.75	5
个体工商户	35	77.78	2	34	75.56	3
商业服务业人员	39	60.94	2	38	59.38	3
产业工人	75	79.79	1	59	62.77	4
农业劳动者	115	71.88	2	103	64.38	4
无业失业人员	30	71.43	3	32	76.19	1

4. 住房问题关注度未减，仍保持在第5位

住房问题既是经济问题又是民生问题。问卷调查显示，有60.45%（399人）的被访者关注这一问题，居被访者选择排序第5位，与2015年相比位次未发生变化。从各个阶层的选择看，经理人员阶层最关注“住房问题”，选择比例为78.95%，同阶层中居第2位。无业失业人员阶层关注度最低，只有50.00%的被访者选择，同阶层中居第9位。专业技术人员和办事人员阶层的选择比例较高，同阶层中分别居第3、第4位。

5. 就业问题关注度有所升温，居第6位

问卷调查结果显示，56.06%（370人）的被访者选择关注“就业问题”，居第6位，相比2015年第8位的排序上升了2个位次。反映出就业问题仍然是民众较为关注的热点问题。从不同职业被访者的选择看，私营企业主、经理人员、产业工人、无业失业人员阶层关注度较高，选择比例分别为69.23%、68.42%、68.09%、69.05%。

国家与社会管理者阶层关注度最低，选择比例为 39.47%。从不同文化程度被访者的选择看，大专文化程度的被访者最关注就业问题，选择比例为 61.74%，不识字的被访者对其关注度最低，选择比例为 41.18%（见图 1）。

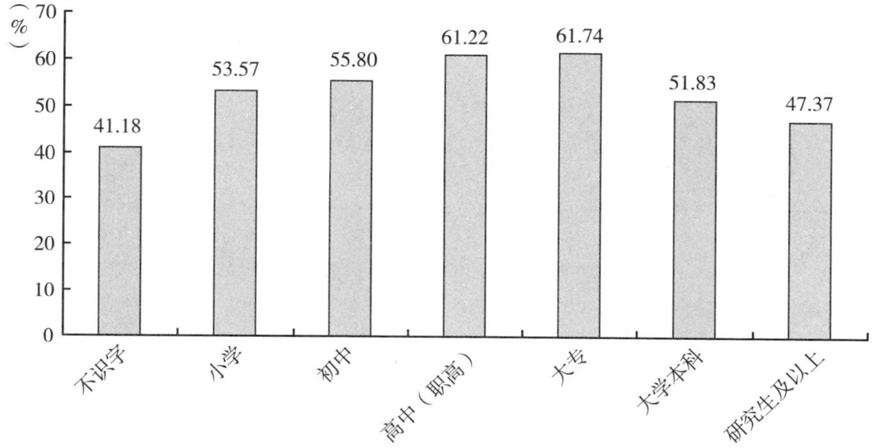

图 1 不同文化程度被访者对"就业问题"的关注度

6. 反腐败和干部作风问题、物价问题关注度略有下降，分别居第7、第8位

随着国家反腐倡廉力度逐步加大，党的群众路线教育实践活动的深入开展，反腐败和干部作风建设步入常态化。问卷调查结果显示，52.42%（346 人）的被访者关注"反腐败和干部作风问题"，排序第 7 位，与 2015 年相比下降 2 个位次。从不同职业被访者的选择看，专业技术人员关注度最高，选择该项的在同阶层中居第 4 位，国家与社会管理者、经理人员、私营企业主选择该项的均居同阶层选择第 5 位，个体工商户的关注度最低，仅有 44.44% 的被访者选择，同阶层中居第 10 位（见表 6）。

物价问题是民众感触最直接、最敏感的问题。问卷调查显示，

50.30%（332人）的被访者关注“物价问题”，排序第8位。与2015年排序第7位相比，下降1个位次。这得力于国家、地方政府推行了一系列稳定物价的政策措施。同时，不同职业民众对于“物价问题”的关注度高低不一。商业服务业人员的关注度最高，有59.38%的被访者关注，居同阶层选择第4位；农业劳动者、国家与社会管理者的关注度略低，居同阶层选择的第12位、第11位（见表6）。

表6　十大阶层对于“反腐败和干部作风问题”“物价问题”的关注情况

单位：次，%

阶层	反腐败和干部作风问题			物价问题		
	频次	比例	排序	频次	比例	排序
国家与社会管理者	21	55.26	5	17	44.74	11
经理人员	12	63.16	5	12	63.16	9
私营企业主	23	58.97	5	16	41.03	10
专业技术人员	53	61.63	4	41	47.67	9
办事人员	41	56.16	7	38	52.05	8
个体工商户	20	44.44	10	29	64.66	6
商业服务业人员	33	51.56	7	38	59.38	4
产业工人	43	45.74	7	49	52.13	7
农业劳动者	79	49.38	7	66	41.25	12
无业失业人员	21	50.00	8	26	61.90	6

7.教育问题、社会安全和稳定问题的关注度与上年相同，位居第9、第10位

教育问题一直是民众关注的热点问题。问卷调查显示，有47.73%（315人）的被访者关注“教育问题”，排在第9位，与上年相同。从不同阶层被访者的选择看，各阶层对该问题的选择在同阶层中基本居第8～10位，反映出教育问题是民众普遍较为关心的热点问题。

同样热度未减的还有社会安全和稳定问题。问卷调查显示，有40.15%（265人）的被访者关注“社会安全和稳定问题”，排名与上年相同，仍保持在第10位。分阶层看，不同职业被访者选择差异较大，如国家与社会管理者的关注度高居其阶层选择第3位，选择比例为63.16%，无业失业人员阶层的选择在同阶层中居第7位，其余阶层选择该项的排序在第10位及之后（见表7）。

表7　十大阶层对于“社会安全和稳定问题”的关注情况

单位：次，%

阶层	频次	比例	排序
国家与社会管理者	24	63.16	3
经理人员	8	42.11	12
私营企业主	12	30.77	15
专业技术人员	30	34.88	14
办事人员	36	49.32	10
个体工商户	17	37.78	11
商业服务业人员	27	42.19	11
产业工人	35	37.23	12
农业劳动者	53	33.12	14
无业失业人员	23	54.76	7

8. 扶贫问题关注度上升明显，居第11位

近年来，伴随国家扶贫力度的加大，扶贫成为全社会广泛关注的话题。问卷调查显示，甘肃民众对于扶贫问题的关注度上升明显。有39.85%（263人）的被访者关注“扶贫与小康社会建设问题”，居被访者选择第11位，与2015年相比上升了5个位次。从不同职业被访者的选择看，国家与社会管理者、产业工人的关注度最高，选择比例分别为44.74%和46.81%，均居其阶层选择第9位；个体工商户阶层关注度最低，仅有24.44%的被访者选择，居其阶层选择第17位。

9.新型城镇化建设、社会诚信问题、道路交通问题关注度趋稳，居第12、第14、第15位

在“新型城镇化建设”“社会诚信问题”“道路交通问题”关注度上，被访者的选择与2015年相比基本持平，变化不大。问卷调查结果显示，有36.21%（239人）的被访者选择“新型城镇化建设”，排在第12位，与上年排序相同；有32.73%（216人）的被访者选择“社会诚信问题”，排在第14位，与上年相比上升一个位次；有31.52%（208人）的被访者关注“道路交通问题”，排在第15位，与上年相比下降一个位次。

分职业看，不同阶层被访者的关注度差异较大。就“新型城镇化建设”问题，私营企业主阶层关注度最高，51.28%的被访者关注，居其阶层选择第8位，个体工商户、农业劳动者阶层关注度次之，均居其阶层选择第9位；无业失业人员的关注度非常低，仅有11.90%的被访者选择，居其阶层选择第22位。就“社会诚信问题”，各个阶层的选择也略有差异，表现在经理人员、产业工人阶层的关注度较高，分别有47.37%、38.30%的被访者选择，在同阶层中均居第11位，而国家与社会管理者、办事人员的关注度最低，被访者的选择均居其阶层选择第17位。凸显出市场经济条件下，从事市场经营的人员对于社会诚信的要求更高、更迫切。就“道路交通问题”，私营企业主和个体工商户的关注度最高，选择该项的均居其阶层选择第12位，无业失业人员的关注度最低，居其阶层选择第17位（见表8）。

10.收入差距和分配制度改革、农村土地问题关注度略有下降，居第13、第16位

同2015年相比，“收入差距和分配制度改革”“农村土地问题”的民众关注度有所下降。问卷调查显示，有33.33%（220人）的被访者选择“收入差距和分配制度改革”，排在第13位，相比上年下

表 8　十大阶层对于“新型城镇化建设”“社会诚信问题”“道路交通问题”的关注情况

单位：%

阶层	新型城镇化建设		社会诚信问题		道路交通问题	
	比例	排序	比例	排序	比例	排序
国家与社会管理者	34.21	14	26.32	17	31.58	15
经理人员	36.84	13	47.37	11	31.58	15
私营企业主	51.28	8	33.37	14	35.90	12
专业技术人员	38.37	11	32.56	15	30.23	16
办事人员	35.62	12	24.66	17	32.88	14
个体工商户	44.44	9	35.56	13	35.56	12
商业服务业人员	34.38	13	34.38	14	26.56	15
产业工人	24.47	16	38.30	11	26.60	15
农业劳动者	43.75	9	28.75	16	36.25	13
无业失业人员	11.90	22	42.86	12	23.81	17

降 2 个位次。有 27.88%（184 人）的被访者关注“农村土地问题”，排在第 16 位，相比上年下降 3 个位次。反映出民众对收入差距和分配制度改革、农村土地改革的满意度有所上升。从不同阶层选择看，就“收入差距和分配制度改革”问题，专业技术人员关注度最高，47.67% 的被访者选择关注，居其阶层选择第 8 位；私营企业主关注度最低，25.64% 的被访者选择，居其阶层选择第 17 位。就“农村土地问题”，农业劳动者关注度最高，有 53.12% 的被访者选择，居其阶层选择第 6 位，产业工人对其也有一定的关注，有 35.11% 的被访者选择，居其阶层选择第 14 位，其余阶层关注度不高，国家与社会管理者、个体工商户关注度最低，选择该项的均居其阶层选择第 26 位（见表 9）。

表9　十大阶层对于"收入差距和分配制度改革""农村土地问题"的关注情况

单位：次，%

阶层	收入差距和分配制度改革			农村土地问题		
	频次	比例	排序	频次	比例	排序
国家与社会管理者	14	36.84	13	4	10.53	26
经理人员	6	31.58	16	4	21.05	17
私营企业主	10	25.64	17	12	30.77	16
专业技术人员	41	47.67	8	12	13.95	22
办事人员	19	26.03	15	10	13.70	21
个体工商户	12	26.67	16	3	6.67	26
商业服务业人员	23	35.94	12	13	20.31	19
产业工人	34	36.17	13	33	35.11	14
农业劳动者	48	30.00	15	85	53.12	6
无业失业人员	13	30.95	13	8	19.05	19

11. 南海局势关注度大幅跃升，居第17位，中日关系、朝鲜半岛局势关注度排名靠尾

受2016年国际法庭南海仲裁案影响，甘肃民众对"南海局势"的关注度急剧上升，从2015年的排名第25位跃升至第17位。问卷调查显示，有26.52%（175人）的被访者关注"南海局势"。相比之下，民众对"中日关系""朝鲜半岛局势"的关注度仍然靠后，有10.30%（68人）的被访者关注"中日关系"，排名居第26位；有3.18%（21人）的被访者关注"朝鲜半岛局势"，排名居第28位。

同时，不同阶层被访者对于国际关系的关注度差异较大。如"南海局势"方面，国家与社会管理者阶层关注度最高，高达50.00%的被访者关注，在同阶层中排第7位，远高于其他阶层的选择，私营企业主关注度最低，有23.08%的被访者选择，居其阶层选择第19位。就"中日关系"的关注情况，经理人员关注度略高于其他阶层，有15.79%的被访者关注，居其阶层选择第19位。各阶层对于“朝鲜半岛局势”的关注度基本都排在末位。

12. 创新、协调、绿色、开放、共享发展和二孩全面放开问题有一定关注度，居第18、第20位

问卷调查显示，民众对“创新、协调、绿色、开放、共享发展”和“二孩全面放开问题”有一定关注但关注度不高。有22.73%（150人）的被访者关注“创新、协调、绿色、开放、共享发展”，排名第18位；有17.12%（113人）的被访者关注“二孩全面放开问题”，排名第20位。分阶层看，专业技术人员对“创新、协调、绿色、开放、共享发展”问题的关注度最高，有36.05%的被访者选择，居其阶层选择第12位；其次为私营企业主，选择该项的在同阶层中居第13位；经理人员对这一问题不关注（见图2）。就“二孩全面放开问题”，各阶层关注度普遍不高。其中，无业失业人员的关注度最高，有26.19%的被访者选择，在同阶层中居第14位，专业技术人员、私营企业主的关注度靠后，分别有8.14%、5.13%的被访者选择，居其阶层选择第27、第26位，其余阶层的选择排序基本在第20位左右。

13. 依法治国和严格执法问题、政治体制改革问题关注度有所下降，居第19位、第21位

政治体制改革是我国全面深化改革的重要组成部分，而依法治国在改革过程中起着主线作用，是整个改革的保障。依法治国或法治建设已经成为我们国家政治体制改革更加成熟、更加积极稳妥、更加规范化和有序化推进的一种主要方式。[①] 问卷调查显示，民众对“依法治国和严格执法问题”“政治体制改革问题”的关注度较上年有所下降。有17.42%（115人）的被访者选择“依法治国和严格执法问

① 李林：《依法治国是政治体制改革的重要切入口》，人民网，2013年1月15日。

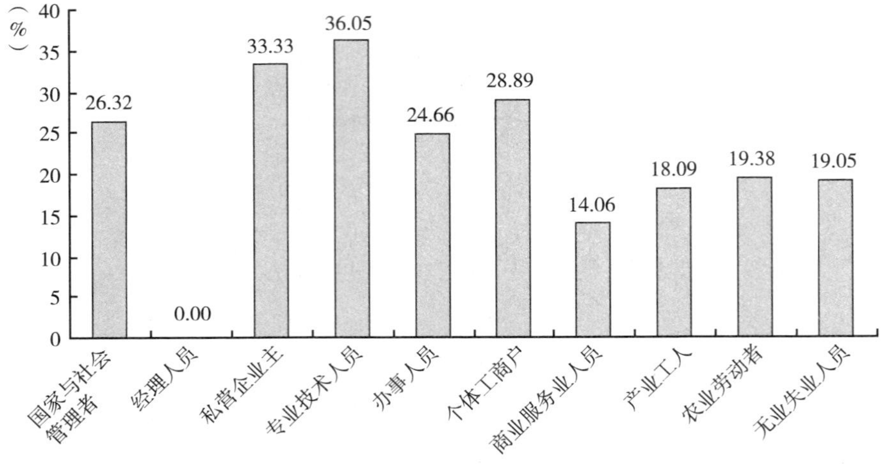

图2　十大阶层对于“创新、协调、绿色、开放、共享发展”问题的关注度

题”，排名居第19位，比上年下降2个位次；有13.33%（88人）的被访者关注“政治体制改革问题”，排名居第21位，比上年下降2个位次。分阶层看，各个阶层的关注度普遍偏低，差异不大。其中，无业失业人员对于“依法治国和严格执法问题”关注度最高，居其阶层选择第15位；办事人员关注度最低，在同阶层中居第26位。国家与社会管理者、专业技术人员、办事人员、个体工商户对“政治体制改革问题”的关注度较高，选择排序分别居第19、第19、第18、第18位，产业工人的关注度最低，仅6.38%的被访者关注，在同阶层中居第26位（见表10）。

14. 创业创新环境问题、户籍制度改革问题关注度下降明显，居第23、第24位

从问卷调查结果看，民众对于“创业创新环境问题”“户籍制度改革问题”的关注度下降明显。有11.97%（79人）的被访者关注“创业创新环境问题”，排名居第23位，比上年下降5个位次；有

表 10　民众对于“依法治国和严格执法问题”“政治体制改革问题”问题的关注情况

单位：次，%

阶层	依法治国和严格执法问题			政治体制改革问题		
	频次	比例	排序	频次	比例	排序
国家与社会管理者	8	21.05	21	8	21.05	19
经理人员	3	15.79	21	1	5.26	23
私营企业主	6	15.38	23	6	15.38	22
专业技术人员	20	23.26	18	17	19.77	19
办事人员	6	8.22	26	14	19.18	18
个体工商户	5	11.11	22	8	17.78	18
商业服务业人员	13	20.13	18	6	9.38	23
产业工人	15	15.96	20	6	6.38	26
农业劳动者	28	17.50	20	16	10.00	23
无业失业人员	11	26.19	15	6	14.29	20

11.21%（74 人）的被访者关注“户籍制度改革问题”，排名居第 24 位，比上年下降 3 个位次。并且，不同阶层对于“创业创新环境问题”的关注度差异较大。商业服务业人员和私营企业主阶层关注度排前，分别有 20.31% 和 25.64% 的被访者关注这一问题，分别居其阶层选择第 17、第 18 位。国家与社会管理者和经理人员阶层的关注度最低，在同阶层中排名第 28 位（见图 3）。对“户籍制度改革问题”，各阶层关注度普遍偏低。值得注意的是，办事人员和个体工商户阶层关注度相对较高，选择该项的均居其阶层选择第 19 位。

15. “一带一路”战略和甘肃建设发展问题、甘肃“华夏文明传承创新区”建设、兰州新区建设的关注度有所下降，居第22位、第25位和第28位

“一带一路”战略、甘肃华夏文明传承创新区建设、兰州新区建设是甘肃建设发展中的重要工程。问卷调查显示，民众对于这些问题

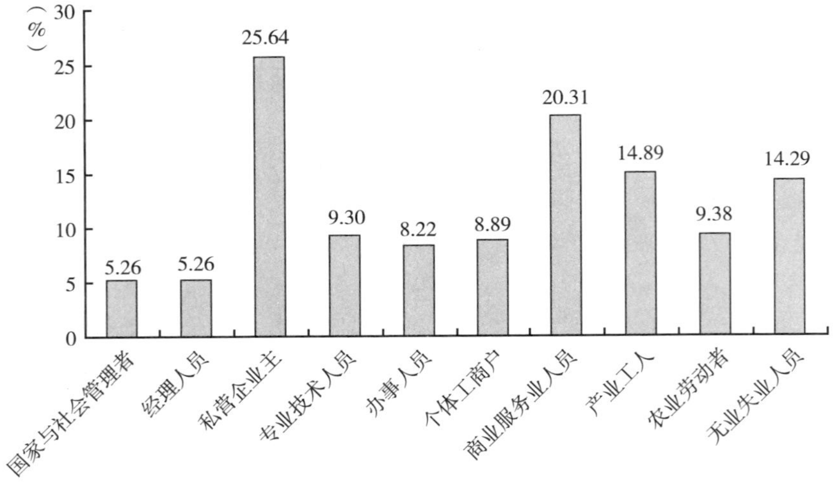

图3　十大阶层对于"创业创新环境问题"问题的关注度

的关注度偏低，并且较上年有所下降。其中，有12.88%（85人）的被访者关注"'一带一路'战略和甘肃建设发展问题"，排位居第22位；有10.76%（71人）的被访者关注"甘肃'华夏文明传承创新区'建设"，排位居第25位；有3.18%（21人）的被访者关注"兰州新区建设"，排位居第28位。三个问题的关注度相比上年都下滑2个位次。

16. 供给侧改革关注度靠后，居第27位

"供给侧改革"是当下我国政治经济语境中的热词，是国家宏观经济改革的大事。问卷调查显示，甘肃民众对于"供给侧改革"的关注度靠后，仅有5.76%（38人）的被访者关注这一问题，排位居第27位。从各个阶层的选择看，国家与社会管理者阶层最关注这一问题，有23.68%的被访者选择，居其阶层选择第18位，其余阶层对于这一问题的关注度排名居尾。从各个文化程度被访者的选择看，研究生及以上文化程度的被访者关注度远高于其他文化程度的被访者。

（三）社会热点问题关注原因

分析甘肃民众关注热点问题的原因，“相关社会问题影响大”和“与个人利益有关系”是最主要原因。调查结果显示，71.32%的被访者表示“相关社会问题影响大”是选择关注热点问题的原因，居被访者选择首位。“与个人利益有关系”和“电视、报刊等媒体报道多”居被访者选择第2、第3位，选择比例分别为60.09%和51.29%。

二　网络涉甘舆情调查

当前，随着网络技术尤其是社交媒体技术的勃兴，网络已经成为社会舆论的重要话语平台。2016年中国互联网络信息中心（CNNIC）发布的第38次《中国互联网络发展状况统计报告》显示，截至2016年6月，中国网民规模达7.1亿，互联网普及率达到57.1%。[①] 庞大的网民已经并且仍在继续形成一股庞大的力量，对社会、政治、经济、伦理等产生影响。这种影响，既包括支持性影响如对社会主义核心价值观的支持性传播，也包括危机性影响如对国家方针政策的误导性解读、传播谣言影响社会稳定等。为此，本课题将网络涉甘问题作为舆情调查研究的一部分，以期为政府科学决策提供参考。

在研究方法上，课题主要依托新华网舆情监测频道对网络涉甘事件进行遴选，将检索时间限定在2015年10月至2016年10月，共获取当日进入新华网舆情监测频道最热新闻前五名事件中的13件，并按参与数进行了排序（见表11）。

① 《中国互联网络信息中心（CNNIC）2016年第38次〈中国互联网络发展状况统计报告〉》，人民网，http：//tc. people. com. cn/n1/2016/0803/c183008 - 28606650. html，2016年8月3日。

表 11　新华网舆情监测频道涉甘事件

单位：人次

序号	时间	事　件	来源	首发媒体	参与数
1	2016 年 8 月 19 日	大学女教师患癌被开除　校领导:别给我哭,见多了	网易	《中国青年报》	453142
2	2016 年 9 月 9 日	甘肃一家六口因贫穷服毒身亡,三年前低保被取消	新浪	《北京晨报》	333455
3	2016 年 5 月 18 日	兰州大学生手机拍民警粗暴执法"屁股被打开花"	网易	澎湃新闻网	264140
4	2016 年 8 月 23 日	兰州交大博文学院恢复患癌女教师身份并道歉	网易	《京华时报》	160473
5	2016 年 5 月 23 日	学霸称考试简单不公平:应让不努力的人"疼一疼"	网易	《中青报》	114895
6	2015 年 12 月 31 日	甘肃金昌市长处置跳楼女生事件时被打伤	新浪	《兰州晨报》	71260
7	2016 年 8 月 24 日	兰交大博文学院登门道歉患癌女教师获赔 50 万元	新浪	央广网	40640
8	2015 年 11 月 16 日	工商银行曝巨额违约　2.88 亿存款到期无法兑付	网易	《萧山日报》	30761
9	2016 年 8 月 22 日	兰州交大恢复患癌女教师劳动关系补偿 72000 元	凤凰	澎湃新闻网	18136
10	2016 年 8 月 29 日	百元大钞堆"钱山":村支书千万现金分红村民	腾讯	中新网	15609
11	2016 年 8 月 25 日	兰州交通大学博文学院院长博士学历被曝造假	新浪	《京华时报》	15531
12	2016 年 9 月 12 日	甘肃一母亲砍死 4 子女　国务院扶贫办介入调查	新浪	微信号"北京时间"	12288
13	2016 年 9 月 7 日	白银杀人往事:高承勇对死者无歉意但在意儿子	腾讯	《新京报》	10440

资料来源：新华网舆情监测频道，2015 年 10 月至 2016 年 10 月。

由于筛选样本的有限性、网络基础设施建设的差异性、网民规模及公共参与热情度等的影响，上述网络涉甘事件并不能全面体现甘肃网络舆情，但在一定程度上能够见微知著，反映出甘肃网络舆情的基本情况。从调查情况看，医疗、教育、扶贫等民生类及涉警事件是网民关注的重点。如“大学女教师患癌被开除”事件，一度引发舆论场高度关注，网民跟帖超过40万。此外，也有一些事件未进入上述榜单但仍引起较大反响，如“甘肃武威记者被抓”事件，被列为2016年上半年公共热点事件排行榜第8位，[①] 舆论焦点主要集中在新闻媒体监督权与保障权以及公安机关规范行使权力等方面。总体来看，网络舆情已经成为社会舆情的重要组成部分，尤其是微博、微信、微视频和客户端“三微一端”以及网络直播、网络社群等新兴媒体的普及更加强化了这种作用，影响舆论走向。

三　分析与结论

盘点2016年甘肃民众关注的社会热点问题及网络涉甘舆情，民众在关注重点、关注原因、变化趋势等方面呈现一些特点，具体如下。

（一）民生问题仍是民众关注的焦点问题

舆情的背后是民生。纵观近年来甘肃省舆情调查，民生问题始终占据民意的核心地位，主要集中于涉及民众基本生活的衣食住行等问题，以及教育、反腐、社会保障、交通、社会安全等，构成十大阶层的关注重点，并不断演绎出新的舆情焦点。数据显示，近年来民众对

① 卢永春、张力：《〈2016上半年社会治理舆情报告〉发布会在京举行》，人民网—舆情频道，2016年7月25日。

于民生热点问题的关注度始终保持在高位（见图4）。并且，从网络涉甘事件看，医疗、教育、养老等民生话题也是网络舆情的高敏领域。究其原因，这既同改革开放过程中的制度短缺、制度不健全有关，又同民众逐渐强烈的维权自觉和多元诉求有关，需要地方政府在社会治理中更加重视。

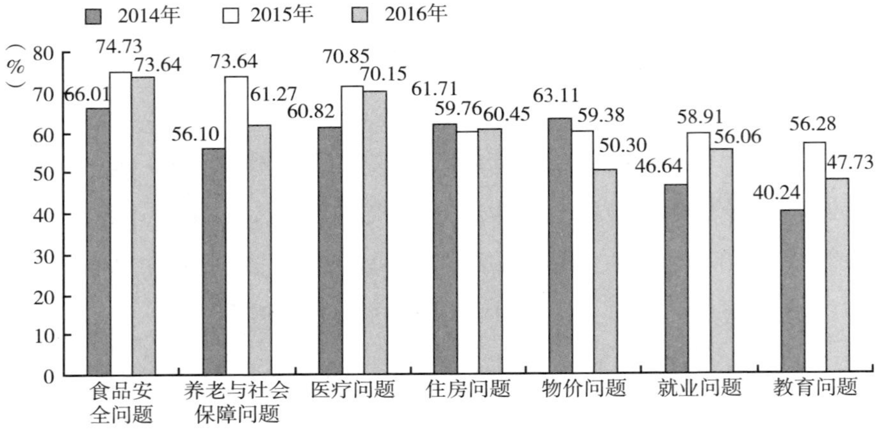

图4　近年来甘肃民众对于民生热点问题的关注情况

（二）不同地域民众的关注热点存在差异

在对社会热点问题的关注上，民众的关注重点具有一定的共性，但基于不同地域经济发展、人文心理、社会需求的不同，民众在关注社会热点和事件时仍然呈现一定的差异性。比如，定西市、武威市被访者对于“养老与社会保障问题”的关注度高于其他地区，天水市、合作市被访者对于“生态环境问题”的关注度最高，占同地区被访者选择第1位，“社会安全和稳定问题”进入了天水市、武威市被访者关注的前十位，武威市被访者对于“住房问题”的关注度低于其他地区，对于“反腐败和干部作风问题”的关注度略高于其他地区（见表12）。

表 12　不同地区民众社会热点问题前十位选择对比

关注度排名	定西市	天水市	武威市	合作市
1	食品安全问题	生态环境问题	食品安全问题	生态环境问题
2	医疗问题	住房问题	医疗问题	食品安全问题
3	生态环境问题	食品安全问题	生态环境问题	医疗问题
4	养老与社会保障问题	医疗问题	养老与社会保障问题	住房问题
5	住房问题	就业问题	反腐败和干部作风问题	养老与社会保障问题
6	就业问题	反腐败和干部作风问题	就业问题	就业问题
7	物价问题	养老与社会保障问题	住房问题	物价问题
8	反腐败和干部作风问题	物价问题	教育问题	反腐败和干部作风问题
9	扶贫与小康社会建设问题	教育问题	物价问题	教育问题
10	教育问题	社会安全和稳定问题	社会安全和稳定问题	扶贫与小康社会建设问题

同时，由于城乡经济发展、文化差异及民众认知能力的影响，城乡居民对于社会热点问题的关注度也有所不同。从调查结果看，居住在城市等的被访者对食品安全问题、生态环境问题、就业问题、反腐败和干部作风问题、物价问题、社会安全和稳定问题、收入差距和分配制度改革的关注度要高于居住在乡村等的被访者，相比之下，乡村被访者更加关注医疗问题、扶贫与小康社会建设问题、农村土地问题、道路交通问题，城乡被访者的关注差异体现出鲜明的城乡特点（见表 13）。

表 13 城乡民众对于社会热点问题的选择对比

单位：%

关注度排名	城市、城郊、县城		乡镇、农村	
	关注问题	比例	关注问题	比例
1	食品安全问题	75.22	医疗问题	70.05
2	生态环境问题	74.13	食品安全问题	69.54
3	医疗问题	70.00	生态环境问题	64.47
4	养老与社会保障问题	63.70	养老与社会保障问题	57.36
5	住房问题	62.83	住房问题	54.82
6	就业问题	57.61	扶贫与小康社会建设问题	54.31
7	反腐败和干部作风问题	55.00	就业问题	51.78
8	物价问题	53.26	农村土地问题	51.78
9	教育问题	47.61	教育问题	47.21
10	社会安全和稳定问题	43.04	反腐败和干部作风问题	45.69
11	扶贫与小康社会建设问题	33.48	物价问题	44.16
12	收入差距和分配制度改革	33.48	新型城镇化建设	43.15
13	新型城镇化建设	33.26	道路交通问题	39.09
14	社会诚信问题	31.52	社会诚信问题	36.04
15	南海局势	29.35	社会安全和稳定问题	33.50

（三）经济问题是制约地方发展的瓶颈因素和深层次矛盾

地方社会发展的程度，不仅反映着地方政府的治理水平，同样也影响社会舆情的生成及变化。地方建设发展过程中的生态环境、食品安全、城镇化建设、交通、教育、医疗等问题本身即构成社会热点，并通过“线下决定线上”，催生网络舆情。就此，问卷对“您认为影响或困扰当地社会发展的主要问题”做了调查，结果显示，“经济问题”是被访者认为最突出的问题，75.27%的被访者选择了该项，而

“发展环境问题”“社会问题”“生态环境问题”也是被访者认为制约当地社会发展的因素，选择比例分别为 46.74%、45.37% 和 39.15%（见图 5）。反映出经济问题仍然是制约甘肃省社会发展的瓶颈因素和深层次矛盾。

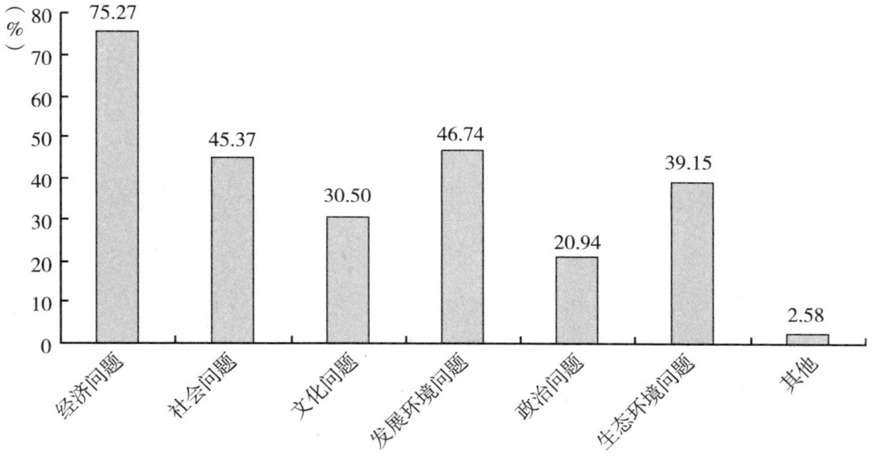

图 5　甘肃民众对影响当地社会发展主要问题的选择

（四）网络涉甘舆情总体向好，政府舆情处置成效明显

总体来看，甘肃网络舆情态势整体平稳、积极向好，民众多从正面参与讨论和推进事件解决，网络正能量更加充沛，个别重大舆情事件关注热点空前高涨，如“大学女教师患癌被开除”事件、“甘肃一家六口因贫穷服毒身亡，三年前低保被取消”事件，民众参与度急剧攀升，网民心态也渐显冷静理性，更多地持“等待官方求证”的态度。同时，政府网络舆情处置也更加主动、更有成效。如在“兰州民警被曝打大学生”事件中，政府及时处置和公布调查结果，相关事件很快平息。据《2016 上半年社会治理舆情报告》统计，在“兰州民警被曝打大学生”事件中，政府应对力、行动力、修复力合

计总分达84分，居社会治理舆情处置效度排行榜第11位。[①] 另据人民网舆情监测室根据2006～2016年数据进行的统计，甘肃省网民留言办理指数总分为58.27分，在各省份中居第8位，凸显出政府在网络舆情治理方面的进步。但同时，网民高度关注医疗、教育等问题也暴露出社会建设机制的缺失。

四 对策建议

社会舆情反映出当前社会的热点、难点问题，这些问题往往与公平正义、公众福祉相关联，如果处置不好，容易引发民众对立情绪，甚至引发群体性事件或政府信任危机。因此，面对社会舆情，必须明确"怎么看"和"怎么办"，有效应对和处理。问卷调查显示，就"解决当前突出的社会热点问题，您认为应该采取哪些举措"，660名被访者中，70.00%的被访者选择"政府重视和加强舆论引导"，59.39%的被访者选择"健全社会问题解决机制和工作方法"，48.18%的被访者选择"关注社会热点问题产生的深层次矛盾"，46.21%的被访者选择"进一步加强和创新地方社会治理"，31.97%的被访者选择"正确应对和合理利用网络舆情"。

结合问卷调查，面对和解决社会舆情时，第一，必须科学看待问题本身。应该看到，伴随改革开放深入推进，社会热点问题的凸显具有一定的必然性，是经济社会发展到一定水平的伴生现象。既要看到新形势下社会热点问题解决的困难、不足，又要看到政府在解决各类问题和矛盾中做出的努力和成效。第二，要发挥政府主导作用。政府要敢于直面社会舆情，主动健全完善舆情收集、研判、处置、回应机

① 卢永春、张力：《〈2016年上半年社会治理舆情报告〉发布会在京举行》，人民网—舆情频道，2016年7月25日。

制，提高相关部门的舆情应对能力，如加强队伍建设、健全危机预警机制、提升回应层级、引入第三方机构等。面对“围观”心态普遍的舆论生态，政府应积极改进政务舆情应对方式，建立政府网站、权威媒体、新闻发布会及政府新媒体相融合的体系，提高利用舆论引导化解矛盾的能力。第三，进一步严格规范执法。当前，由执法不规范引发的舆情事件多发高发，给执法公信力带来风险和挑战。对此，执法部门应严格依法行政、规范执法，以个案执法的公正缓解民众的认同焦虑，塑造执法队伍正面形象。第四，重视网络舆情，健全网络管理机制。进一步健全网络舆论工作机制，如网络舆论引导规范、网络危机事件应对机制、网络舆论报告及跟踪机制等，把握好“网上话语权”。强化网络舆情联动应对，加大网络监管力度，消除不良言论存在的空间，并采取措施防止网络负面情绪向线下集体转换。第五，要关注社会舆情背后的根源与深层次矛盾。舆情是现实社会民情的反馈，推动现实问题的解决，是疏导舆情压力的关键所在。地方政府要着眼民众实际需求，加强和创新社会治理，为民众做好深度公共服务。要继续下大力气改善民生，促进经济社会协调发展，在深化改革中提升民众的幸福指数和获得感。

B.3
民众对“创新、协调、绿色、开放、共享”五大发展理念的认知和反响

汉　宇*

摘　要：　“创新、协调、绿色、开放、共享”五大发展理念，集中体现了我国“十三五”时期乃至今后更长时期的发展思路、发展方向和发展着力点。本课题通过问卷调查的方式，就民众对五大发展理念的认知和反响做了调查，期望为政府科学有序地推进五大发展理念提供若干有价值的分析与建议，并以践行五大发展理念为抓手，为老百姓实实在在地解决一些民生问题。

关键词：　五大发展理念　创新　协调　绿色　开放　共享

党的十八届五中全会提出“创新、协调、绿色、开放、共享”五大发展理念，这是中国共产党认识把握社会发展规律的再深化和新飞跃，是对中国特色社会主义理论的丰富和发展。在五大发展理念中，发展的基点是创新，发展的节奏是协调，发展的底色是绿色，发展的格局是开放，发展的目标是共享。五大发展理念是一个有机的整体，相互促进，共同发挥作用，是我国“十三五”时期发展的思路、方式和着力点，更是全面建成小康社会的行动指南、实现“两个一

* 汉宇，甘肃省社会科学院决策咨询与公共政策研究所助理研究员。

百年”奋斗目标的思想指引。

理念是行动的先导，社会发展必须有科学的发展理念来引领。在新的历史时期，我们既要直面实现什么样的发展、怎样实现发展的重大问题，又要不断思考发展如何上台阶的问题。通过民众对“创新、协调、绿色、开放、共享”五大发展理念的认知和反响的调查，及时了解民众对五大发展理念的认知和反响，以期为政府科学有序地推进五大发展理念提供智力支撑和决策咨询。

一　调研方法和样本概况

（一）调研方法

本项调查主要选取武威市、天水市、定西市及甘南州的合作市作为问卷调查的调研区，同时还走访了其他市区。调研地区基本涵盖了甘肃省的大部分区域。研究分析过程中，借鉴文献分析法，结合调查数据对相关问题进行梳理论证，调研问卷的数据统计主要通过 SPSS 软件处理。

（二）调研样本概况

调研组共发放问卷 670 份，回收问卷 664 份，回收率 99.10%；废卷 4 份，有效问卷 660 份，回收问卷的有效率为 99.40%。

问卷对象涵盖了生活在城区、城郊、县城、乡镇、农村等区域的居民。从职业分布看，包括了国家与社会管理者（5.76%）、经理人员（2.88%）、私营企业主（5.91%）、专业技术人员（13.03%）、办事人员（10.91%）、个体工商户（6.82%）、商业服务业人员（9.70%）、产业工人（14.24%）、农业劳动者（24.39%）、无业失业人员（6.36%）10 个阶层。从性别结构看，男性占 51.14%，女性占

48.86%。从年龄分布看，18~25岁的92人，占13.94%；26~35岁的231人，占35.00%；36~45岁的196人，占29.70%；46~60岁的136人，占20.61%；60岁以上的5人，占0.75%。从被访者的政治面貌看，中共党员216人，占样本总数的33.59%；无党派人士422人，占样本总数的65.63%；民主党派5人，占样本总数的0.78%。

二　民众对五大发展理念的认知和反响

（一）被访民众对五大发展理念内容的认知情况

问及“您之前听说过‘五大发展理念’的提法吗”，有97人选择了“知道，很了解”，占14.74%；有243人选择了“了解部分内容”，占36.93%；有250人选择了“听说过，但具体情况不了解”，占37.99%；有68人选择了“不知道”，占10.34%（见图1）。

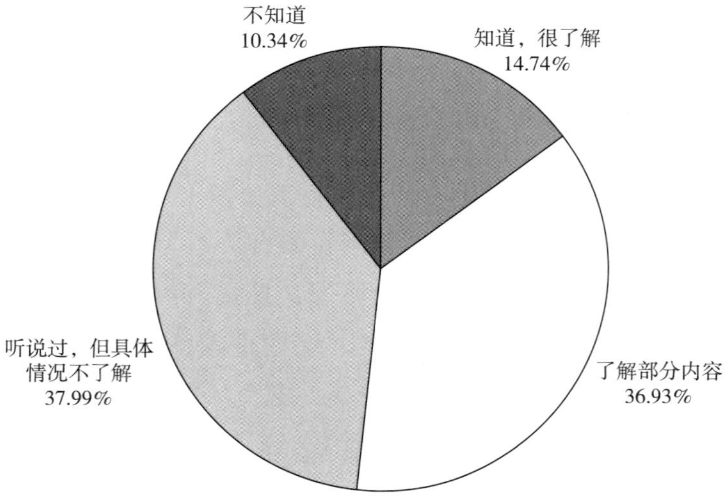

图1　被访民众对五大发展理念内容的认知情况比例

调查数据显示，七成以上被访民众对五大发展理念的具体内容并不是十分了解，只是仅仅知道部分内容和听说过，对五大发展理念的具体内容缺少深刻的认识，因此在实施五大发展理念的过程中，政府职能部门要将五大发展理念具体内容的宣传作为基本工作，使普通民众深入了解“创新、协调、绿色、开放、共享”的具体内容，这样才可能在实际生活中加以重视并运用。

（二）被访民众对五大发展理念在现实生活中的具体体现和进展的满意度

1. 被访者对创新理念在现实生活中的具体体现和进展的满意度最高

问及“您对当前‘创新理念’在现实生活中的具体体现和进展的感受如何”时，有 149 人选择“很满意”，占 22.85%；有 213 人选择“比较满意”，占 32.67%；有 256 人选择“一般”，占 39.26%；有 27 人选择“不太满意”，占 4.14%；有 7 人选择“不满意”，占 1.08%（见图 2）。

当今世界，供需矛盾仍是发展面临的最大矛盾。现阶段，我国的主要矛盾是人民日益增长的物质文化需要同落后的社会生产之间的矛盾，尤其是有限性的资源与无限性的需求之间的矛盾。我国人口众多，需求缺口更大，随着生活质量的提高，人们对需求供给质量的要求也越来越高，而要解决这一矛盾就要创新。在理论上，创新居于五大发展理念之首，因为创新是引领发展的第一动力。在生活中，人总是趋向于追求新生事物，对生产和转化新事物的重要性感受也最深。这一判断也得到调研数据的支持，被访者对创新理念在现实生活中的具体体现和进展的满意度最高。

2. 被访者对协调理念在现实生活中的具体体现和进展的满意度一般

对于协调理念满意度的调查数据显示：有 98 人选择“很满意”，占 15.08%；有 204 人选择了“比较满意”，占 31.38%；有 274 人选

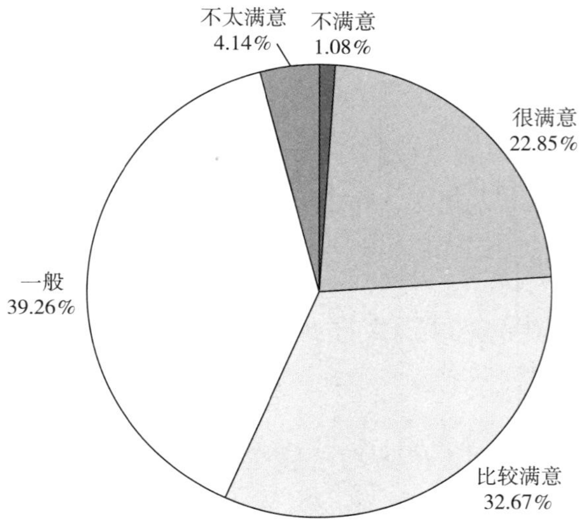

图2　被访者对创新理念在现实生活中的具体体现和进展的满意度比例

择了“一般”，占 42.15%；有 54 人选择了“不太满意”，占 8.31%；有 20 人选择了“不满意”，占 3.08%（见图 3）。

协调理念是针对我国发展过程中存在不平衡问题而提出来的，坚持协调发展，才能解决我国发展过程中存在的区域不平衡问题、城乡差距问题、物质文明和精神文明以及经济建设和国防建设不协调问题。而在生活中，普通群众还是能感受到实际存在的就业困难、贫富分化、腐败、公共服务短缺等不平衡的问题。因此，被访者对协调理念在现实生活中的具体体现和进展的满意度一般。

3. 被访者对共享理念在现实生活中的具体体现和进展的满意度最低

对共享理念的调查结果如下：有 103 人选择了“很满意”，占 15.80%；有 180 人选择了“比较满意”，占 27.61%；有 254 人选择了“一般”，占 38.96%；有 81 人选择了“不太满意”，占 12.42%；有 34 人选择了“不满意”，占 5.21%（见图 4）。

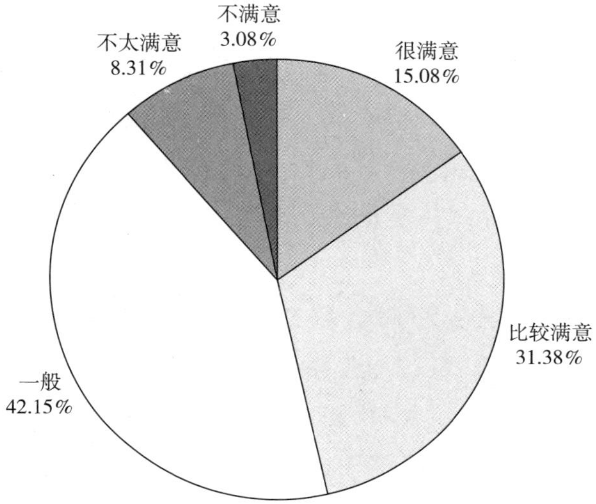

图 3　被访者对协调理念在现实生活中的具体体现和进展的满意度比例

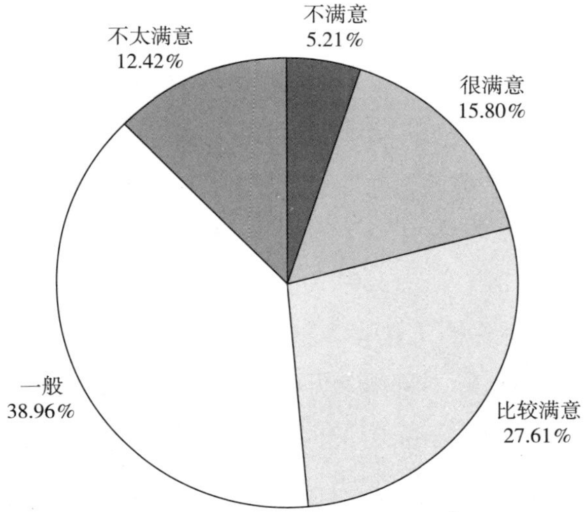

图 4　被访者对共享理念在现实生活中的具体体现和进展的满意度比例

共享发展注重的是解决社会公平正义问题，它是中国特色社会主义的本质要求。改革发展的目的是人民共同享受改革发展成果，它也是实现共同富裕的必由之路。但在普通大众的生活中，基本民生的保障还没有完全落实，背离公平正义的事情在社会中还大量存在，由此导致被访者对共享理念在现实生活中的具体体现和进展的满意度比较低。

另外，对绿色理念的调查数据显示：有 127 人选择了“很满意”，占 19.51%；有 212 人选择了“比较满意”，占 32.57%；有 240 人选择了“一般”，占 36.87%；有 51 人选择了“不太满意”，占 7.83%；有 21 人选择了“不满意”，占 3.22%。对开放理念的调查数据显示：有 125 人选择了“很满意”，占 19.23%；有 234 人选择“比较满意”，占 36.00%；有 233 人选择了“一般”，占 35.85%；有 47 人选择了“不太满意”，占 7.23%；有 11 人选择了“不满意”，占 1.69%。比较而言，绿色理念和开放理念各选择比例都比较接近。

4. 五成以上的被访者认为本地区落实贯彻五大发展理念的能力一般

当问及“您觉得本地区落实贯彻五大发展理念的能力如何”时，有 34 人选择了“很强”，占 5.17%；有 174 人选择了“较强”，占 26.44%；有 377 人选择了“一般”，占 57.29%；有 47 人选择了“不太强”，占 7.14%；有 26 人选择了“不强”，占 3.96%（见图 5）。五大发展理念的贯彻落实关键在于领导干部和基层政府。从实际情况看，某些领导干部既有不作为、乱作为的问题，也有面对经济发展新常态不善为、不会为的问题，使五成以上的被访者认为本地区落实贯彻五大发展理念的能力一般。面对这个问题，需要各级领导干部认真学习贯彻党中央要求，带头树立和践行五大发展理念，努力塑造推动经济社会发展的过硬素养，提升自己落实贯彻五大发展理念的能力。

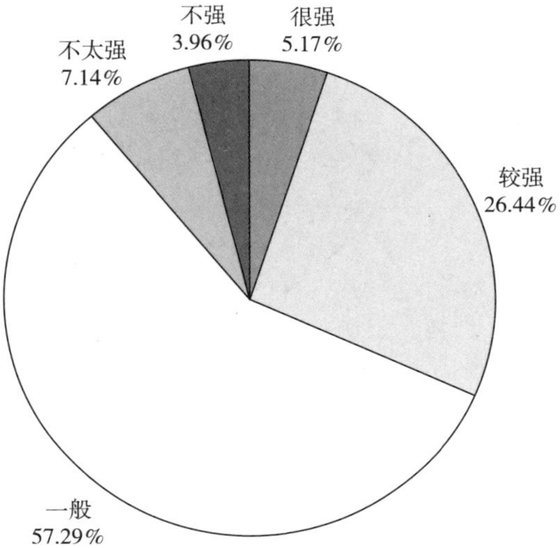

图5　被访者认为本地区落实贯彻五大发展理念能力程度的比例

5. 近六成的被访者认为在五大发展理念引领下“获得感”的提升程度一般

问及“在五大发展理念的引领下，您觉得人们‘获得感’的提升程度如何”时，有38人选择了“很大提升”，占5.78%；有181人选择了“较大提升”，占27.51%；有390人选择了“一般”，占59.27%；有49人选择了“没有提升”，占7.44%。

（三）被访民众对贯彻落实五大发展理念最先关注点的认知情况

1. 四成的被访者认为创新的重中之重是抓好制度创新

问及“您认为贯彻落实创新发展理念中，创新的重中之重是抓好哪个方面的工作”时，有55人选择了理论创新，占8.55%；有260人选择了制度创新，占40.44%；有237人选择了科技创新，占36.86%；有91人选择了文化创新，占14.15%（见图6）。

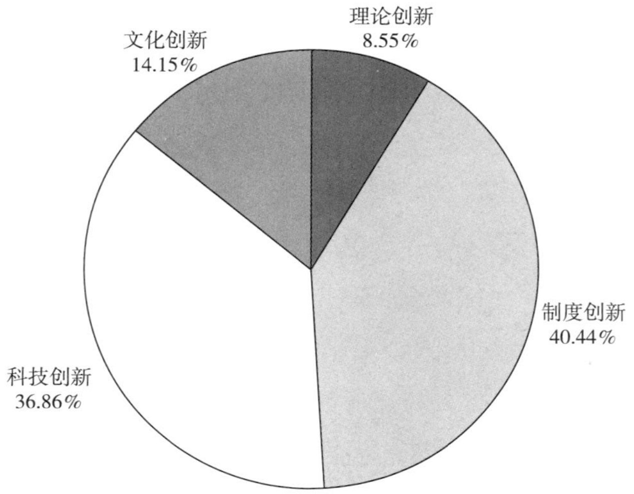

图6　贯彻落实创新发展理念中主要抓好的工作比例

2. 约三成被访者认为在贯彻落实协调发展理念中首先要积极做好的工作是新型工业化、信息化、城镇化、农业现代化同步发展

问及“您认为贯彻落实协调发展理念中，我们目前首先要积极做好哪个方面的工作”时，有174人选择了“推动区域经济协调发展”，占28.38%；有143人选择了“健全城乡发展一体化体制机制”，占23.33%；有84人选择了“坚持物质文明与精神文明并重”，占13.70%；有37人选择了“推动经济建设和国防建设融合”，占6.04%；有175人选择了“新型工业化、信息化、城镇化、农业现代化同步发展”，占28.55%（见图7）。

3. 四成以上的被访者在贯彻落实绿色发展理念中最关注绿色环境发展理念

问及“在贯彻落实绿色发展理念中，您最关注哪个方面的绿色发展”时，有149人选择了“绿色经济理念”，占23.84%；有270人选择了“绿色环境发展理念”，占43.20%；有73人选择了“绿色

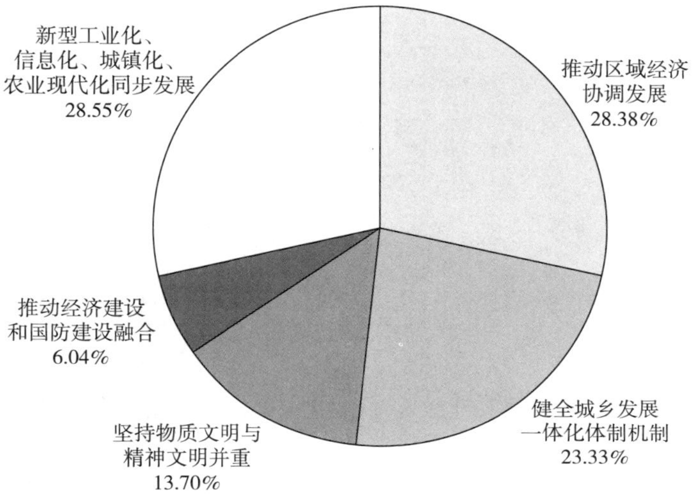

图7　贯彻落实协调发展理念中首先要积极做好的工作比例

政治生态理念”，占11.68%；有44人选择了“绿色文化发展理念”，占7.04%；有89人选择了“绿色社会发展理念”，占14.24%。

4. 四成以上的被访者认为贯彻落实开放发展理念应率先从推进“一带一路”建设中突破

问及“在贯彻落实开放发展理念中，我们应该从哪些方面率先突破”时，有144人选择了“完善对外开放战略布局”，占22.97%；有139人选择了“形成对外开放新体制”，占22.17%；有270人选择“推进‘一带一路’建设”，占43.06%；有24人选择了“深化内地和港澳以及大陆和台湾地区合作发展”，占3.83%；有28人选择了“积极参与全球经济治理”，占4.46%；有22人选择了“积极承担国际责任和义务”，占3.51%（见图8）。

5. 五成以上的被访者认为在贯彻落实共享发展理念中，甘肃在推进扶贫脱贫、缩小收入差距方面做得比较突出

问及“在贯彻落实共享发展理念中，甘肃省在哪个方面做得比

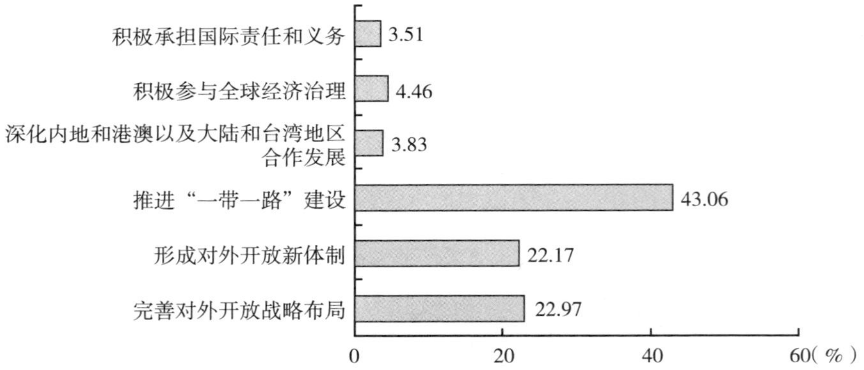

图8　贯彻落实开放发展理念中率先突破的工作比例

较突出”时，有75人选择了“推进社会公平正义”，占12.02%；有316人选择了“推进扶贫脱贫、缩小收入差距”，占50.64%；有185人选择了“推进区域、城乡基本公共服务均等化”，占29.65%；有48人选择了“推进共同富裕”，占7.69%。数据充分说明甘肃省精准扶贫取得明显成效，赢得了基层民心。

（四）被访民众对本地贯彻落实五大发展理念面临的困难和挑战的认知

问及“您认为，本地要贯彻落实五大发展理念，还在以下哪些方面面临困难和挑战（多选题）”时，在12个选项中，其中排在第一位的是就业，占比为70.15%；第二位是医疗，占比为64.24%；第三位是住房，占比为63.03%。除“其他”选项外，社会和谐（22.58%）、交通（27.58%）、环保（30.45%）排在后三位（见图9）。

就业、医疗、住房、教育、食品安全等问题与普通民众的切身利益息息相关，是社会发展中亟待解决的问题，也是民众关心的难点、热点问题，是重大的民生问题。贯彻落实五大发展理念，本质就是发

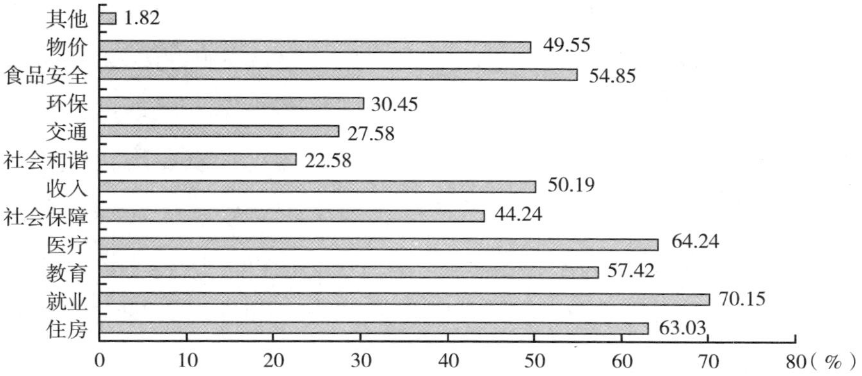

图9　民众对本地贯彻落实五大发展理念面临的困难和挑战的认知比例

展民生。只有政府重视民生问题，才有可能保障民生、改善民生。五大发展理念是普通老百姓对美好生活的向往和愿景，更应该是各级政府和党员干部的奋斗目标。重视五大发展理念，贯彻落实五大发展理念，加大民生投入，改善民生现状，群众的获得感才会不断提升、幸福指数才有可能不断提高，我国经济社会可持续发展最深厚的民众基础才能得到夯实。

三　结论与分析

通过对上述调查数据的分析，形成以下三点认识。

（1）一半以上的被访者对五大发展理念都有一定了解，但尚有约四成的被访者对五大发展理念的具体内容了解得不具体、不完全。这一方面反映出普通民众对中央提出的五大发展理念在一定程度上有所关注，另一方面也说明对五大发展理念宣传的范围不够广、力度不够大、手段不够多，这几个方面都需要进一步加强。

（2）约一半的被访者对五大发展理念在现实生活中的具体体现

和进展具有较高的满意度。其中，被访者对创新理念在现实生活中的具体体现和进展的满意度最高，四成的被访者认为创新的重中之重是抓好制度创新。约三成被访者认为在贯彻落实协调发展理念中首先要积极做好的工作是新型工业化、信息化、城镇化、农业现代化同步发展。四成以上的被访者在贯彻落实绿色发展理念中最关注绿色环境发展理念，认为贯彻落实开放发展理念应率先从推进“一带一路”建设中突破。五成以上的被访者认为在贯彻落实共享发展理念中，甘肃省在推进扶贫脱贫、缩小收入差距方面成效比较突出。

（3）被访民众认为本地贯彻落实五大发展理念面临的困难和挑战与民生有很大关系。其中排在第一位的是就业，第二位是医疗，第三位是住房。除“其他”选项外，社会和谐、交通、环保排在后三位。民众普遍认为本地贯彻落实五大发展理念面临困难和挑战，为实现2020年全面建成小康社会的宏伟目标，需要加大力度持续解决好就业、医疗和住房问题，并扎实推进一系列社会保障制度改革。

四　几点对策建议

（一）加强对五大发展理念内容和意义的宣传

发展理念是发展行动的先导。没有发展理念的转变，就没有发展思路、方向、方式的转变。只有完整地理解五大发展理念，才能推进甘肃发展全局的大变革，形成发展新格局。所以，在思想上只有深刻认识和理解五大发展理念的内容和意义，进一步把思想统一到五大发展理念上来，才能增强落实五大发展理念的自觉性、坚定性，才能在实践中贯彻落实好五大发展理念。因此，建议利用报刊、广播、电视、网络等多个层面的媒体，运用宣传画、标语等多种类型的宣传方式，持之以恒地广泛宣传，加大对五大发展理念内容和意义的传播力度，让普通大众知晓五大发展理念的内容，让五大发展理念人知人晓、深入人心，成为主流的舆论热点。贯彻五大发展理念，领导干部应起到关键性的表率作用。要在领导干部中充分传达贯彻五大发展理念的相关文件，组织党员干部学习，让党员干部深刻理解五大发展理念的内容和意义，形成担当意识，主动自觉地做五大发展理念的宣传者。同时，我们需要认识到贯彻落实五大发展理念不是喊空洞的口号，而是要落实在实实在在的工作行动中。为此，必须不断提高各级领导干部统筹贯彻五大发展理念的能力和水平，对不适合、不适应甚至违背五大发展理念的认识要立即调整、行为要坚决纠正、做法要彻底摒弃，从小事做起，从身边事做起，在实践中努力践行创新发展、协调发展、绿色发展、开放发展和共享发展，真正做到习近平总书记所要求的“崇尚创新、注重协调、倡导绿色、厚植开放、推进共享”，让改革发展成果更多更公平地惠及广大人民群众。

（二）践行五大发展理念，为老百姓实实在在地解决一些民生问题

“自己的钱包会不会越来越鼓、日子会不会越过越美好”这是老百姓最关心的事情，努力提高人民的收入水平和生活水准，让普通百姓步入小康社会、过上小康生活也应当是各级政府的施政核心。“创新、协调、绿色、开放、共享”五大发展理念看似高深，实际都与普通群众的日常生活息息相关。民众普遍认为本地贯彻落实五大发展理念面临的困难和挑战依旧是就业、医疗、住房等民生问题。而解决方案恰恰就蕴含在五大发展理念中，五大发展理念能否真正得到贯彻执行，民众翘首以待。建议各级政府在践行五大发展理念过程中要高度重视民生保障工作。在具体的工作中，要从群众的利益入手，切实关注普通群众生产生活中存在的实际困难和问题，并在工作推进中精

准发力、真抓实干地加以解决，让改革和发展的成果惠及基层群众，让普通百姓真正感受到政府发挥了职能、心中真正牵挂着老百姓，使其真真切切地享受到五大发展理念带来的利益。

（三）凝心聚力，贯彻执行好五大发展理念

“创新、协调、绿色、开放、共享”五大发展理念之间的关系是相互贯通、相互促进的，是一个内在联系的集合体，绝不能彼此割裂。创新发展理念，注重的是更高的发展质量、更高的发展效益。一个国家、一个地区坚持创新发展，将会使国家或地区的发展更加均衡和健康。创新居于五大发展理念之首，是因为创新发展对协调发展、绿色发展、开放发展、共享发展具有巨大的推动作用。均衡、全面发展是协调发展理念的注重点，推进绿色发展和共享发展进程离不开协调发展，注重生态保护、社会环境保护也离不开协调发展。环保、和谐发展是绿色发展理念的注重点，一个地区的发展模式以及幸福指数都受绿色发展的深刻影响，而实现绿色发展，就需要不断地理念创新和技术创新。同时，绿色发展对于提高人们的生活质量具有显著作用，绿色发展也会影响共享发展的质量。优化和融入是开放发展的注重点，增强我国经济的开放性和竞争性，走封闭之路是行不通的，必须坚持开放发展，开放发展是国家繁荣的必走之径。开放发展是与世界的融合，如果缺少创新，我们必将被世界抛在发展进步的后面。公平、正义是共享发展的关切点，共享发展是创新、协调、绿色、开放四种发展理念的出发点和落脚点。一切的发展，都是为了人的发展，在接下来的工作中应当凝心聚力，贯彻执行好五大发展理念，把五大发展理念融会贯通到全面建成小康社会和加快社会主义现代化建设的全过程，确保如期全面建成小康社会，进而建成富强、民主、文明、和谐的社会主义现代化国家。

五大发展理念是党中央为我们的行动和思想构建的一个发展理念

框架，要让这个理念框架变得丰盈并付诸实践，必须将五大发展理念内化于每一个人的内心，外化于每一个人的行动。当问及“您信心如何”时，有161人选择“很有信心”，占24.39%；有313人选择“较有信心”，占47.42%。说明七成以上的被访者对落实五大发展理念的工作是认可的，并对实现社会经济发展的新目标是有信心的。相信将每一个人的智慧和力量聚集起来推进五大发展理念，必将在甘肃大地上凝聚起建设美丽甘肃的强大力量，必将真正提升甘肃的发展高度，在实现中华民族伟大复兴的征程上写下崭新篇章。

B.4
民众对精准扶贫“甘肃一号工程”的认识与评价

魏学宏*

摘 要： 精准扶贫是中央打好扶贫攻坚战、确保全面建成小康社会的重大决策部署，各地党委、政府都把精准扶贫作为当前重要的政治任务和最大政绩。通过问卷调查了解到被访者总体上对精准扶贫是“甘肃一号工程”的提法持认可态度，绝大多数民众对精准扶贫表示了满意。但对精准扶贫管理内容以及有关问题认识不足。建议加强对精准扶贫“甘肃一号工程”内容和意义的宣传，运用好精准扶贫大数据管理平台和“853”挂图，充分发挥驻村干部作用，有效推动精准扶贫工作，动员全社会积极参与精准扶贫行动，做好精准考核和第三方评估工作，引领精准扶贫工作。

关键词： 精准扶贫 甘肃一号工程 扶贫评估

精准扶贫是中央打好扶贫攻坚战、确保全面建成小康社会的重大决策部署。此项工作既是经济任务也是政治任务，事关民生福祉、经济发展。2015 年以来，甘肃省各个地区认真贯彻中央扶贫开发及全

---

* 魏学宏，甘肃省社会科学院决策咨询与公共政策研究所副研究员，主要研究方向为美学、信息与文化。

省精准扶贫工作会议精神，把脱贫攻坚作为本地区的“一号工程”，严格按照“四个切实”“六个精准”“四个一批”的要求，认真落实“1+17”精准扶贫方案和“853”精准扶贫管理办法，全面完成了贫困村和贫困户、贫困人口的建档立卡工作，编制了到村到户的项目清单和扶持措施，实施了一批农村道路、危房改造、易地搬迁等项目，不断完善产业、技能和资本扶持，使贫困村和贫困户的面貌发生了显著变化。在大力推进精准扶贫的过程中，上到国家、省、市、州，下到县、乡、村的各级党政组织充分发挥职能，积极主动对接，不断加大帮扶力度，由此带动企业、社会组织、广大干部群众、各界人士真情奉献，积极出力，充分发挥优势，深入贫困地区，使精准扶贫领域不断拓宽，帮扶形式不断丰富，帮扶层次不断提升，精准扶贫的实施对促进经济发展、社会稳定、民族团结、社会和谐发挥了重要作用。

本报告通过问卷调查以及实地走访，调研分析被访者对精准扶贫“甘肃一号工程”的认识与评价，了解甘肃民众对中央和甘肃推进精准扶贫决策部署的认识与评价，这对落实好精准扶贫具有一定的重要作用。同时，在精准扶贫政策推进的过程中，研究和了解民众对精准扶贫的认识与评价，有利于防止和解决下一步精准扶贫可能出现的问题，有利于脱贫工作真正落到实处。

一 调查对象的基本概况

2016年，甘肃省社会科学院舆情调研组主要选取甘肃省的武威市、甘南州、天水市、定西市作为主要调研区，同时还走访了其他市区。调研组共发放问卷670份，回收问卷664份，回收率99.10%；废卷4份，有效问卷660份，回收问卷的有效率为99.40%。

问卷对象涵盖了生活在城区、城郊、县城、乡镇、农村等区域的居民。从职业分布看，包括了国家与社会管理者（5.76%）、经理人员

(2.88%)、私营企业主(5.91%)、专业技术人员(13.03%)、办事人员(10.91%)、个体工商户(6.82%)、商业服务业人员(9.70%)、产业工人(14.24%)、农业劳动者(24.39%)、无业失业人员(6.36%)10个阶层。从性别结构看,男性占51.14%,女性占48.86%。从年龄分布看,18~25岁的92人,占13.94%;26~35岁的231人,占35.00%;36~45岁的196人,占29.70%;46~60岁的136人,占20.61%;60岁以上的5人,占0.75%。

本调研报告在分析过程中,借鉴文献分析法,结合调查数据对相关问题进行梳理论证,调研问卷的数据统计通过SPSS软件处理。

二 问卷数据分析

(一)被访者对精准扶贫具体内容的认识

1. 近七成的被访者对精准扶贫的具体内容有一定了解

问及"您了解精准扶贫的具体内容吗",有175人选择了"知道,很了解",占26.52%;有266人选择了"了解部分内容",占40.30%;有170人选择了"听说过,但具体情况不了解",占25.76%;有49人选择了"不知道",占7.42%。调查数据显示,近七成的民众对精准扶贫的具体内容有一定了解。但尚有三成的民众对精准扶贫的具体内容不了解,甚至一些人不知道具体内容。在实施精准扶贫的过程中,政府职能部门要将精准扶贫具体内容的宣传作为精准扶贫的基本工作,贯穿于扶贫工作的全过程,使普通民众了解精准扶贫的具体内容,从而才有利于推进精准扶贫工作。

2. 五成以上的被访者知道贫困家庭参加的普及性扶贫政策措施

问及"您所了解的贫困家庭参加的扶贫政策措施项目有哪些(多选题)"时,在660份问卷中,选择人数超过一半的有五项,排在第一位的是最低生活保障，个案百分比为65.75%，第二位是给予信贷支持，个案百分比为63.47%，第三位是改造危房，个案百分比为54.19%，第四位是医疗保险救助，个案百分比为52.97%，第五位是给予子女教育资助，个案百分比为51.45%。除了“其他”选项外，个案选择比例比较低的是完全依靠政府和社会救助，个案百分比为16.13%；推介就业岗位，个案百分比为30.90%；易地搬迁，个案百分比为34.40%（见图1）。

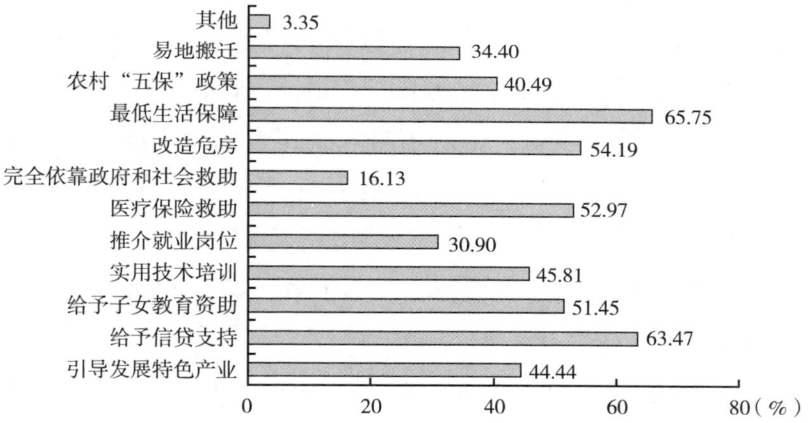

图1　被访者对贫困家庭参加的扶贫政策措施项目的了解比例

（二）被访者对精准扶贫管理内容以及有关问题的认识

1. 约四成被访者对精准扶贫大数据管理平台和“853”挂图作业有一定了解，但尚有35.76%的被访者不知道

问及“您了解精准扶贫大数据管理平台和‘853’挂图作业的情况吗”，有75人选择了“知道，很了解”，占11.57%；有172人选择了“了解部分内容”，占26.54%；有165人选择了“听说过，但具体情况不了解”，占25.46%；有236人选择了“不知道”，占36.42%（见图2）。为了精准化管理全省脱贫攻坚工作，甘肃省委、

省政府建设了精准扶贫大数据管理平台，这在全国属于首创。通过大数据平台可以清楚地看到全省贫困人口的具体分布情况，以及年度预脱贫对象的分布情况、致贫原因、健康状况、教育程度等，并且可以全面分析精准扶贫过程中所涉及的各个行业部门各项政策措施的落实情况，由此实现各级相关行业部门针对贫困村贫困户的信息共享和精准扶贫业务协作。“853”挂图作业中的“8”是指识别认定对象准、核实家庭情况准、分析致贫原因准、制定措施计划准、落实扶贫政策准、核查人均收支准、录入进出对象准、台账进度记录准“8个准”；“5”是指乡镇村贫困人口分布图、贫困人口致贫原因图、贫困人口进出动态图、全村脱贫目标任务图、贫困户脱贫目标任务图“5张图”；“3”是指脱贫计划、帮扶措施、工作台账“3本账”。精准扶贫大数据管理平台和“853”挂图作业是保证全省精准扶贫工作有效推进的重要举措。调查数据显示，约四成被访者对这两项重要举措有一定了解，但还有两成多的被访者并不了解，甚至还有三成多的被访者并不知道。

2. 被访者认为通过大数据平台精确识别和管理贫困人群比较好，在多项选择中排在第一位

问及“您觉得当地政府精确识别和管理贫困人群通过哪一个途径比较好”时，有37.74%的人选择了精准扶贫大数据管理平台，有5.03%的人选择了“853”挂图作业，有30.66%的人选择了使用“一核二看三比四评议五公示”的办法，有8.96%的人选择了采用综合评分识别和管理，有17.61%的人选择了建档立卡（见图3）。

精准扶贫大数据管理平台有5个管理子系统，不但包括扶贫对象、措施、成效，还有数据分析和绩效考核。同时管理平台覆盖了省、市、县、乡、村5个层级。大数据管理平台不仅仅是将省里“1+17”精准扶贫工作方案及措施真正落到基层，还可以对已确定的贫困村、贫困户、贫困人口实施实名制管理，做到进出有序、动态调整，确保扶贫

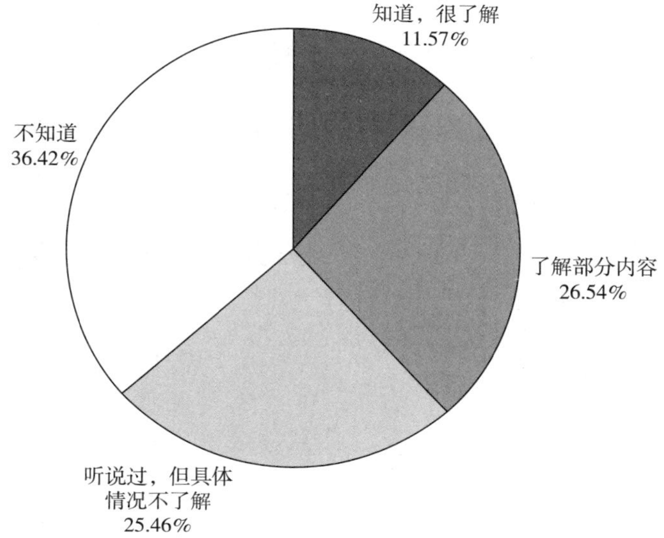

图 2　被访者对精准扶贫大数据管理平台和“853”挂图作业的了解比例

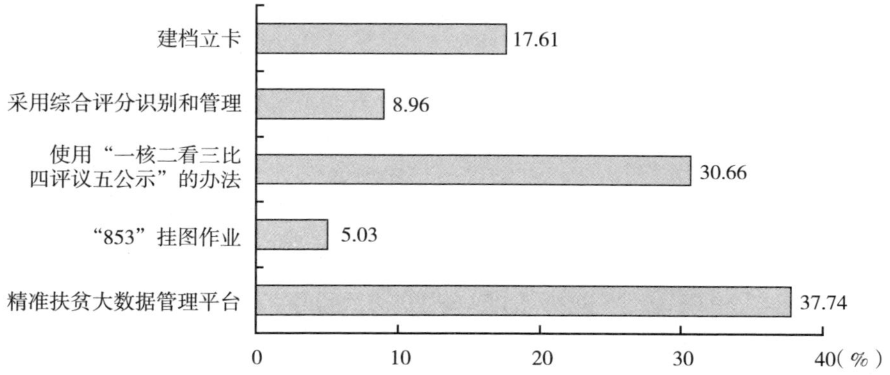

图 3　被访者对当地政府精确识别和管理贫困人群途径的认识比例

政策措施精准到村户。同时，在大数据平台闭环管理模式下可以实现数据分析、扶贫成效的跟踪考核，由此对精准扶贫政策的落实实现倒逼，为各级党委政府决策和开展精准扶贫提供科学依据。所以，大数据管理平台不仅仅是“互联网 +”的实际运用，更是精准扶贫工作的重要抓手。大数据管理平台的建设应用实现了精准扶贫的信息化、规范化、动态化，让贫困户真正从中受益。

（三）被访者对精准扶贫实施过程中相关问题的认识

1. 三成以上的被访者认为精准扶贫的对象确定不够精准，近六成的被访者认为存在扶贫项目有漏掉贫困家庭或错置给非贫困家庭的问题

问及“您所在的村子在精准扶贫中，您认为哪个方面还不够精准”时，有32.75%的人选择了对象确定不够精准，有19.71%的人选择了资金使用不够精准，有19.55%的人选择了措施到户不够精准，有5.72%的人选择了完成时间不够精准，有22.26%的人选择了扶贫成效不够精准（见图4）。数据显示，约1/3的被访者认为“对象确定不够精准”。从实际访谈看，出现这样的问题既有客观的原因，也有主观的原因。客观来说，贫困人口多、贫困面广的县（市、区），由于任务大、数量多，逐户逐项核实的过程难免有偏差，特别是各项经济收入情况难以一一核实准确。从主观原因来讲，有些乡镇或村干部优亲厚友，未严格执行对贫困人员的认定标准和评选程序，使“关系户”“人情户”依然存在。

问及“就您所知当前的扶贫项目有没有漏掉一些贫困家庭或错置给非贫困家庭”时，有59.82%的人选择了“有”，有40.18%的人选择了“没有”。当问及出现扶贫项目漏掉一些贫困家庭或错置给非贫困家庭的原因时，9.80%的人认为是“贫困家庭不愿意参与”，有44.12%的人认为是“非贫困家庭通过各种非正当关系获得”，有19.61%的人认为是“贫困家庭无力参与”，有7.11%的人认为是“政府硬性安排”，有19.36%的人认为是“贫困家庭根本不知道有扶贫项目”（见图5）。从课题组实际调研来看，发生扶贫项目漏掉一些贫困家庭或错置给非贫困家庭的现象与精准扶贫政策价值过高有一定关系。比如扶贫贷款就存在贫困户不想贷、没有人争

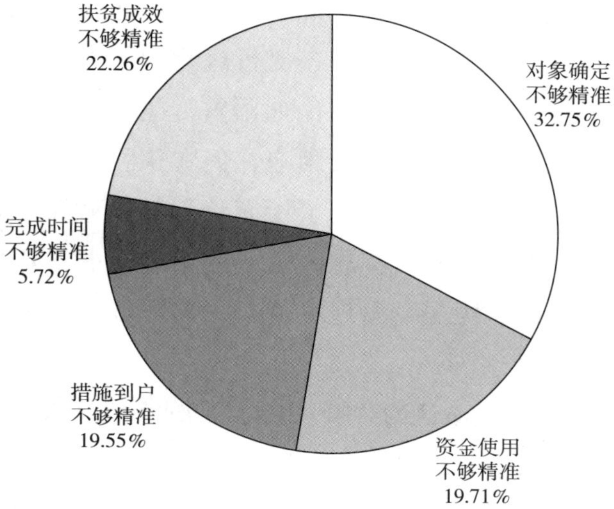

图4　被访者对精准扶贫中还不够精准方面的认识比例

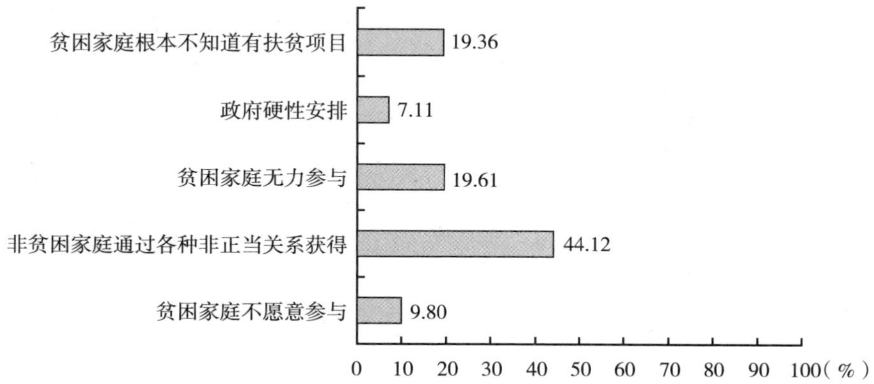

图5　被访者对当前的扶贫项目漏掉一些贫困家庭或错置给非贫困家庭原因的认识比例

取贷款的问题，究其原因，是扶贫贷款制度设计不够合理。贷款额度低、贴息期限短的贷款对贫困户发展农村养殖或林特果等周期比较长的产业就没有吸引力。另外，发放贷款需要抵押存单或一定的担保，这对绝大多数贫困农户来说就是难以解决的问题，由此扶贫贷款就被搁浅。再就是部分政策在执行过程中被扭曲导致漏掉一些贫困家庭或错置给非贫困家庭。比如雨露计划、扶贫搬迁、互助资金主要是针对农村建档立卡的贫困户，但在执行时一些地方放宽了享受条件，使一些非贫困户享受了雨露计划补贴政策、扶贫搬迁政策等。发生扶贫项目漏掉一些贫困家庭或错置给非贫困家庭的现象说明一些地方在精准扶贫中出现了偏差，需要及时端正精准扶贫到户政策的价值取向。

2. 六成以上的被访者认为“第一书记”和驻村工作队能对村内特殊困难群体全面走访

问及“您觉得‘第一书记’和驻村工作队对村内特殊困难群体是否全面走访”时，有65.44%的人选择了“是”，有34.56%的人选择了“否”。2015年5月，中组部、中央农村工作领导小组办公室、国务院扶贫开发领导小组办公室联合下发了《关于做好选派机关优秀干部到村任第一书记工作的通知》文件，要求选派一批政治素质过硬、事业心强的优秀青年干部到村基层党组织涣散村和贫困村担任“第一书记”。随后，甘肃省委组织部启动了“千名干部挂职精准扶贫行动”，从省市两级机关和企事业单位选派1099名优秀年轻干部到贫困村挂职“第一书记”。并选派26342名干部组成6220个驻村帮扶工作队，与全省集中连片贫困县和插花型贫困县建档立卡的6220个贫困村一一对应，开展驻村帮扶。作为驻村“第一书记”和驻村帮扶工作队，大多数都能放下架子、扑下身子和群众面对面交谈，对村内特殊困难群体能全面走访，积极掌握困难群体的意愿，帮助他们解决问题。

3. 七成的被访者认为政府及相关部门对扶贫资金、物资、项目等相关扶贫信息进行了公示

问及“政府及相关部门有没有对扶贫资金、物资、项目等相关扶贫信息进行公示"时，有37.60%的被访者认为"经常有"，有32.57%的被访者认为"偶尔有"，有6.09%的被访者认为"从没有"，有23.74%的被访者"不知道"（见图6）。

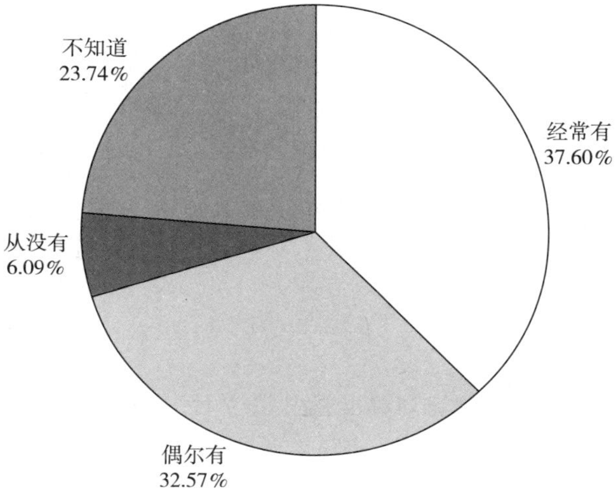

图6　被访者认为政府及相关部门对扶贫资金、物资、项目等相关扶贫信息进行公示的比例

（四）被访者对精准扶贫"甘肃一号工程"的评价

1.近九成的被访者同意精准扶贫是"甘肃一号工程"的提法

问及"'精准扶贫'是甘肃的'一号工程'，您对这个提法的态度是如何的"时，有5.46%的被访者态度是"完全不同意"，有5.31%的被访者态度是"不太同意"，有37.94%的被访者态度是"基本同意"，有18.21%的被访者态度是"比较同意"，有33.08%的被访者态度是"完全同意"（见图7）。

2.九成以上的被访者对精准扶贫工作表示满意、基本满意和一般

问及"您对'精准扶贫'工作满意程度"时，有9.88%的被访者选择了"非常满意"，有32.07%的被访者选择了"满意"，有

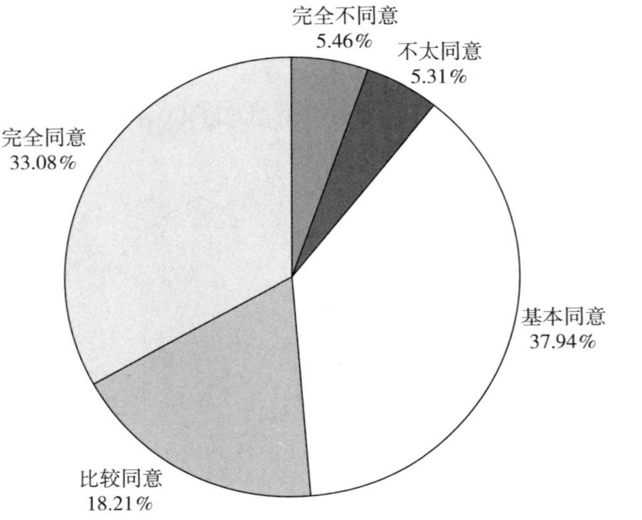

图7　被访者对精准扶贫是“甘肃一号工程”提法的认可比例

53.34%的被访者选择了“一般”，有3.34%的被访者选择了“不满意”，有1.37%的被访者选择了“很不满意”（见图8）。

3. 八成以上的被访者认为精准扶贫政策实施有成效，贫困户已得到扶持

问及“您对目前精准扶贫政策的实施效果总体评价如何”时，有55.34%的被访者认为扶贫见成效，有少数贫困户得到扶持；有30.79%的被访者认为扶贫成效大，多数贫困户已得到扶持；有13.87%的被访者认为贫困户扶贫只能靠自己，得不到扶持。

4. 近三成的被访者认为贫困地区原有基础太薄弱影响扶贫攻坚目标的实现

问及“您认为实现扶贫攻坚目标，最令人担心的是什么”时，有28.48%的被访者认为是“贫困地区原有基础太薄弱”，有12.96%的被访者认为是“扶贫政策不可持续”，有15.20%的被访

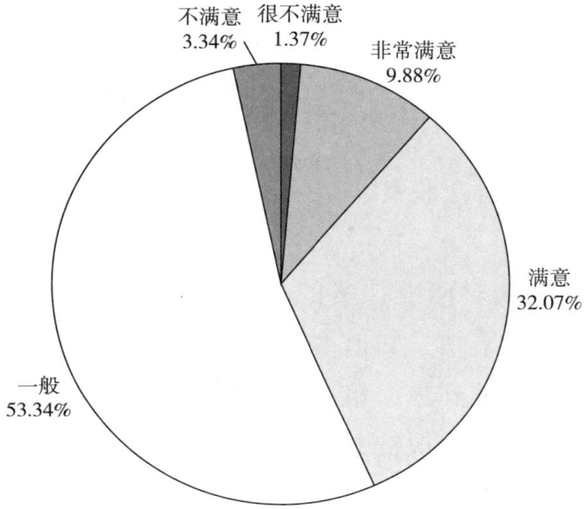

图 8　被访者对精准扶贫工作的满意程度比例

者认为是"扶贫缺乏产业支撑"，有 24.96% 的被访者认为是"财政投入层层损耗，贫困户得不到实惠"，5.28% 的被访者认为是"一些基层干部扶贫工作压力大，做法违背民意"，有 11.68% 的被访者认为是"精准扶贫成为政绩形象工程"，有 1.44% 的被访者选择"其他"。

三　结论与分析

（1）被访者总体上对精准扶贫是"甘肃一号工程"的提法持认可态度，能认识到精准扶贫对改善民生的重要性，精准扶贫是全面建成小康社会的重要前提。从目前的实际情况来看，虽有一半的被访者对精准扶贫工作的满意度为一般，但总体而言被访者对精准扶贫工作的满意度还是比较高的。有八成多的被访者认为精准扶贫政策实施有成效，贫困户已得到扶持。因此，在未来的精准扶贫工作中，各级政府不仅要把全力推进精准扶贫工作作为一项政治任务来抓，而且更要真抓实干，想贫困群众之所想、急贫困群众之所急、忧贫困群众之所忧，做到精准扶贫到人、精准扶贫到户，精心做到应保尽保、应帮尽帮，真正达到破除穷根的目的，落实完成精准扶贫的任务，让贫困群众脱贫，生活蒸蒸日上，感受到社会主义大家庭的温暖和关怀。

（2）被访民众对精准扶贫的具体内容有一定了解，被访者知道有关精准扶贫的事情，知道贫困家庭参加的一些普及性扶贫政策措施，但对一些精准到户、精准到人的措施了解得还很有限。这一方面反映出政府在精准扶贫方面宣传的力度和手段不够，需要进一步加强；另一方面说明政府在动员和凝聚全社会力量广泛参与精准扶贫方面做得不够，还没有形成人人关心扶贫、个个支持扶贫的局面。

（3）被访者对精准扶贫管理内容以及有关问题的认识不足。省委、省政府建设的精准扶贫大数据管理平台，在全国属于首创，其5个管理子系统覆盖了省、市、县、乡、村5个层级，包括了扶贫对象、措施、成效，还有数据分析和绩效考核。“853”挂图是当前及今后开展精准扶贫工作的重要作战图。约四成被访者对精准扶贫大数据管理平台和“853”挂图作业有一定了解，但尚有36.42%的被访者不知道。被访者认为通过大数据平台精确识别和管理贫困人群比较好，在多项选择中排在第一位。

（4）被访者对精准扶贫实施过程中相关问题的认识看法比较多。三成以上的被访者认为精准扶贫的对象确定不够精准，近六成的被访者认为存在扶贫项目有漏掉贫困家庭或错置给非贫困家庭的问题。六成以上的被访者认为“第一书记”和驻村工作队能对村内特殊困难群体全面走访。七成的被访者认为政府及相关部门对扶贫资金、物资、项目等相关扶贫信息进行了公示。

四 对策建议

（一）加强对精准扶贫“甘肃一号工程”内容和意义的宣传

各级党委和政府以及与精准扶贫相关的各部门要进一步加强对精准扶贫“甘肃一号工程”内容和意义的宣传，多渠道、多形式地宣传精准扶贫政策和工作。首先，利用主流媒体进一步强化精准扶贫宣传。要充分利用政府网站，有计划地进行具有政策导向性、舆论引导性的系列扶贫脱贫报道，营造知晓广、认识深、共识高的脱贫氛围。其次，要充分利用内部短信和飞信平台、微信等媒介及时发布最新的扶贫动态和政策。最后，通过张贴宣传标语、发放扶贫资料以及党员会、群众代表大会等方式，向群众大力宣传精准扶贫脱贫的最新政策，确实做到家喻户晓。同时在宣传中，一方面要做好精准扶贫内容的宣传，比如精准扶贫大数据管理平台和“853”挂图、精准扶贫资金的使用、措施的到户、精准扶贫完成的时间、扶贫的成效等，要及时宣传，在农村做到人人皆知。另一方面要做好正能量宣传，对于精准扶贫工作中的好措施以及典型经验要大力宣传，在重要节点及时宣传报道重要内容以及重大成果，增强困难群众的信心，帮助困难群众克服各种消极情绪，激发他们致富愿望。另外，宣传报道的信息要新，要经常进村入户采集精准扶贫工作的最近动态和扶贫攻坚的一线进展情况。

（二）确实运用好精准扶贫大数据管理平台和“853”挂图

精准扶贫大数据管理平台是“互联网＋”在精准扶贫中的实际运用，通过平台可以查到每一个贫困户的家庭情况、致贫原因以及享受的政策，由此实现了对贫困村、贫困户的动态化管理，对扶贫工作进展和脱贫情况做到了及时、客观、全面的掌握。“853”挂图则是通过精准扶贫大数据管理平台建设做到“8个准”，每个贫困村制定作战“5张图”，每个贫困户落实“3本账”。“853”挂图作业的目的是实现对精准扶贫的精细化管理，倒逼全省精准扶贫工作的落实。但从调查数据来看，被访者对精准扶贫大数据管理平台和“853”挂图作业并不是很了解，很多被访者认为精准扶贫的对象确定不够精准，近六成的被访者认为在精准扶贫过程中存在扶贫项目有漏掉贫困家庭或错置给非贫困家庭的问题。所以，在精准扶贫中要确实运用好精准扶贫大数据管理平台和“853”挂图，要在做好原有工作的同时，做好资料的对接、核实、完善。一是通过大数据管理平台和“853”挂图做好对已经建档立卡的农村贫困户、贫困人口的复核工作。对已脱贫致富和错置的扶贫对象要在大数据管理平台和“853”挂图中清楚地标识出来；对符合条件而漏报的贫困人口和返贫对象，按照精准扶贫的程序规定识别登记进入管理平台和“853”挂图，实行扶贫对象有进有出、动态管理。二是将贫困户在每个部门可享受的民生类政策和相关数据发布到精准扶贫大数据管理平台，以短信、微信方式及时向贫困户宣传精准扶贫政策和精准扶贫的措施，方便贫困农户查询、申报各项应享受的强农惠农政策。三是及时更新致贫原因。精准扶贫过程中要及时开展“一进二访”活动，逐户进行调查，准确掌握扶贫对象的基本情况、收入支出构成情况和发展意愿等，核准致贫原因，问细扶贫需求，在大数据管理平台上及时更新，从而为精准施策、精准扶贫提供依据。

（三）充分发挥驻村干部作用，有效推动精准扶贫工作

精准选派驻村“第一书记”和驻村帮扶工作队是中央及省委、省政府加强基层基础工作的重要举措，目的是将精准扶贫的各项扶持措施、优惠政策精准地落实到贫困村、贫困户。因此，有效推动精准

扶贫工作，要充分发挥驻村“第一书记”和驻村帮扶工作队作用。首先，驻村“第一书记”和驻村帮扶工作队的每一位成员肯定比农村村民见得多、听得多，对精准扶贫政策的了解多，领会能力也比较强，因此，驻村干部要通过宣传资料的发放、面对面的宣讲等方式方法，把精准扶贫的各项政策措施传递到基层干部以及群众家中。其次，驻村干部要充分利用业余时间，采取多种形式，查访困难群众到底有什么样的需求，掌握贫困户、贫困人口的需求，把村民反映的实际困难和问题及时反馈给村委以及乡镇和县区政府，征求意见，再结合帮扶实际，形成帮扶计划，从而真正满足困难群众的需要，解决贫困户、贫困人口的具体问题，推动强农惠民政策的落实，使精准扶贫脱贫更具有针对性。最后，驻村“第一书记”和驻村帮扶工作队的每一位成员作为外来人员总有着独特的眼光，熟悉情况之后，应立足驻村实情，牵线搭桥，找准精准扶贫工作的着力点和突破口，帮助困难群众共同寻找、探讨发展的路径，使精准扶贫工作落到实处。特别是要进一步落实驻村帮扶工作队中领导干部联系精准扶贫制度。各级各部门的主要负责人作为驻村工作队的第一责任人，应在资金、项目等安排上向贫困村倾斜，从而深入扶贫联系村研究解决具体问题。

（四）动员全社会积极参与精准扶贫行动，形成人人参与精准扶贫格局和良好环境

2014 年 12 月，国务院办公厅印发了《关于进一步动员社会各方面力量参与扶贫开发的意见》，意见指出，广泛动员全社会力量共同参与扶贫开发，是我国扶贫开发事业取得伟大成就的成功经验，是中国特色扶贫开发道路的重要特征。现实中，我们要认识到精准扶贫不仅仅是政府扶贫办或相关机构的事，也不仅仅是驻村工作队的责任，精准扶贫应该是全社会的责任。从调研实际来看，实施精准扶贫离不开大量财力、物力，光靠政府投入的财力和物力远远不够，依靠

“第一书记”和驻村工作队来完成精准扶贫也不现实。为进一步推进精准扶贫工作，政府要健全组织动员机制，完善政策支撑体系，积极搭建社会参与平台，大力倡导企业参与脱贫工作，积极引导社会组织、社会团体参与脱贫工作，广泛动员社会爱心人士参与脱贫工作，让社会扶贫人人皆愿为、人人皆可为、人人皆能为，最终形成政府、市场、社会协同推进的大扶贫格局和良好环境。

（五）做好精准考核和第三方评估工作，指挥引领精准扶贫工作

任何工作要取得实实在在的成效，都离不开考核问责，精准扶贫也不例外。精准扶贫的考核要针对不同地区的实际情况做好顶层设计，科学制定县（市、区）考核指标体系，明确精准扶贫工作责任，不要“一刀切”；考核既要注重当前的脱贫成效，又要注重长远的发展设想，突出考核导向，保护和调动各县（市、区）党政领导班子精准扶贫的积极性、创造性；考核设置的指标体系要凸显出地方特色，要把提高贫困人口生活水平、减少贫困人口数量作为主要指标，进一步引导贫困县的领导干部放手去抓精准扶贫工作，保证各项扶贫脱贫政策落到实处，实实在在地让贫困人口受益。要积极推行第三方评估机制，对扶贫脱贫政策落实情况和扶贫成效进行评估，确保实现农村贫困人口精准扶贫，如期全面建成小康社会。

B.5

民众对食品安全问题的关注度及其建议调查

惠继飞*

摘　要：　近年来，随着食品安全监管体制改革的顺利推进和对食品安全违法犯罪的严惩重处，食品安全状况大有好转。但食品安全问题仍受到人们的广泛关注，加快食品安全监管体制改革和保障“舌尖上的安全”已成为每年“两会”的热议话题和政府工作报告不可或缺的内容，如何保障安全饮食仍是普通民众的一大心病。食品安全监管体制改革以来，甘肃食品安全总体状况如何？老百姓对不同食品经营场所及重点食品的安全状况有何评价？对政府的食品安全监管工作是否认可？最担心的食品安全问题是什么？如何才能减少食品安全事件？本文从舆情调查的视角，对上述问题进行了调研、梳理和归纳。

关键词：　食品安全　安全监管　安全饮食

一　选题背景及调研基本情况

当前，食品工业已成为我国第一大制造业，中国也成为占世界总

---

* 惠继飞，甘肃省社会科学院法学研究所助理研究员，主要研究方向为行政法与法治政府建设。

产值25%的第一大食品制造国。“舌尖上的中国”更加需要“舌尖上的安全”。党的十八大以来，面对食品安全领域存在的严重风险，党和政府采取了一系列旨在保障食品安全的行动计划，从中央到地方，刮起了一轮轮食品安全保障风暴。2013年，针对食品安全监管不力、体制机制不畅的问题，改革了食品安全监管体制，成立了食品药品安全监管机构，彻底改变了以前食品安全流通领域“九龙治水”的窘境。2014年政府工作报告提出用“三个最严”坚决治理餐桌上的污染，切实保障“舌尖上的安全”。2015年10月，修订后的被称为“史上最严”的《食品安全法》正式实施，以法治方式维护食品安全，为最严格的食品安全监管提供了制度保障。2016年4月，《食品安全法》实施仅半年时间，全国人大常委会就对这部重要的民生法律实施执法检查。在这一系列食品安全组合拳背景下，我国食品安全保障体系不断完善，食品安全监测数据持续向好，食品安全保障水平稳步提升，食品安全形势逐渐好转。但是，食品安全保障不可能“毕其功于一役”，尤其是在食品工业快速发展的今天，在食品安全环境源头污染治理乏力、非法添加和掺杂使假难以有效遏制、食品安全监管仍存在深层次漏洞等因素的综合作用下，食品安全问题仍然多发、频发，安全形势依然严峻。就甘肃省而言，根据省消协组织2015年全年消费者投诉情况分析，食品类投诉仍然是2015年度投诉热点，全年共受理食品类投诉613件，比上年增加30.15%。因此，如何使民众由“吃饱”到“吃好”，再到“吃出健康”，保障“从农田到餐桌”的全过程安全，依然是我们必须持续关注并予以解决之道的一项重要的民生工程、民心工程。

本次调查，在全省范围内选定武威市、定西市、天水市、甘南州的合作市四市为样本，以问卷调查为主，辅之以个别座谈和访谈的形式进行。共发放问卷670份，收回664份，其中有效问卷660份，有效收回率为98.51%。调研对象中男性占51.14%，女性占48.86%；汉族占90.08%，其他民族占9.92%；年龄分布上，18～25岁占13.94%，26～35岁占35.00%，36～45岁占29.70%，46～60岁占20.61%，60岁以上占0.75%；文化程度方面，以初中及以上为主，占93.13%；就居住地而言，涵盖了城区、城郊、县城、乡镇、农村五类地区，分别占比57.08%、9.74%、3.20%、9.89%、20.09%；就从业性质而言，包括了国家与社会管理者（约占5.76%）、经理人员（约占2.88%）、私营企业主（约占5.91%）、专业技术人员（约占13.03%）、办事人员（约占10.91%）、个体工商户（约占6.82%）、商业服务业人员（约占9.70%）、产业工人（约占14.24%）、农业劳动者（约占24.39%）、无业失业人员（约占6.36%）10个阶层的从业人员。

二　调查问题及数据分析

（一）　民众对当前食品安全状况的满意度

1. 七成以上被访者认为食品安全监管体制改革带来食品安全状况好转

近年来，食品安全监管体制改革可谓力度空前，那么食品安全监管体制改革以来，甘肃食品安全状况如何呢？13.94%的被访者认为大有好转，60.00%的被访者认为有所好转，17.12%的被访者认为与以前一样，仅有5.91%的被访者认为比以前更差，另有3.03%的被访者表示不了解（见图1）。

从调查数据看，有七成以上的被访者认为食品安全监管体制改革带来了食品安全状况的好转，说明食品安全监管体制改革卓有成效。在机构整合后，监管工作力度都明显加大或有所加大，安全状况相比过去有所好转，以前存在的监管边界不清、监管重复和空白并存等问题得到有效解决，民众对此感受明显。

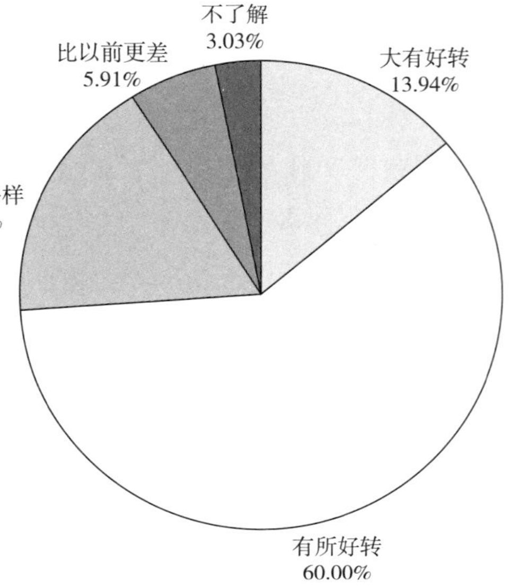

图1　被访者对食品安全监管体制改革以来食品安全状况的评价

2. 七成多的被访者对当前食品安全状况表示满意

在问及“您对目前当地食品安全状况是否满意”时，有2.89%的被访者表示非常满意，14.16%的被访者表示满意，54.79%的被访者表示基本满意，26.03%的被访者表示不满意，2.13%的被访者表示不了解（见图2）。

近年来，在全社会的共同努力下，食品安全状况持续好转，人民群众的满意度也持续提升，因此，大多数民众对此做出正面评价。但仍有接近三成的民众表示不满意和不了解，这提醒我们，改善食品安全状况仍然任重而道远，绝不能满足于当前。

3. 近八成被访者认为当前食品安全形势仍然严重

尽管食品安全监管工作取得了很大成效，食品安全状况总体好转，但人们对当前食品安全形势仍心存忧虑。调查显示，仅有9.52%的被访者认为现在食品安全问题不严重，而认为严重和很严重

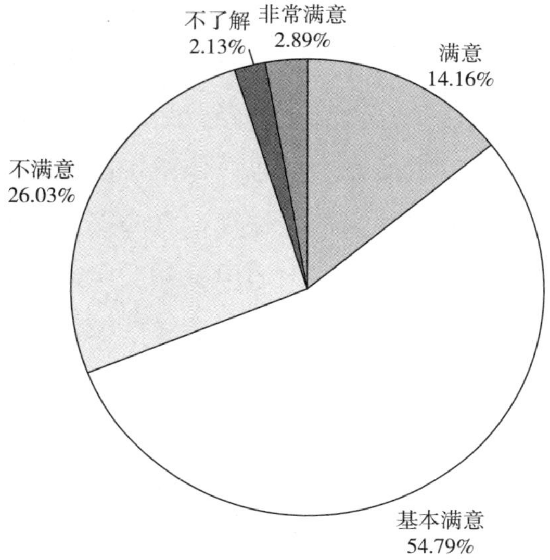

图 2　被访者对当前食品安全状况的满意度

的分别占比 39.02% 和 38.55%，另有 12.90% 的被访者表示说不清（见图 3）。

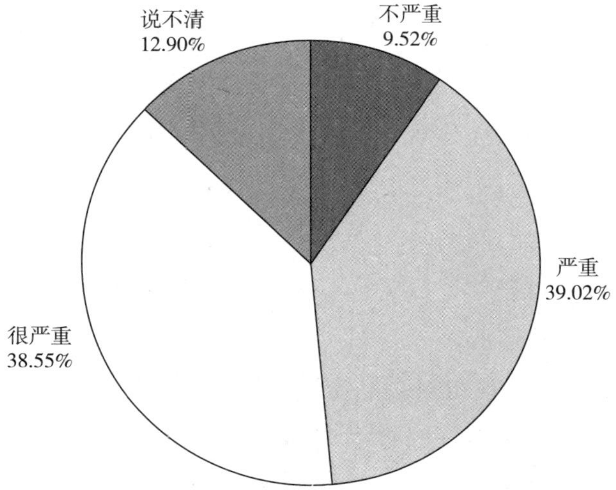

图 3　被访者对当前食品安全形势的认知

从调查结果看，认为食品安全问题不严重的还不到一成，相反，有接近八成的民众认为食品安全问题仍然严重和很严重，这说明在一系列食品安全组合拳之下，食品生产经营活动虽然有所规范，食品安全整体水平得以提升，食品安全形势总体稳中向好，但与此同时，我国食品企业违法生产经营现象依然存在，食品安全事件时有发生，监管体制、手段和制度等尚不能完全适应食品安全需要，重典治乱威慑作用没有得到充分发挥，食品安全形势依然严峻。

（二）民众对食品安全治理的认同度

1. 多数民众对食品安全监管工作表示满意

日常监管是食品安全保障体制的重要一环，监管不力在食品安全问题上备受诟病。那么，当前的情况如何呢？在问及“您对当地政府的食品安全监管工作是否满意”时，2.44%的被访者表示非常满意，18.57%的被访者表示满意，53.42%的被访者表示基本满意，21.46%的被访者表示不满意，4.11%的被访者表示不了解（见图4）。

食品安全保障说到底是政府的一项重要责任，是对党和政府社会治理能力和治理水平的考验。调查显示，在食品安全监管失职问责、渎职追罪的强力约束下，监管部门的监管模式开始升级，监管触角开始前移，执法者的责任心也在强化。相关部门改善现状的努力，已使不少民众感受到政府的用心，表明当前民众对政府部门日常监管工作的认可度在提高。但同时，对监管部门工作表示不满意和不了解的占比达25.57%，提醒监管工作绝不能满足于当前，还需要以更大的努力来重拾老百姓的信心。

2. 过半数被访者认可对食品违法犯罪行为的打击力度

食品安全保障离不开对食品安全违法犯罪行为的严惩重处，只有加大打击力度才能有效遏制食品违法犯罪。在当地政府有效打击食品违法犯罪行为方面，6.21%的被访者认为很有力度，15.76%的被访

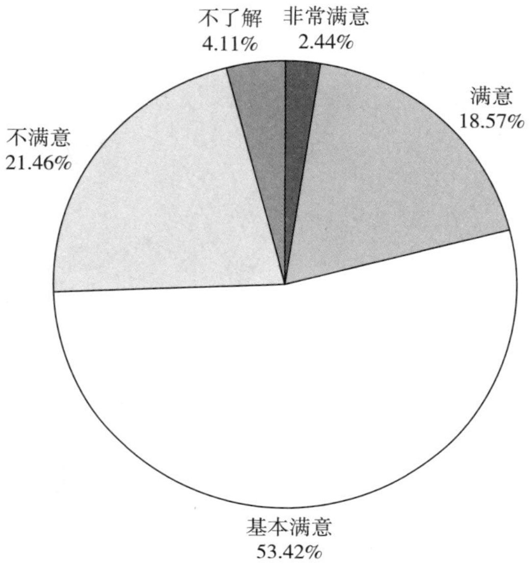

图 4　被访者对当地政府食品安全监管工作的满意度

者认为力度较大，32.88%的被访者认为有力度，37.73%的被访者认为力度较小，7.42%的被访者表示不了解（见图5）。

过半数民众对食品安全违法犯罪行为的打击力度持肯定态度，同时也有近四成民众对此做出负面评价，说明政府在对食品安全违法犯罪行为的惩处方面与老百姓的期望值还有一定距离。客观地说，近年来我国对食品安全违法犯罪始终保持重拳出击的高压态势，对食品安全违法犯罪行为起到了一定震慑作用。但在食品安全行政执法中"有案不移""以罚代刑""降格处理"的问题仍比较突出。出于两法衔接的原因，部分食品安全犯罪案件面临"移不动、诉不出、判不了"的尴尬局面。因此，要进一步理顺食品安全领域两法衔接关系，做到食品安全违法必究、有罪必惩。

3. 七成多被访者对食品安全宣传教育工作表示满意

食品安全必须营造浓厚的社会氛围，只有消费者掌握了安全

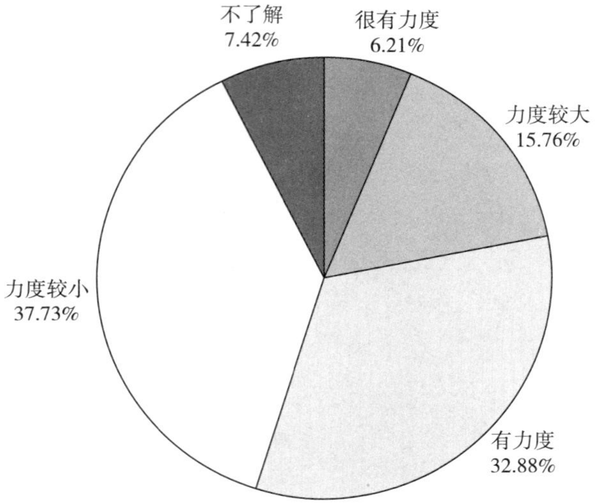

图 5　被访者对食品安全违法犯罪行为打击力度的评价

消费知识，假冒伪劣等问题食品才无立足之地。对于当地政府在食品安全方面的宣传教育工作，有 4.42% 的被访者表示非常满意，23.17% 的被访者表示满意，47.56% 的被访者表示基本满意，18.90% 的被访者表示不满意，另有 5.95% 的被访者表示不了解（见图 6）。

大多数民众对政府在食品安全宣传教育方面所做的工作表示满意，表明各级政府在加大食品安全宣传力度、营造浓厚社会氛围上做出了一定努力。但我们在访谈中了解到，多数民众尤其是农村群众对《食品安全法》《消费者权益保护法》等有关食品安全保障的法律法规和政策知之甚少。因此，各级政府在以后的工作中，还需大力宣传和普及食品安全法律法规、政策和知识，使广大群众特别是农村群众掌握鉴别假劣食品的知识，了解食品监管的有关政策，树立消费维权的理念，形成“人人关注食品安全，人人关爱生命和健康”的浓厚社会氛围。

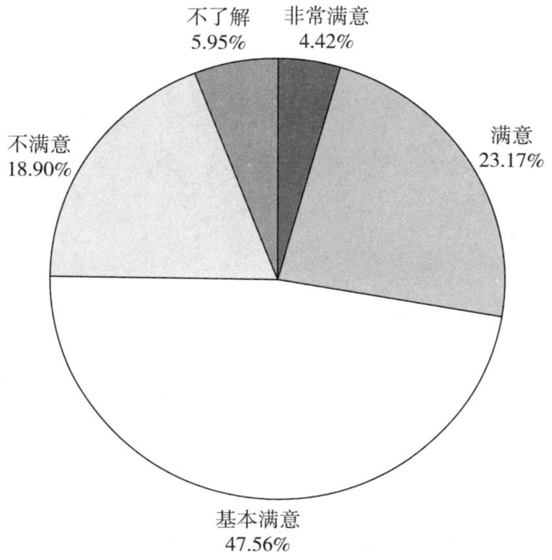

图6　被访者对食品安全宣传教育工作的评价

4. 近九成被访者对政府加强食品安全监管有信心

民众对政府进一步加强食品安全监管，提高食品安全感是否有信心？调查显示，8.88%的被访者表示有充分信心，44.41%的被访者表示有信心，34.92%的被访者表示较有信心，7.04%的被访者表示没有信心，4.75%的被访者说不清（见图7）。

信心来自治理力度和效果。调查数据表明，多年来党和政府在食品安全领域的一系列新政赢得了老百姓的广泛认同。作为社会治理体制创新的主要内容，食品安全拥有最广泛的利益相关者，既与每个人的日常生活直接联系，又与经济发展、社会稳定、政治安定密切相关。“能不能在食品安全上给老百姓一个满意的交代，是对我们执政能力的重大考验。所以，食品安全问题必须引起高度关注，下最大气力抓好。”

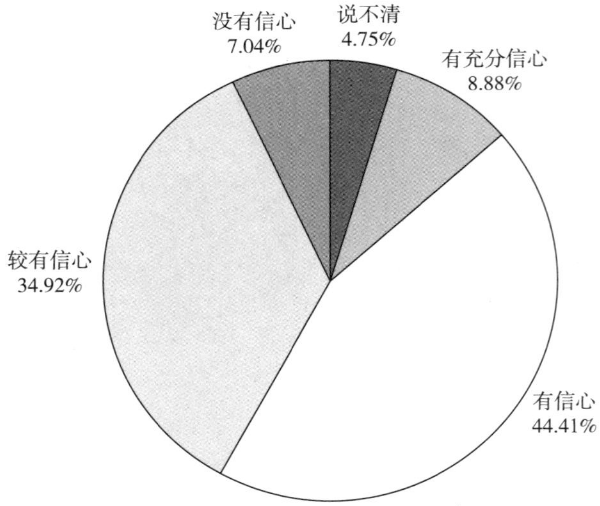

图 7　被访者对政府加强食品安全监管的信心度

（三）民众对主要食品经营场所和重点食品的安全度评价

1. 人们比较放心于大型超市和食品专营店

哪些食品经营场所的食品安全有保障，人们能够放心食用？调查显示，民众的选择依次为大型超市、食品专营店、中小型超市（便利店）、集贸市场、路边早/夜市。其中，对大型超市的放心率[①]为73.24%，食品专营店的放心率为59.01%，中小型超市（便利店）的放心率为28.44%，集贸市场的放心率为15.80%，路边早/夜市的放心率为9.03%（见表1）。

由此看出，人们对大型超市和食品专营店的食品比较放心，而路边早/夜市和集贸市场是人们最不放心的食品经营场所。这与当前的客观状况基本吻合，因为大型超市和食品专营店都有严格的进货渠道和

① 放心率为非常放心和比较放心的占比之和。

标准，而后两者是目前“小作坊、小摊贩、小餐饮”比较集中的地方，这类地方又是普通人消费比较多的地方。近年来，不少食品安全违法案件，都与“三小”有或多或少的关联，随着社会对食品安全要求的高度重视，传统“三小”带来的一些食品安全隐患逐步显现出来。因此，食品安全监管的触角应当更多地放在路边早/夜市和集贸市场。

表1　民众对主要食品经营场所的放心度评价

单位：%

场所	非常放心	比较放心	一般	不太放心	很不放心
大型超市	17.58	55.66	23.85	2.29	0.61
食品专营店	10.94	48.07	35.29	5.24	0.46
中小型超市(便利店)	4.74	23.70	54.13	16.06	1.38
集贸市场	2.61	13.19	40.34	33.13	10.74
路边早/夜市	2.14	6.89	19.60	35.99	35.38

2. 人们对水果、粮油和蔬菜的放心率较高

熟食、鲜肉、蔬菜、乳制品、水果、粮油是人们日常生活须臾不可缺离的食品，人们对这些食品的放心度如何呢？调查显示，人们对这几类食品的放心率排名依次是水果、粮油、蔬菜、鲜肉、乳制品和熟食，放心率分别为46.86%、44.12%、42.73%、31.55%、27.49%、27.37%（见表2）。

表2　民众对重点食品安全状况的放心度评价

单位：%

重点食品	非常放心	比较放心	一般	不太放心	很不放心
熟　食	5.05	22.32	46.33	21.71	4.59
鲜　肉	5.18	26.37	48.17	17.99	2.29
蔬　菜	6.13	36.60	47.01	8.27	1.99
乳制品	4.76	22.73	47.00	21.35	4.15
水　果	6.58	40.28	42.73	8.42	1.99
粮　油	8.24	35.88	41.22	11.30	3.36

由此可见，日常食品中，人们对水果、粮油和蔬菜的放心率比较高，而对乳制品和熟食的放心率比较低，但综合来看，人们对几类主要食品都心存隐忧，放心率均不高。

（四）民众对食品安全存在的问题、原因及治理措施的认知

1. 添加剂超量和农药、兽药高残留是当前人们最担心的食品安全问题

在食品安全方面，老百姓最担心哪些问题呢？调查数据表明，当前添加剂超量和农药、兽药高残留是老百姓最担心的，分别占比71.87%和67.89%，排在第二层次的是使用违禁添加剂、不清洁的加工和食品过期或变质，占比分别为50.31%、44.50%、41.28%，除此之外还包括转基因食品没有明确标识以及重金属超标，占比分别为33.18%和24.01%，其他问题占比为0.92%（见图8）。

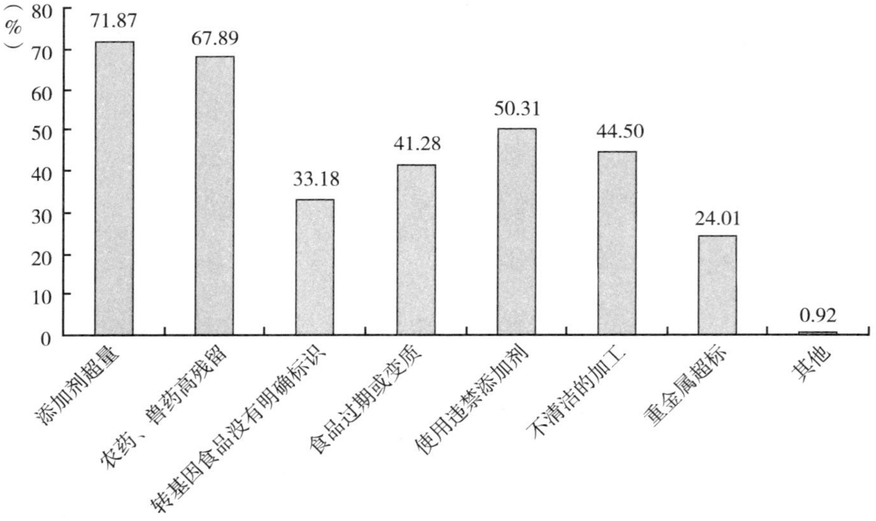

图8　被访者最担心的食品安全问题

由此看出，人们普遍认为当前食品安全存在两类风险：一是农药、兽药高残留导致食品安全源头污染严重，二是加工制造环节添加

剂超量和违法使用添加剂是现阶段突出的食品安全问题。

2. 打击力度不够、执法监管疏漏、消费者安全意识不够是造成当前食品安全问题的三大主因

食品安全问题为什么屡禁不止？根据调查，被访者认为主要原因是打击力度不够、执法监管疏漏和消费者安全意识不够，分别占比68.04%、61.77%、55.05%，其他原因依次为利益驱动逃避责任（42.05%）、政策法规不健全（34.10%）、标准滞后（19.24%）、媒体误导草木皆兵（10.24%），另有0.92%的被访者选择了其他（见图9）。

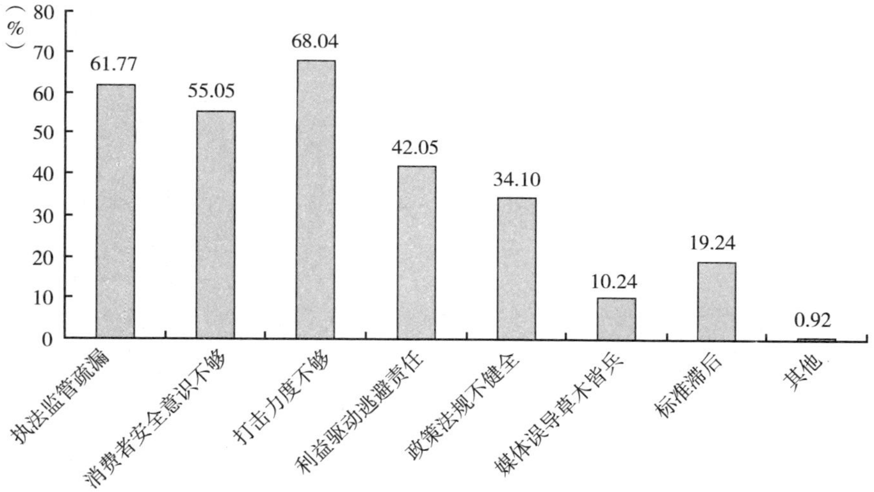

图9　被访者认为造成食品安全问题的主要原因

调查结果表明，当前食品安全问题频发，是由多种原因综合造成的，但打击力度不够和执法监管疏漏是我们历次调查中民众反映造成食品安全问题的最突出原因，说明在食品安全问题上，只有采取最严格的执法、最严厉的制裁、最严肃的问责，才能换来食品安全一片艳阳天。另外，民众认为消费者安全意识不够也是造成食品安全问题的一大主因，这说明广大群众已经初步具备了安全消费的意识。因此，相关部门应该因势利导，广泛宣传，让广大人民群众掌握安全消费、消费维权的本领。

3. 减少食品安全事件必须多管齐下

如何才能最有效地保障食品安全？从调查结果看，被访者认为应该全方位推进。根据多项选择结果，有71.12%的被访者建议行政执法部门加强执法监管；64.52%的被访者建议对违法生产加工者严加惩处；52.07%的被访者建议消费者增强自身食品安全意识，形成对食品安全“零容忍”的理念；37.48%的被访者建议健全相关的法律法规；36.56%的被访者建议曝光典型案件；26.42%的被访者建议要倡导诚信经营，加强行业自律；25.04%的被访者建议要定期开展食品安全教育宣传（见图10）。

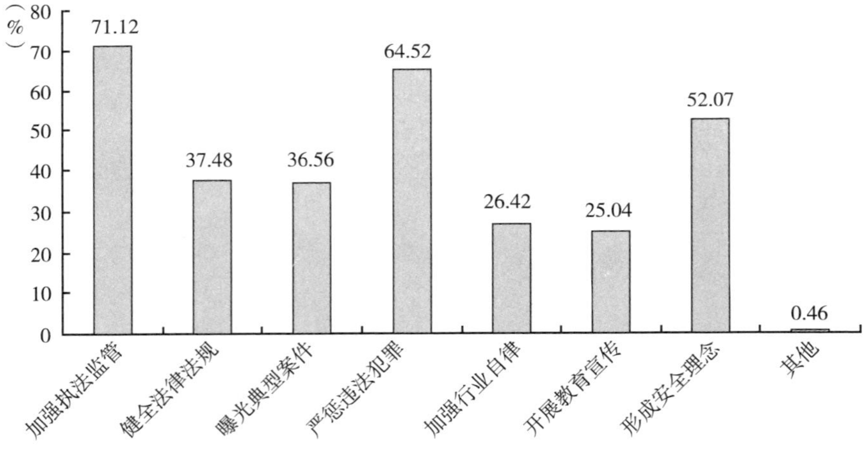

图10　民众认为减少食品安全事件应该采取的主要措施

食品安全保障非一策所能应对，必须综合施策、全领域治理。目前，加强执法监管、严惩违法犯罪和形成安全理念是开展食品安全保障工作的当务之急。

三　食品安全如何更加顺应民众的期待

当前，食品安全监管体制已基本理顺，法律规制也基本健全。但改革只有进行时，没有完成时，保障老百姓的饮食安全，永远在路上。食品安全监管体制改革需要在探索中完善，推动食品安全监管方式和制度创新。在现行体制下，食品安全如何更加顺应民众的期待，通过调研分析，应当在以下几个方面多措并举。

（一）继续对食品安全违法犯罪保持高压态势

调查数据显示，民众认为打击力度不够是造成当前食品安全问题的主要原因。从审判实践看，当前食品安全形势仍然十分严峻。一是危害食品安全的刑事案件数量大幅攀升。近三年来，人民法院审结这类案件的数量呈逐年上升的趋势。二是重大、恶性食品安全犯罪案件时有发生，一些不法犯罪分子顶风作案，例如相继出现的瘦肉精、毒奶粉、毒豆芽、地沟油、病死猪肉等系列案件，人民群众对此反映强烈。因此，要积极回应群众关切，从严惩治危害食品安全犯罪，只有让食品违法犯罪行为人付出沉重的代价，才能使他们不敢私欲膨胀，不能违背良知，不想触犯法律。因此，对食品违法犯罪行为要如打击黑社会和毒品犯罪那样重处。以重典治乱还老百姓一个安全环境和消费信心。

（二）进一步理顺食品安全监管体制，形成统一、高效、权威的食品安全监管模式

从现实情形看，一些地方食品质量安全问题形势严峻，确实与政府执法部门的监管不够到位、执法不够严格、问责制度等没有得到很好落实有关。据媒体披露，近七年来在国内发生的一系列重大食品安

全事件，背后都有监管不力的影子，造成监管不力的一个重要因素直指行业监管人员渎职与腐败，在个别地区甚至出现执法人员充当违法企业保护伞的情况。因此，《政府工作报告》提出的三个“最严”很有针对性。最严格的监管、最严厉的处罚、最严肃的问责，表面上看都是冲着食品安全违法违规去的，实际上也正说明，政府部门过去在这方面还有很大的改进和提升空间，说白了都是为了补足政府部门自身在食品安全监管方面的管理和执法短板。因此，提出这三个“最严”，既体现了政府部门坚决捍卫食品安全的意志，也体现了政府部门正视工作不足、反求诸己的施政理念。有这种反求诸己的施政理念，方能确保“舌尖上的安全”。落实三个“最严”，需要有透明的执法程序、明晰的执法标准、明确的责任机制。三个“最严”中，最严肃的问责是其他两个“最严”的落脚点，严肃问责的前提是有一个科学完善的责任机制，使哪些人该负哪些责任都十分明确，防止推诿扯皮。现在，一些食品药品质量安全事故中，板子往往高高举起轻轻落下，特别是对一些负有领导责任的领导干部问责太轻，这种状况亟须改变。从 2012 年起，甘肃省就将食品安全列入“一票否决”范围。明确规定，各地不得发生 1 起重大以上食品安全事故，不得发生 1 起以上药品安全责任事故，对这两项控制指标实行“一票否决”。因此，在今后的监管中，要切实将地方政府对食品安全负总责、监管部门负监管主体责任落到实处，尤其是对食品安全监管中的九类失职渎职行为要重拳查办，严惩充当食品药品违法犯罪保护伞的公职人员。我国的食品安全监管存在着许多问题。笔者认为最严重的是多部门监管导致效率低下、责任不清。对比外国食品安全监管体系，他们采取链条式监管制度，从生产到销售，一环扣一环。一旦发生问题，追溯而上，肯定可以找到失责方，并且容易根治问题。而中国食品安全监管制度是多部门监管，职能交叉、权责不清，一旦发生问题，各方推卸责任，且难以追踪问题根源所在。

（三）加快建立食品安全风险预警机制，尝试推行食品安全责任险

食品安全有其特殊性，这个特殊性就在于它没有试错机制。相对于“事后扑火”的安全监管模式，建立一种能发现潜在危险的预警机制，做到预防在先，显然对于确保食品安全更有效果。因此，加强食品安全风险监测，完善预警机制，建立食品安全追溯体系，是政府实施食品安全监督管理的重要手段。卫生部已于2011年在全国初步建立了食品安全风险监测网，该网络由32个省级单位、241个地市级和377个县级疾病预防控制中心或医院参与，主要开展食品污染物、食源性致病菌和食源性疾病的监测工作。提出在三年内基本建成覆盖省、市、县三级，并延伸到农村的全国食品安全风险监测体系。此外，还成立了国家食品安全风险评估专家委员会，进一步加强了食品安全风险监测、风险评估和隐患排查能力。目前，要加快推进这一制度的网络建设。

减少食品安全事件，除了政府严格监管、法律严厉制裁外，建立强制性的食品安全责任保险制度，近年来也被业界大力呼吁，理论界也认为已具备可行性。《食品安全法》明确了国家鼓励建立食品安全责任保险制度，支持食品生产经营企业参加食品安全责任保险，具体办法由国务院食品药品监督管理部门会同国务院保险监督管理机构制定。这一保险制度的实施，不仅能及时补偿食品安全事故的受害者，还能对政府监管体制进行有益补充，能够促使投保企业重视食品安全质量。基于甘肃省目前食品安全总体状况仍有待改善，可以在这一制度设计上先行先试，积累经验。

（四）加大食品安全源头治理力度

食品安全问题产生的原因既有自然因素，也有经济因素和社会因

素。自然因素通常是指食品在农业生产环节中的环境质量问题，包括水环境、土壤环境、大气环境等，这些环境质量直接影响到食品生产的安全性。经济和社会因素是指食品生产加工者受利益驱使，在知情的情况下，在食品的生产、加工和销售环节，通过人为因素影响了食品的质量。当前食品安全问题的主要表现是食品的源头污染严重。首先，农业生产环境受到污染，近些年来，我国工业高速发展、城市规模逐步扩大、导致工业“三废”、城市废弃物大量排放，许多有毒有害物质流入河流中，致使灌溉用水及土壤中的含菌量及重金属含量严重超标，被农作物吸收，通过食物链，逐级污染农副产品。其次，一些地方为单纯追求产量的提高，在农畜牧产品的种植和饲养过程中，滥用农药、化肥、激素、抗生素等药物，导致农畜产品中有害药物的残留超过安全限度。我国对农兽药的应用仍然处于无序状态，由此也造成了食品安全环境源头的污染。政府应该从灭火式的食品安全突发事件处置转为防火式的食品安全事件预防。

随着法律和监管体系日益完善，违法生产经营引起的食品安全问题将得到有效遏制，但是环境污染对食品安全的影响将长期存在，毕竟环境治理是一个长期性、综合性和反复性的过程。区域不平衡、城镇化发展、产业融合加快和社会分工进一步细化，将加大食品产销分离带来的风险，而城市与农村二元经济结构短期内无法根本改变，农村地区将成为食品安全事件高发区。食品安全问题的首要根源是农产品产地环境污染。目前，我国有1/3以上的河段受到污染，90%以上的城市水域污染严重，而耕地污染方面，全国土壤总超标率为16.1%，其中中度污染和重度污染占2.9%，农业面源污染的形势也比较严峻。

加强对食品安全源头的监督管理，把监管关卡前移。一是严格农药、兽药、饲料添加剂的登记审批，购进、销售实行登记备查制度、索证索票制度，加强源头污染治理。二是提高餐饮行业的市场准入门槛。制定符合地方实际的市场准入标准，实施资格强制认证制度。要求新办经营企业发证时必须达标，使企业上规模上档次，逐步将小作坊式食品企业淘汰出局。

（五）向广大消费者宣传、普及食品安全方面的知识

要及时曝光生产、销售假冒伪劣食品的一些不法厂商及其商品，披露最近发生的食品安全事件，以保障消费者的消费知情权。同时，加大法律宣传力度，组织多种多样的普法活动，使消费者增强维权意识，学会用法律保护自己的权益。通过加强对消费者进行食品安全方面的宣传教育，使消费者了解更多的食品安全常识和健康饮食知识，使消费者增强食品安全意识，提高辨别问题食品的能力，自觉抵制“问题食品”，把食用不合格食品杜绝于消费者的消费观念之外。对此，我们可以通过网络、电视、报纸、杂志、广播等工具，定期组织健康饮食宣传活动，有计划地报道食品安全知识。要大力宣传消费者在食品安全共治中的作用，增强消费者的食品安全维权意识，培养消费者食品维权能力。

B.6

民众对房价、菜价的关注及相关建议调查

李巧玲*

摘 要： 衣食住行、柴（菜）米油盐是人们日常生活最基本的需要，房价、菜价的波动直接影响着居民生活，尤其对低收入群体的影响更大，是关系国计民生的经济社会问题。此次调查结果表明，被访者普遍认为房价过高难以接受，近半数被访者预期房价会上涨，购房意愿偏低，主张加强对低收入者的住房保障，抑制房产投资打击炒房。大多数被访者表示菜价会影响生活，但可以理性看待菜价上涨问题，认为加强市场监管和减少蔬菜流通环节是稳定菜价的关键。据此，建议政府遵循分类调控原则，划分商品房市场和保障房市场，在政策层面上进行适度调控。因地制宜，综合施策，通过实施补贴政策等措施，逐步建立稳定蔬菜价格的长效机制。

关键词： 菜价 房价 民生问题 社会反响

衣食住行、柴（菜）米油盐是人们日常生活最基本的需要，这种生活需要总是与物价密不可分地联系在一起。近年来，“房奴”

---

* 李巧玲，甘肃省社会科学院法学研究所副研究员，主要研究方向为法社会学。

“姜你军”“蒜你狠”等表达物价上“涨”的词语，牵动着无数老百姓最敏感的神经。房价经过2006～2007年以及2009～2010年两轮暴涨之后，目前正处在高位运行，由此引发出许多社会问题。蔬菜等农产品价格在2004年由低位平稳运行变为明显上升，2007年后整体价格涨幅加大，年均上涨约11个百分点。[①] 去冬今春，全国菜价普遍上涨，甘肃许多地区的部分蔬菜价格一度刷新了本地菜价的历史纪录。高位运行的房价、菜价成为民众热议的焦点话题。

房价、菜价是CPI[②]的重要组成部分，房价、菜价波动直接影响居民生活成本和生活质量，尤其对低收入群体的影响更大，是关系国计民生的重要战略问题。为了调控房价，国家层面和甘肃省相继出台了一系列有针对性的调控房地产市场的政策。[③] 为了平抑和稳定菜价，在各级政府的指导下，价格主管部门加强了与有关部门的协调配合，积极发挥着稳定“菜篮子”的作用。

2016年7～8月，甘肃省社会科学院舆情调研组在全省范围内抽选调研地区对民众关注的房价、菜价问题进行了调查，通过走访也听到了部分民众的相关建议。通过问卷调查，从民众对房价、菜价上涨的关注、认知和态度及对政府宏观调控的期盼等方面着手，分析了民众对房价菜价上涨的预期以及后续反应与行动，并就政府如何制定政策，平抑和稳定房价菜价提出对策建议，以期能引导民众正确对待价格上涨，政府积极主动稳定物价，维持市场秩序，进一步促进其由职能型政府向服务型政府转变。

① 张利庠、陈秀兰：《新世纪中国农产品价格变动特征及原因分析》，《教学与研究》2012年第10期。

② CPI是指居民消费价格指数，是一个综合统计指标。目前对CPI的样本价格采集包括了食品烟酒、衣着、居住、生活用品及服务、交通和通信、教育文化和娱乐、医疗保健、其他用品和服务八大类262个基本分类，涵盖了城乡居民的全部消费内容。

③ 王福生、何苑主编《甘肃住房与城乡建设发展分析与预测（2016）》，社会科学文献出版社，2015。

一 被访者的基本情况

本次调查以天水市、定西市、武威市和甘南州的合作市四市作为主要调研区，采用问卷与访谈结合的方式展开。调研组共发放问卷670份，收回问卷664份，其中有效问卷660份，问卷有效率为98.51%。从被访者所在地构成看，天水市182人，占样本总数的27.58%；定西市177人，占样本总数的26.82%；武威市186人，占样本总数的28.18%；甘南州115人，占样本总数的17.42%。从民族结构看，汉族590人，占样本总数的90.08%；回族24人，占样本总数的3.66%；藏族39人，占样本总数的5.96%；蒙古族1人，占样本总数的0.15%；其他1人，占样本总数的0.15%。从被访者的政治面貌看，中共党员216人，占样本总数的33.59%；无党派人士422人，占样本总数的65.63%；民主党派5人，占样本总数的0.78%。被访者的基本情况如表1所示。

表1 被访者的基本情况

单位：人，%

基本情况		人数	百分比
性别	男	337	51.14
	女	322	48.86
年龄段	18~25岁	92	13.94
	26~35岁	231	35.00
	36~45岁	196	29.70
	46~60岁	136	20.61
	60岁以上	5	0.75

续表

基本情况		人数	百分比
文化程度	不识字	17	2. 60
	小学	28	4. 27
	初中	138	21. 07
	高中(职高)	148	22. 60
	大专	115	17. 55
	大学本科	190	29. 01
	研究生及以上	19	2. 90
职业	国家与社会管理者	38	5. 76
	经理人员	19	2. 88
	私营企业主	39	5. 91
	专业技术人员	86	13. 03
	办事人员	72	10. 91
	个体工商户	45	6. 82
	商业服务业人员	64	9. 70
	产业工人	94	14. 24
	农业劳动者	161	24. 39
	无业失业人员	42	6. 36

注：本文图表数据均源自专题问卷统计结果。

二 民众对房价、菜价的关注与反响

（一）被访者普遍认为房价过高，近半数被访者预期房价会上涨，购房意愿走低

1. 九成多被访者认为商品房价格高，不能接受

房价关系国计民生。1998 年城镇实施住房分配制度改革以来，

甘肃房地产业获得了巨大的发展空间，特别是近十年的发展甚为繁荣，对改善居民居住条件、居住环境以及促进国民经济增长起到了重要作用。近年来，甘肃房价一直快速上涨，以兰州市为例，在2007～2009 年的 3 年时间里，兰州房价翻了一番，从每平方米三四千元涨至七八千元。权威部门发布的数据显示，2013 年 12 月，兰州市住宅平均价格为 7644 元/平方米，城市中心地段房价接近 1.5 万元/平方米的楼盘并不鲜见。2003 年我国房地产调控政策实施以来，始终把房价作为调控目标，2011 年以来，更是频繁提及“房价合理回归”。但什么是合理房价，专家认为应该是和居民可支配收入相适应、涨幅和居民可支配收入涨幅相一致。那么，甘肃居民如何看待房价及房价的增长状况？此次调查数据显示，44.16% 的被访者认为目前房价太高；47.65% 的被访者认为偏高，难以接受；4.40% 的被访者认为合适，可以接受；3.79% 的被访者表示不了解目前房价的状况（见图 1）。

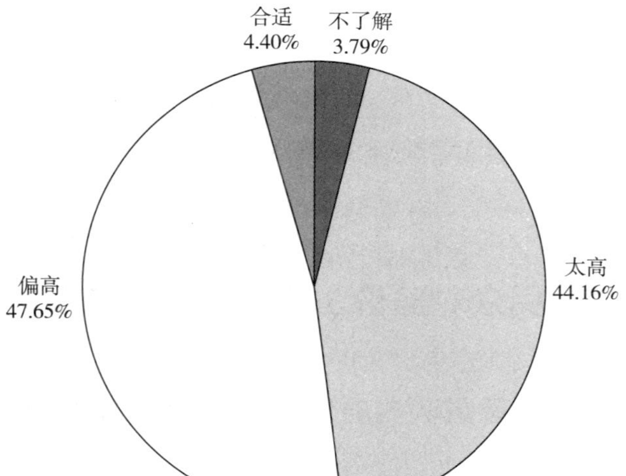

图 1　被访者对商品房价格的认知和评价

从各地住房销售均价分析，2014 年全省范围内商品房市场进一步分化，大部分市州政府所在地房价基本保持稳定，其他区域走低趋势比较明显。在这种情势下，不同地区居民对房价的感受也有所差别，认为兰州市商品房价格“太高”的被访者占比最高，为 69.73%；天水市、定西市次之，分别为 64.29%、37.58%；武威市、甘南州最低，分别为 37.30%、33.04%。被访者认为商品房价格“偏高”方面，定西市、武威市占比分别为 55.93%、51.89%；甘南州、天水市占比分别为 48.70%、34.61%（见图 2）。由此可以看出，全省范围内绝大多数被访者一致认为商品房价格较高，难以接受。

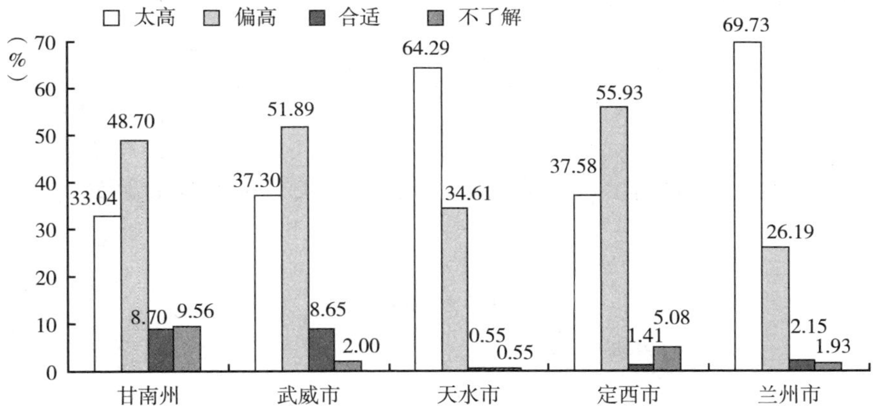

图 2　不同地区被访者对房价感受的对比

2. 八成多无住房的被访者、三成有住房的被访者不打算购房的原因是房价太高

价格是市场供求关系的晴雨表，也是购房一族密切关注的经济数据。就人口规模和区域 GDP 而言，作为地处西部内陆的省份，甘肃经济社会发展落后，但是，市场房价一直高歌猛进，与居民的收入水平不成正比，且渐行渐远。房价的增长远远超过居民可支配收入的增长，被访人群中“望房兴叹”者众，85.15%的无住房被访者和30.68%的有住房被访者不打算购房的原因是房价太高（见图3、图4）。高房价使得甘肃普通居民的住房需求难以得到满足，尤其是兰州市、天水市的商品房价格偏离了真实价位，已远远超出部分居民的实际购买力，抑制了居民的购房需求。

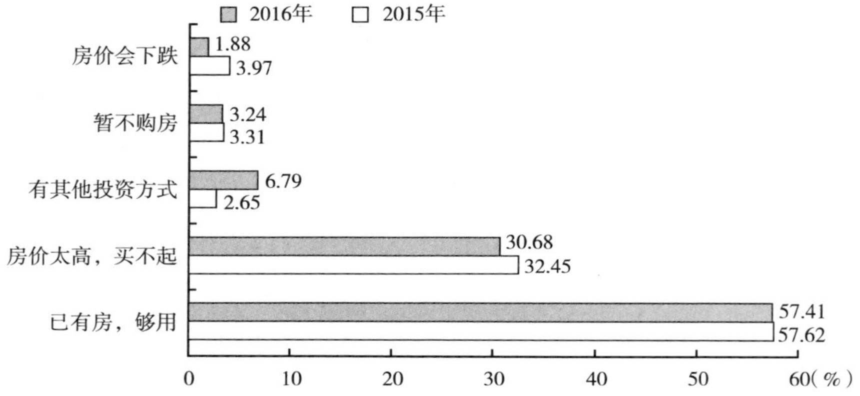

图3　2015年、2016年拥有房产的被访者不再购房的原因

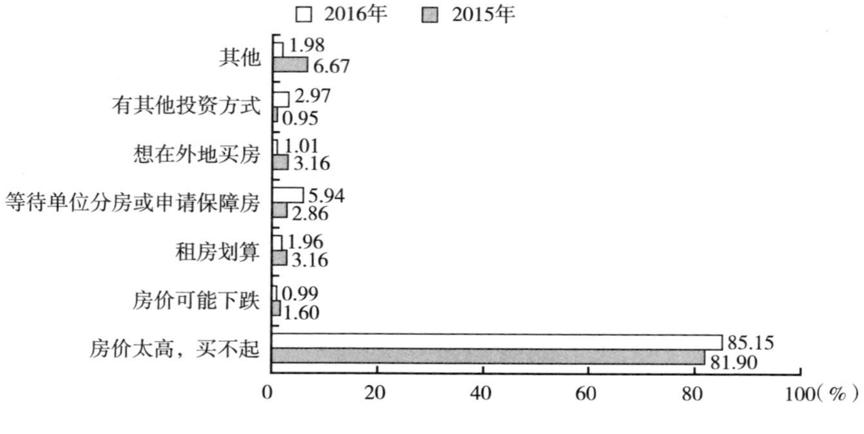

图4　2015年、2016年没有住房的被访者不再购房的原因

3. 半数被访者认为房价会继续上涨，较上年同期上升23个百分点

房价是房地产市场预期的重要指标之一。近年来，商品房价格一直在快速上涨，兰州市房价在三年内翻了一番，天水市、兰州市、临夏州、平凉市、武威市五个市州领跑房价增长，远远超过居民可支配收入的增长。对于未来房价走向的预期，调查显示，认为房价上涨的被访者约占一半，认为房价基本稳定和房价下跌的仅占总数的1/3多。此次调查中，认为房价上涨的比例为48.78%，比上一年度上升了23.1个百分点；认为房价基本稳定的比例为26.44%，认为房价下跌的为9.27%，分别比上一年下降了17.55个、0.29个百分点（见图5）。

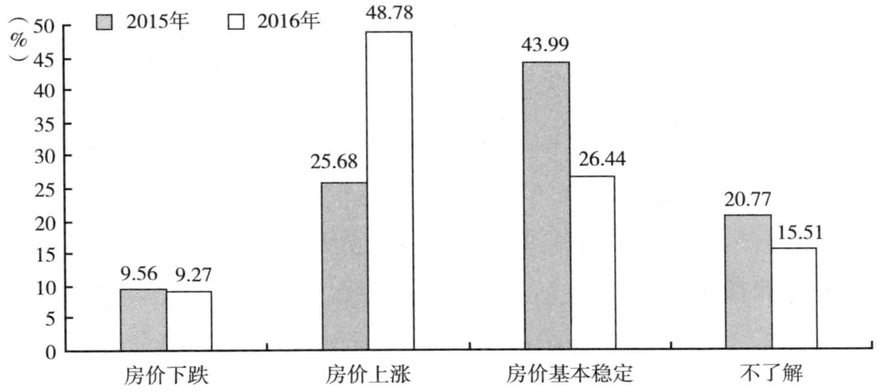

图5　2015年、2016年被访者对未来房价的预期

这一调查数据与上年同期调查结果有较大差异。2015年，被访者中认为房价基本稳定的居多，乐观看涨房价和悲观看跌房价的分别占25.68%和9.56%。2016年，近五成被访者认为房价会上涨。由此说明，很大一部分居民对新政提振楼市的预期加强，判断房价会一如既往地保持稳定或有上涨趋势。尽管，自2014年9月兰州市取消楼市“限购令”及之后一系列宽松政策出台，以兰州、天水为代表

的部分城市的房价只有小幅上升，其他绝大多数市县的房价较为稳定或继续下降。但是，2016 年上半年，受一、二线城市房价疯狂上涨扩大效应的影响，民众对房价的上涨预期越发明显。

4. 三成被访者有购房计划但时间不确定，购房意愿偏低

在国家层面和甘肃省 2014 年初开始相继出台一系列房地产政策[①]的刺激影响下，甘肃省部分城市楼市销售转暖，房价预期回升。但与一、二线城市房市预期刺激潜在购房者提前入市的状况不同，包括兰州在内的甘肃省绝大多数城市，其潜在购房者的购房热情明显不足。当问及“您是否有购房计划”时，调查数据显示，有购房计划的按选择人数从多到少依次是：有购房计划，但时间不确定（33.33%）；计划 2～3 年内购房（11.68%）；计划 3 年后购房（7.99%）；计划 1 年内购房（1.42%）（见图 6）。可以说，在降首付、降契税等楼市刺激政策出台后，仅有一成被访者表示会“马上”买房，五成被访者表示观望，等待合适机会再考虑，四成被访者表示不会购买住房。

当前，“因城因地施策”是国家和地方房地产调控的主要方向。对于房价涨幅较高的一线城市和部分二线城市来说，政策会继续收紧。库存压力较大的二线城市与三、四线城市会继续加大放松力度。以兰州市为例，尽管有二套房、公积金新政，以及推出的购房契税财政补贴政策和税收调整利好政策，但居民购房意愿偏低，观望心态较强。已拥有住房的中高收入家庭在投资资金有限的情况下消费边际递减，处于观望状态，短期内没有购房的意向。中低收入人群无力支付高价格的商品房费用而保障房源供给不足；改善型需求家庭在观望中

① 2014 年 9 月，兰州市开始取消实施了三年多的“限购令”；2014 年 10 月，甘肃省发布《甘肃省住房资金管理中心住房公积金提取办法（试行）》；2015 年 5 月，甘肃省出台《关于促进房地产业持续稳定健康发展意见》；2016 年 2 月，财政部、国家税务总局、住房和城乡建设部三部门联合下发《关于调整房地产交易环节契税、营业税优惠政策的通知》等。

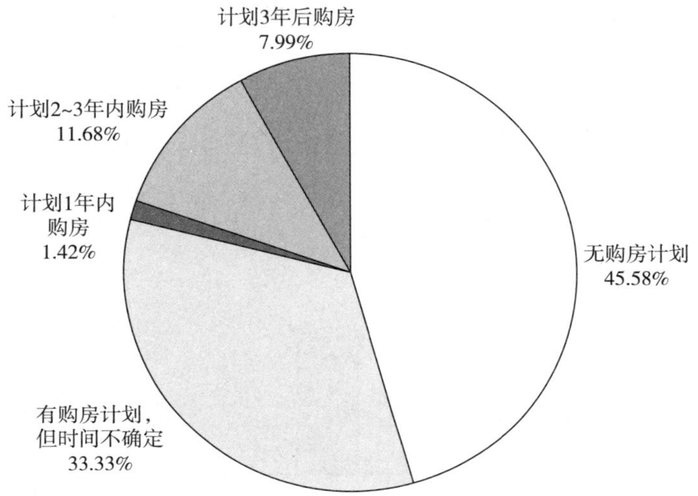

图6　被访者的购房计划及购房时间分布

徘徊，也会选择延迟入市。整体来看，购房者观望情绪蔓延，购房热情不大，购房意愿乏力等状况短期内不好扭转。

（二）大多数被访者认为菜价会影响生活，但可以理性看待菜价上涨问题

1. 近八成被访者认为蔬菜价格的变化对生活会产生影响

民以食为天，蔬菜作为老百姓餐桌上必不可少的元素，其价格的变化影响着千家万户的日常生活。近年来，以猪肉、大蒜、土豆等为代表的食品价格均出现了不同幅度的上涨，轮番冲击百姓敏感的神经。被访者普遍反映2015年11月至2016年4月，“菜篮子”比往年要轻得多，菜价“疯长”使他们越来越关注CPI这个以前只被专业人士关注的经济类词语，“高菜价”亦成为街头巷尾热议的话题。问及“蔬菜价格的变化对您买菜（或生活）的影响大不大”时，调查显示，36.78%的被访者认为影响很大，39.97%的被访者认为影响较大，

17.63%的被访者认为一般，4.86%的被访者认为影响不大，0.76%的被访者认为没有影响（见图7）。

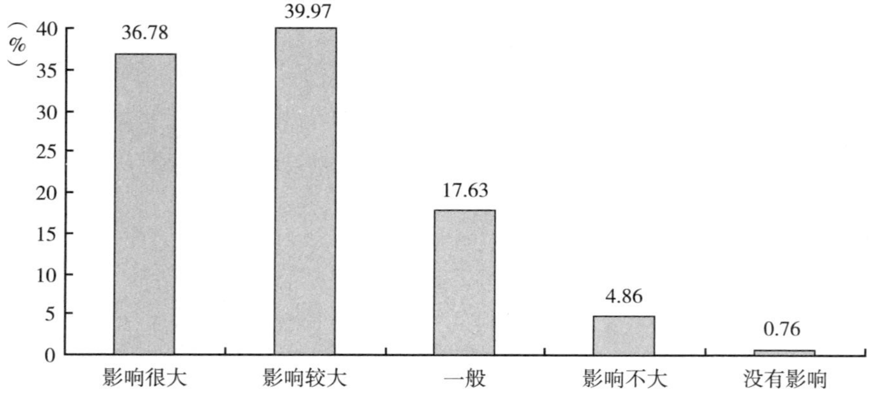

图7　被访者对蔬菜价格变动影响日常生活的评价

这组数据可以说明，蔬菜这种居民基本生活必需品的价格持续上涨，使绝大多数被访者十分关注蔬菜价格，与往年相比对菜价的变动更为敏感，被访者纷纷议论居高不下的菜价："今年的菜太贵了"，"就连普通的大白菜、莲花菜都贵"，"一家三口一顿饭炒三个菜，光菜钱就得花上近30元，而且仅仅是家常菜而已"。

2.仅二成被访者认为，与以前的价格相比，现在的蔬菜价格还算合理

物价是反映经济运行与发展的重要指标，也是城市经济运行与发展的晴雨表。作为晴雨表的物价，可以准确反映出市场供给和需求的变动情况。问及"和以前的价格相比，您认为现在蔬菜的价格合不合理"时，调查显示，65.34%的被访者认为不合理，20.77%的被访者认为合理，13.89%的被访者表示不了解（见图8）。

随着经济的发展，特别是居民收入的增长，蔬菜价格应当合理上涨。但是，近年来蔬菜价格持续上升，其涨幅既超过粮价涨幅，也超过CPI涨幅，成为继房价以后最能拨动民众神经的"琴弦"，虽然，

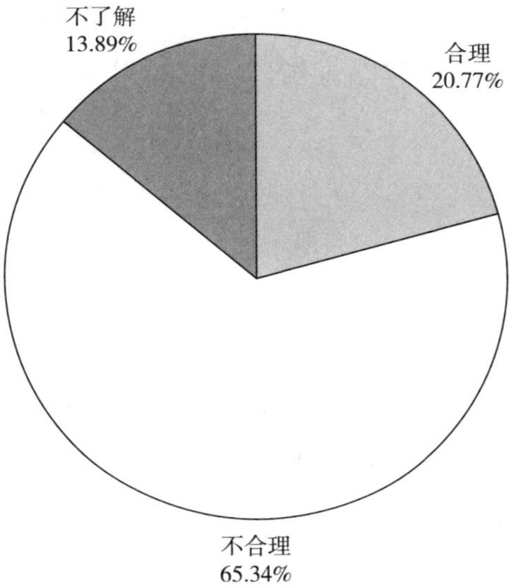

图 8　被访者对现在蔬菜价格的认可程度

这琴声令人“头痛”和“无奈”。

3. 近七成被访者认为蔬菜价格的变动幅度较大，只有近三成被访者表示能够接受

2016 年春天的菜价涨幅到底有多大？市场监测的 60 种蔬菜价格同比上涨近四成。兰州大青山蔬菜瓜果批发市场 4 月第一周蔬菜价格信息周报显示，作为调味用的葱、蒜价格居高不下。作为配菜的大葱、洋葱价格上涨了五六倍，市民餐桌上常用的部分普通蔬菜涨幅也在 15% 至 300% 不等。以莲花菜为例，其平均批发价格为 3.95 元/公斤，2015 年同期平均价格为 0.93 元/公斤，涨幅达 324.73%。西兰花、西红柿、冬瓜、青笋、菠菜、油菜、青椒等家常菜与上年同期相比，涨幅均在 100% ~ 191.7%。[①] 当问及“您认为本地这几年蔬菜价格的波动幅度怎么样”

① 《业内人士分析兰州菜价不降反升：断茬引起菜价波动》，每日甘肃网，http://lz.gansudaily.com.cn/system/2016/03/30/015976725.shtml，2016 年 3 月 30 日。

时，被访者选择幅度较大的占68.95%，一般的占19.49%，幅度不大的占7.91%，不了解的占3.65%（见图9）。

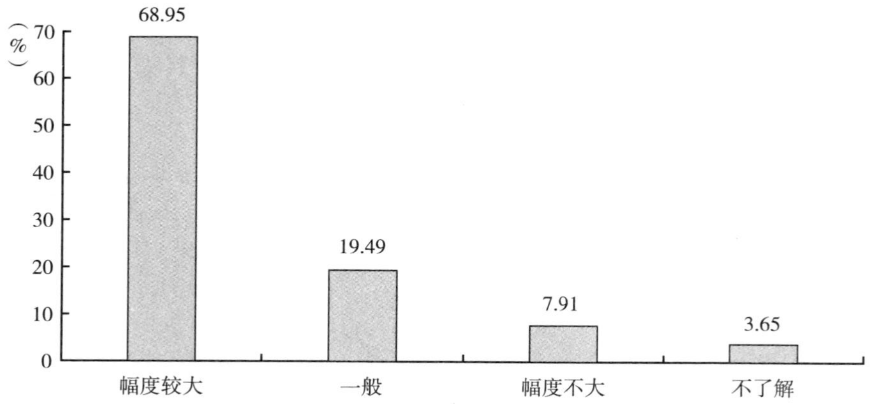

图9　被访者对蔬菜价格变动幅度的评价

提及2016年春的菜价，有被访者表示，每个月工资3000元左右，每次买个两三天的肉菜随便花去四五十元，一个月下来工资的1/3就不见了。自2015年11月至2016年4月，兰州蔬菜价格持续攀升。往年农历正月过后，菜价就会明显下跌，但2016年蔬菜价格春节后却不降反升，部分蔬菜的价格甚至比春节期间还贵了不少。面对原本按惯例该逐步下降的菜价却依然坚挺，部分菜价甚至大幅上涨的情况，53.19%的被访者明显感到每月基本生活开销大幅上涨，生活压力增大，难以接受；28.11%的被访者表示能够承受"高价菜"；8.97%的被访者表示无所谓（见图10）。菜价持续上涨，不仅让被访的消费者觉得增加了生活负担，难以承受，也让被访的菜贩感叹菜价整体贵过往年，使得销售也变难。

4. 半数被访者认为本地蔬菜价格有涨有跌是整体发展趋势

随着供给关系的变化，市场价格有上扬也有回落。一般来说，蔬菜价格的上涨下跌符合常年季节性波动的规律，大多数年份到了11

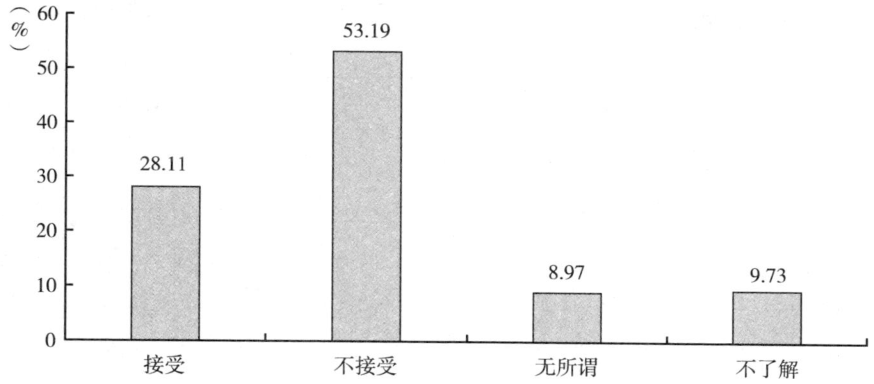

图 10　被访者对蔬菜价格变动幅度的接受状况

月、12 月蔬菜价格都有季节性的上涨，次年 5 月、6 月、7 月会逐步回落，这是一个波动的规律。以 2015～2016 年兰州市菜价为例，2015 年 10 月，蔬菜价格以升为主，菜价开启上涨模式；蔬菜价格呈整体环比上升态势至次年春节达到峰值后逐步回落；至次年 5～6 月，蔬菜价格环比呈整体下降态势；8 月，蔬菜价格呈整体上升态势；进入 9 月，由于青黄不接，菜价再次开启上涨模式（见图 11、表 2）。

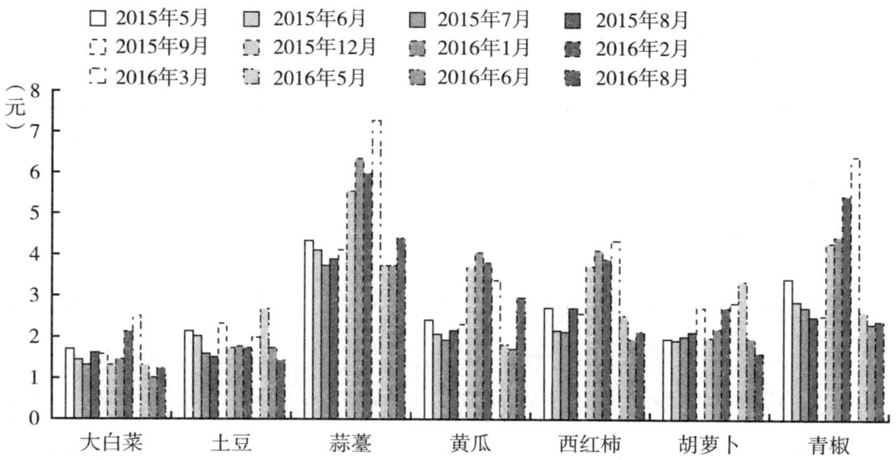

图 11　2015 年 5 月至 2016 年 8 月兰州市部分蔬菜价格变动

表 2　2015 年 5 月至 2016 年 8 月兰州市部分蔬菜价格变动

单位：元

时间	大白菜	土豆	蒜薹	黄瓜	西红柿	胡萝卜	青椒
2015 年 5 月	1. 68	2. 11	4. 33	2. 39	2. 70	1. 92	3. 39
2015 年 6 月	1. 44	2. 00	4. 11	2. 06	2. 17	1. 89	2. 87
2015 年 7 月	1. 31	1. 58	3. 72	1. 89	2. 11	2. 00	2. 72
2015 年 8 月	1. 59	1. 48	3. 89	2. 14	2. 67	2. 12	2. 48
2015 年 9 月	1. 56	2. 30	4. 09	2. 30	2. 56	2. 68	2. 53
2015 年 12 月	1. 31	1. 71	5. 50	3. 67	3. 72	1. 98	4. 28
2016 年 1 月	1. 43	1. 76	6. 33	4. 06	4. 06	2. 20	4. 44
2016 年 2 月	2. 13	1. 73	5. 98	3. 78	3. 89	2. 68	5. 44
2016 年 3 月	2. 50	1. 96	7. 24	3. 37	4. 31	2. 81	6. 39
2016 年 5 月	1. 28	2. 67	3. 72	1. 78	2. 51	3. 33	2. 59
2016 年 6 月	0. 98	1. 74	3. 72	1. 69	1. 94	1. 94	2. 31
2016 年 8 月	1. 22	1. 42	4. 39	2. 94	2. 11	1. 60	2. 39

资料来源：兰州市物价局价格监测，http：//wjj. lanzhou. gov. cn/jgjc/。

民众对蔬菜价格的变动趋势是如何认识与预期的呢？当问及“您认为未来 3 年本地蔬菜价格的整体发展趋势会是怎样”时，47. 26% 的被访者认为“有涨有跌”，37. 08% 的被访者表示“会上涨”，5. 47% 的被访者认为“会下跌”，10. 19% 的被访者表示“不了解情况”（见图 12）。

在访谈的过程中，被访者表示，一直高位运行的菜价使日常生活成本明显增加、生活质量下降、生活压力剧增，但是随着价格的周期性回落，压力逐渐得到缓解和释放。由此可以说明，被访者对于蔬菜价格上涨反应强烈，但对蔬菜价格的变动趋势还是抱着较为客观的态度与理性的预期。

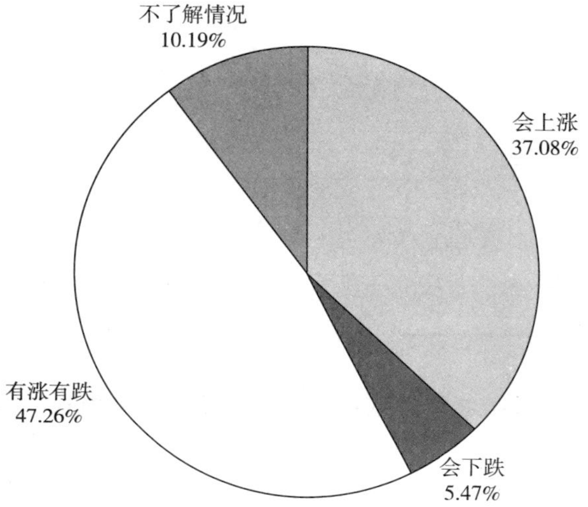

图 12　被访者对未来 3 年本地蔬菜价格发展趋势的认识

5. 近六成被访者认为气候季节是影响本地蔬菜价格的主要因素

一般来讲，蔬菜价格上涨原因是多方面的，包括供求变化、气候天气的影响、成本、蔬菜调控政策等因素。整体来看，蔬菜价格的波动是市场经济机制在发挥作用，供求规律决定了蔬菜的涨或者跌。当问及“您认为影响本地蔬菜价格的主要因素有哪些（多选）”时，从调查结果看，按选择数量由多到少依次为气候季节（57.19%）、运输成本（49.69%）、供求变化（48.62%）、地方政策（20.34%）、其他（4.43%）（见图 13）。从监测分析看，2016 年 1 ~2 月，受年前雨雪霜冻以及节日因素叠加影响，鲜菜类价格总体上涨。3 ~4 月，因为南方蔬菜产地受极寒天气影响减产，供给量减少，加之三四月是外地本轮蔬菜上市末期、本地蔬菜还未大量上市的断茬期，供需矛盾突出，菜价持续走高并创历史新高。5 ~6 月随着天气转暖，露地菜大量上市，鲜菜价格持续回落，但与往年相比，价格有所上升。8 月，由于天气原因价格再次上涨。

长期来看，未来经济发展（带来的人们饮食习惯的变化，很多人用

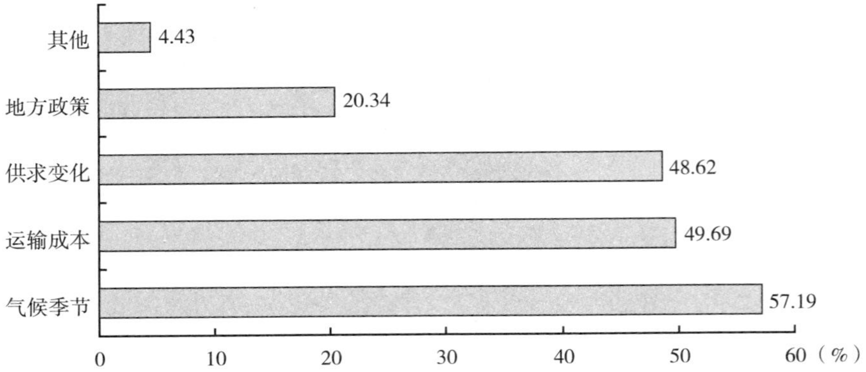

图 13　被访者对影响本地蔬菜价格的主要因素的认知

蔬菜替代主食）、城镇化（蔬菜消费人口增加）等因素使蔬菜需求量不断增加；由城镇化（蔬菜种植面积减少）、气候因素（极寒灾害天气）等导致蔬菜供给量缩减，生产成本、劳动力成本以及流通环节成本太高也是造成蔬菜价格上升的原因。由此可见，大多数被访者对于菜价上涨及原因的认识是比较客观的，能够理性地看待和应对菜价上涨问题。

三　民众对菜价、房价的相关建议

（一）“加大对低收入者的住房保障”是七成被访者看好的房价调控措施

2003 年，房地产行业成为我国国民经济的支柱产业，住房问题不仅仅关系经济发展，更是大多数普通老百姓实现“居有其屋”的民生问题。伴随房地产行业发展进入新常态，房地产政策的调控效果已初步显现。此次调查中，就“您认为政府还可以从哪些方面着手调控住房价格（多选）”，选择项占比由多到少的前三位依次是“加大对低收入者的住房保障”（72.06%），“抑制房产投资，打击炒房”（61.68%），“进一步放宽购房贷款政策”（44.73%）（见图 14）。在

2015 年调查中，选择项占比由多到少的前三位依次是“抑制房产投资，打击炒房”（53.85%），“加大对低收入者的住房保障”（50.82%），“进一步放宽购房贷款政策”（35.44%）。由此可以看出，被访者对加大对低收入者的住房保障①、抑制房产投资和放宽购房贷款三项政策的关注度和认可度较高。

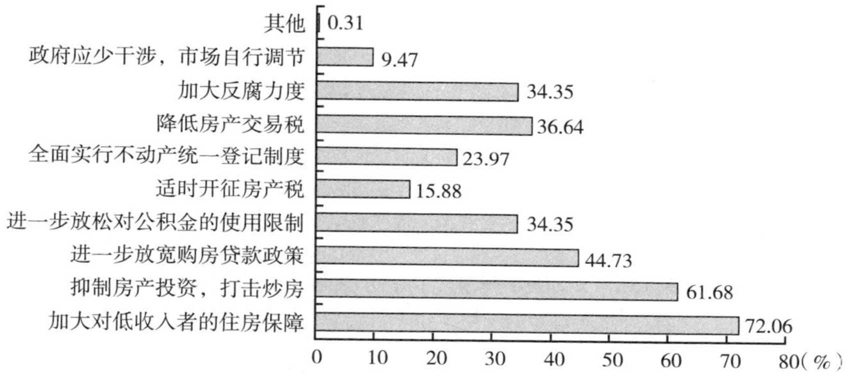

图 14　被访者希望实施的房价调控措施

我国住房市场由商品房市场和保障房市场两部分组成，双轨并行。20 世纪 90 年代后期开始保障房建设，在 2000 年达到增长峰值后萎缩，2005 年几近停滞，直到 2010 年为了配合抑制商品房价格的调控政策，才再次重启。当问及“您对保障房政策的具体内容了解吗”，调查结果显示，35.81% 的被访者听说过保障房政策，但具体内容不了解；50.41% 的被访者了解一点具体内容；6.89% 的被访者没听说过；6.89% 的被访者很了解（见图 15）。与上年同期调查结果相比，被访者“很了解”和“了解一点”保障房政策的占比上升

---

① 住房保障政策是指政府对中低收入家庭提供的限定供应对象、建设标准、销售价格或租金标准，具有社会保障性质的住房。从住房类型上区分，包括了廉租房、具有一定保障性质的商品房（经济适用房和限价商品房）、公租房和棚改房。

17.35个百分点，“听说过，不了解”和“没听说过”保障房政策的占比下降了17.35个百分点。

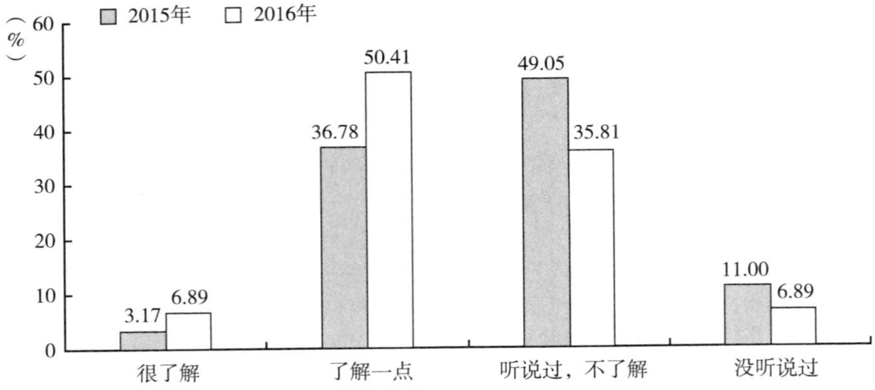

图15　2015年、2016年被访者对保障房政策的了解程度

这两组数据说明，随着政府越来越重视民生建设的加强和投入，民众对住房保障政策的感受和认识愈发清晰，满意度较高。被访者普遍认为加强住房保障体系建设是房产调控绩效较好的政策之一，对稳定住房价格以及购房预期的作用较大。高房价下，人们不但因买不起房而感到不幸福，即使买了房，沉重的房贷同样会加剧购房者的不幸福感。因此，充分发挥住房保障政策的作用，不仅可以改善中等以下低收入人群的居住条件，还能提升这部分人群的生活满意度。抑制房产投资和放宽购房贷款两项政策，一方面是要加大对房地产市场的监管力度，避免人为抬高房价，扰乱市场秩序，损害公众利益；另一方面是加大对民众购房的支持力度，进一步释放购房刚性需求和改善型需求。

（二）六成被访者认为加强市场监管和减少蔬菜流通环节是稳定菜价的关键

保证“菜篮子”安全一直是民生大计，持续走高的菜价对百姓生活构成的影响不可小觑。以兰州市为例，随着兰州城市化进程的加快，其蔬菜供应自给量越来越少，基本维持在20%～30%。农产品生产者（种菜卖菜的农民）变成了消费者，流动人口逐年递增，蔬菜需求量越来越大，供需矛盾越来越突出致使菜价“水涨船高”。尽管兰州市现有大棚蔬菜27万吨，但是温室蔬菜只有40%在本地销售（只占本地蔬菜需求量的30%），其余60%全部销往南方，并且自2011年开始种植蔬菜总成本大幅上升。据兰州市成本监审局调查，2012年蔬菜生产总成本同比增长7.58%。[①] 加之短期季节、天气影响甚至炒作，运输环节增多、运输成本增加等也推高了菜价。每年11月至次年5月，兰州市外调蔬菜基本在大青山批发市场（兰州最大的一级蔬菜批发市场）交易，其交易量占全兰州市蔬菜供应量的80%，由于该批发市场离市区较远，蔬菜从东到西的运输成本增加，上涨的成本转嫁到消费者头上，也是蔬菜价格上涨的因素之一。

当问及“您认为本地政府部门从以下哪些方面调控蔬菜价格会更有效（多选）”时，被访者选择的选项呈四个梯级分布。第一梯级两项，分别是：建立直销渠道，增加蔬菜批发网点，减少流通环节（65.50%）；加强市场监管，从严处罚串通涨价、囤积居奇、哄抬物价、欺行霸市等违法行为（61.98%）。第二梯级一项，即扩大蔬菜基地种植面积，加强蔬菜基地建设（53.44%）。第三梯级三项，分别是：统筹协调，正面引导，及时发布准确信息，打击虚假信息（33.74%）；发挥蔬菜储备作用，增加外埠蔬菜调运（32.82%）；坚持“菜篮子”联席会议制度，系统推进“菜篮子”工程（31.91%）。第四梯级一项，即把“暗补”变“明补”，加大财政资金的调节力度（29.47%）（见图16）。

---

① 主要是物质与服务费用同比增长4.84%。其中亩种子费同比增长8.64%；亩化肥费同比增长5.2%；亩机械作业费同比增长55.34%；人工成本同比增长9.79%；平均亩土地成本同比增长10.61%。

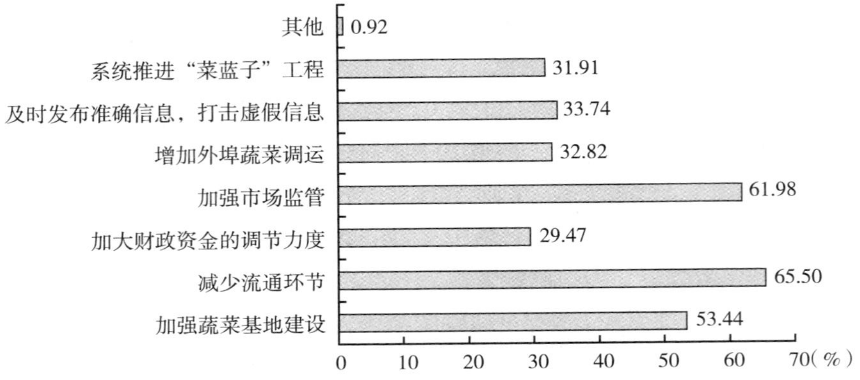

图16　被访者希望实施的稳定菜价的措施

由此可见，被访者不仅关注蔬菜价格的涨跌，而且还形成了自己的看法及主张，建议政府在减少流通环节、加强市场监管、增加蔬菜供给等方面下大力气整治蔬菜市场，稳定蔬菜价格。这也反映出民众对政府在稳定菜价方面能够发挥出积极作用充满了信任和期待。

四　调查结论和建议

房价、菜价等生活必需品的价格牵动着民众的生活，关乎着经济发展和社会稳定。多年来，我国基本建成了与社会主义市场经济体制相适应的宏观（价格）调控体系，通过运用土地、信贷、税收、财政等多个杠杆工具，建立了以市场决定为主、政府调控为辅的价格形成机制。在我们的调查中，被访者期望充分发挥市场的资源配置作用，使房价、菜价回归到一个合理的状态，但是被访者更愿意看到政府采取一定措施对其生产和交易进行干预，成为稳价保供的主体。

（一）遵循分类调控原则，划分商品房市场和保障房市场，在政策层面上进行适度调控

1. 加大保障房供应量，满足中低收入人群的住房需求

2011 年以来，在一系列房地产调控政策措施的作用下，甘肃住房市场供求格局出现明显变化，保障性安居工程建设进展顺利。截至 2016 年 7 月底，全省新开工建设各类保障性住房 15.6381 万套，开工率为 100.63%，超额完成目标任务 0.63 个百分点。全省已基本建成保障性住房 7.4538 万套，占基本建成任务（11 万套）的 67.76%。当前，政府一方面加大限价房的供应量，建立分层次的住房供应体系；另一方面加快公共租赁房的建设，进一步解决买不起商品房，又不够资格申请经适房、廉租房的“夹心层”群体的住房问题。增加廉租房供给，把流动人口纳入保障范围，惠及非当地城镇户口居民，满足外来务工者、农民工、大中专院校及职校毕业的住房需求并改善其居住条件。棚户区改造是拉动房地产投资和消化存量商品房的重要抓手，回购商品房用于棚改安置房和公共租赁住房，可以加大保障房的供应量。

2. 加大金融支持力度，着力解决低收入人群的购房或者租房问题

信贷支持是世界上绝大部分国家提高低收入者住房支付能力的重要手段，地方政府要继续贯彻落实房产新政中的金融货币政策，逐步加大支持力度，为满足低收入家庭的购房或者租房需求提供有力的资金支持。根据不同区域具体情况，运用好如直接买房补贴、租金补贴、低首付低息甚至零利率贷款等中央政策，解决低收入家庭的购房或者租房问题。同时，也要注意预防银行过度提供房贷的风险。

3. 积极引导消费者预期，疏导消费者情绪

2015 年 5 月，甘肃省政府制定出台了《关于促进房地产业持续稳定健康发展的意见》，明确了稳定市场预期、激发市场活力、释放有效需求的 25 条具体措施。一方面及时向社会释放了积极信号，合理引导市场消

费预期；另一方面起到了进一步提振房地产市场发展信心的作用。因此，政府加强对房地产调控政策的解读和传递，正确引导消费者的预期尤为重要。保证信息的透明度，如建立房价信息定期发布制度，定期公开典型板块的低价房、房价涨跌和建安成本等信息。只有完善了房地产市场信息披露机制，让消费者充分了解市场状况，根据准确的信息判断分析房地产的走势，才能避免消费者盲目跟风，促进房地产市场健康发展。

（二）综合施策，通过实施补贴政策措施等，逐步建立稳定蔬菜价格的长效机制

2016 年，甘肃省多措施平抑稳定“菜篮子”价格，包括运用价格调节基金保障蔬菜市场供应，补贴低收入群体；安排蔬菜、肉食直销店补贴资金；加大力度开展农副产品平价直销活动以适时投放储备蔬菜；强化市场价格调控监管，加强对市场价格变动情况的监测分析和预警预报，引导社会各方理性对待市场价格变化。例如，兰州市在近郊四区推进“平价肉菜进社区”活动，新设置 25 个临时蔬菜早市和 10 个电商蔬菜销售点（以低于市场 15% 的价格销售蔬菜）。组织当地有规模、有信誉、有实力的蔬菜企业作为活动主体，从蔬菜产地、一级批发市场进货；引导周边菜农、合作社，在规定的时间、地点直接进入早市销售蔬菜。这些措施减少了蔬菜流通环节，降低了蔬菜流通成本，拓宽了本地蔬菜供应本地市场的渠道，使新鲜蔬菜直接进入社区、早市，以低于市场零售的价格提供给消费者。兰州市安宁区开设沙井驿 29 家园、安宁堡拆迁零时安置点、刘家堡安置小区、十里店原制配厂家属区 4 个蔬菜直销点，同时对十里店市场、桃海市场、华联超市、西太华超市等蔬菜销售集中区域进行执法检查，落实明码标价，加强菜价监测，严厉打击各种哄抬菜价、欺行霸市以及价格不正当竞争等违法行为。尽管“头痛医头、脚痛医脚”政策的实施在短期内效果明显，但稳定蔬菜价格的制度化、常态化，需要建立

稳定蔬菜价格的制度机制和蔬菜应急供求调整的对策机制。

1. 通过政府与社会组织等各方协作配合，建立蔬菜价格调控的长效机制

扩大蔬菜基地种植面积，将蔬菜生产纳入财政补贴范畴，合理确定补贴标准，科学制定不同品种、不同期限、不同比例且长短期配套的补贴项目，支持蔬菜生产，调控蔬菜种植面积和上市规模；建立由地方政府和合作社或生产者共同参与的稳定蔬菜价格的机构或协会（蔬菜价格稳定基金会）；通过发展蔬菜合作社，让分散生产的小规模农户参与蔬菜生产计划，充分发挥合作社在蔬菜流通领域的作用，减少流通环节，提高蔬菜流通效率，建设和推动包括“农超对接”在内的蔬菜消费地和生产地之间有效对接的纽带与载体；开展主要蔬菜的供求预测工作并建立蔬菜信息定期发布制度，让农民及时了解市场行情，引导农民合理种植，避免少数品种集中、大量种植的情况发生；坚持“菜篮子”联席会议制度，系统推进“菜篮子”工程；建立大城市冬春蔬菜储备制度，加强对蔬菜流通方面的管理。

2. 加强基础设施建设，建立蔬菜的安全保障体系

在基础设施建设方面，建立直销渠道，增加蔬菜批发网点，减少流通环节。增加公益性临时蔬菜批发市场和大型综合性农副产品批发市场建设；在中等规模住宅小区实现“菜篮子”社区蔬菜平价直销店全覆盖；在主城区所有农贸市场布设平价直销蔬菜摊位；推出“菜篮子”平价直销流动菜车。在安全保障体系建设方面，借鉴和推广永昌县于2015年开展的蔬菜价格保险试点①经验，有效缓解“蔬

① 根据永昌县实际，保险方案设计为每亩蔬菜的保额不超过2000元，基本可以覆盖蔬菜种植的物化成本和一部分合理的预期收益；费率为10%，每亩蔬菜的保费不超过200元；保费的分摊比例为省级财政50%，市、县两级合计30%，农户自行承担20%。每亩蔬菜农民自缴保费不超过40元，在可承受范围之内。全县共承保2015年秋季种植和收获的娃娃菜与青笋两个蔬菜品种1557亩，保费收入30.38万元，为蔬菜种植合作社、龙头企业和种植大户提供了超过300万元的风险保障。

菜卖难”问题，增强当地菜农抵御市场风险的能力，推动菜农投保，引导蔬菜生产和流通主体建立风险共担、利益共享、长期稳定的合作机制，切实保护农民的利益。针对油价和农用物资价格的急剧上涨，实施种植主要蔬菜品种的农资补贴和收入安全网措施，增强蔬菜生产者的种植积极性和持续性，确保蔬菜的长期稳定供应。大力发展蔬菜产业化建设，通过建立订单蔬菜补贴机制，推动加工企业、餐饮业者和流通业者与蔬菜生产者之间的订单蔬菜生产发展。[①]

3. 建立短期应急机制，从生产到流通等诸多环节多管齐下，保证蔬菜价格稳定

建立蔬菜供求与价格的短期调控应急对策和应急预案，通过补贴手段有效推动菜农错开集中上市时间，避免蔬菜价格的短期暴跌。在出现蔬菜价格突然涨跌的时候，在蔬菜批发市场、农贸市场设立临时性蔬菜直销专区，允许菜农自由进场销售自产蔬菜，减少蔬菜流通环节，使菜农和消费者同时得到实惠。对提前应急上市的蔬菜进行补贴，增加市场有效供给，确保菜价稳定。

---

① 陈永福、马国英：《日本稳定蔬菜价格的制度机制评价及启示》，《日本学刊》2012 年第 1 期。

阶 层 篇

Ranks

B.7

甘肃省产能过剩企业职工思想状况调查

谢 羽*

摘 要: 甘肃省传统工业转变发展模式的任务十分艰巨，加快甘肃过剩产能退出，不仅是全省经济发展所必需，也是经济发展的内在规律所在。过剩产能的化解工作及随之产生的职工安置问题，使得企业职工思想状况起伏较大，这关系甘肃省经济结构的转型升级和社会安定。本课题组从产能过剩企业职工的思想状况出发，采取问卷调查与访谈相结合的方式，从企业经营现状、职工的生活满意度、经济情况以及再就业等方面，提

* 谢羽，甘肃省社会科学院西北历史与丝绸之路研究所副研究员，主要研究方向为社会史、地方史。

出问题并分析问卷的相关信息。从企业职工的诉求出发，提出切实破解产能过剩难题，多渠道解决职工安置问题，建立职工再就业长效机制的建议。

关键词：　甘肃　产能过剩　企业职工思想

近年来，市场有效需求不足，产能过剩矛盾突出，给社会经济生活带来很多负面影响。甘肃省经济结构以“两高一资”（高耗能、高污染、资源型）为主，随着我国经济在更大范围、更广领域融入全球经济一体化进程，甘肃传统产业发展在资源、环境、体制等方面面临更大压力，转变发展模式的任务十分艰巨。加快过剩产能退出，不仅是全省经济发展所必需，也是经济发展的内在规律所在。淘汰过剩产能，涉及人员多，范围广，情况复杂，各级政府部门应高度重视，把妥善安置淘汰落后产能企业职工，促进失业者再就业作为改善民生的一项重要工作来抓。

值得重视的是，在化解产能过剩过程中，产能过剩企业职工中有一部分年龄偏大、受教育程度低、技能水平单一，靠自身能力再就业十分困难，其思想波动起伏大。为了解产能过剩企业职工思想状况，本课题做出专门调查。

一　调查对象的基本情况

针对甘肃省产能过剩企业职工思想状况，甘肃省社会科学院舆情调研组设计了18个题目，于2016年9月发放问卷进行调查，并采用实地走访等方式，调查范围主要在白银市和兰州市，共发出问卷210份，收回有效问卷210份，有效回收率100%。210位被调查的企业职工均为劳动合同工，其中男性143人，占总人数的68.10%；女性67人，占31.90%。从年龄结构来看，25~45岁的中青年有133人，占总人数的63.33%；45~55岁的中老年有42人，占20.00%；25岁以下的青壮年有35人，占16.67%。从受教育程度来看，初中程度的41人，占19.52%；高中程度的52人，占24.76%；专科程度的67人，占31.91%；本科程度的27人，占12.86%；其他学历的23人，占10.95%。

二 问卷统计与分析

（一）被访者对企业经营状况和目前生活状况的感受

1. 企业职工生活满意度的调查

在工业经济增速、工业投资增速双双回落以及内需增长偏弱的情况下，甘肃省工业企业面临的形势不容乐观。从主要经济数据来看，2016年1~8月，省工信委监测的百户重点工业企业实现工业总产值2472.48亿元，同比下降13.88%，比2016年1~7月降幅收窄5.98个百分点。实现主营业务收入3800.47亿元，同比下降8.13%，比2016年1~7月降幅收窄1.8个百分点。[①] 更为关键的是，在传统产业增长乏力的情况下，甘肃经济的内需增长动力仍然偏弱。受经济下行影响，房地产市场低迷，家电等消费领域降温，汽车类等新的消费热点零售额、铁路运输周转量均出现下降，特别是网购的迅速发展，造成传统消费品市场消费额下降。邮政通信、批发业等传统服务业增速放慢，存在规模小、创新能力弱等问题。在这样的形势下，企业职工对生活满意度的感受如何？调查显示，56人选择“满意”，占

① 《2016年8月份全省工业经济运行情况》，http：//www.gsec.gov.cn/meiridongtai/bumendongtai/20160929/111028266029a.htm。

26.67%；115人选择“一般”，占54.76%；39人选择“不满意”，占18.57%（见图1）。

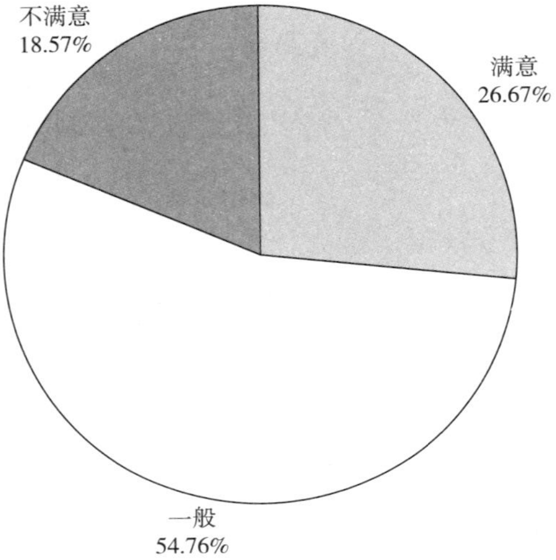

图1　产能过剩企业职工生活满意度调查

注：本文图表数据均源自专题问卷统计结果。

2.对企业经营状况的调查

甘肃省矿产资源丰富，但产业结构单一，境内有中国“镍都”金昌市、“依企建市”的白银市等多个城市。当前，国际贸易市场的动荡影响给以能源资源为主导的支柱产业和骨干企业带来较大冲击。以白银市为例，白银市有色金属加工、化工、能源、建材这四大产业占全市工业总产值的70%，目前这四大产业受经济下行压力影响较大，相关企业有的已经完全停产，有的半停产，而随着亏损程度加重，一些企业计划在年底全部停产。以电解铝为例，2015年4月，电解铝价格达到每吨13345元，而现在，电解铝价格每吨已经下跌至万元以下。白银华鹭铝业公司的电解铝产品盈亏平衡点为每吨1.2万元，现在的价格早过了其盈亏平衡点，企业亏损已超过亿元。靖远煤业集团有限责任公司 2015 年前三季度总产值下降 13.39%，营业收入下降 15.98%。[①] 关于企业的经营状况，调查显示，60.47%的被访者认为企业“勉强维持”，35.72%的被访者认为企业“稳健发展”，还有 3.81%的被访者表示“不太清楚”（见图 2）。

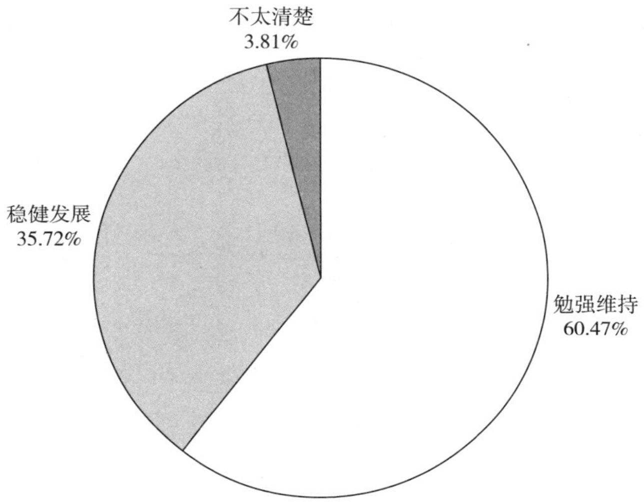

图 2　产能过剩企业职工对企业经营状况的感受

3. 企业职工经济状况的调查

省内部分企业亏损严重，开始减产或停产。张掖市煤炭、铁合金、水泥等传统行业持续低迷，停产、半停产企业较多，仅 2015 年上半年，全市近一半的工业企业生产呈下降态势。从全省来看，到 2015 年 8 月底，全省规模以上工业企业总体亏损，亏损额达 1549.1 万元，较 2014 年同期利润减少 154.5 亿元，其中 8 月当月亏损 10.1 亿元。企业停产限产问题突出，9 月末甘肃省内铁合金、电石、碳化硅等高耗能企业开炉比例为 28%，比正常年份低约 20 个百分点；酒钢集团山西翼城

① 王小霞、刘慧、程小旭：《重工业过“重”制约甘肃转型发展》，《中国经济时报》2015 年 12 月 25 日第 001 版。

钢厂、榆钢相继停产；华鹭铝业 8 月已停产 8 万吨，计划年底前关停剩余 15 万吨生产线，兰铝已经关停 2 万吨 200 千安培生产线，连铝表示 11 月初关停 40 万吨生产线，有色冶金等高载能企业减产停产，造成上游电力、煤炭企业需求大幅下降、同步减产。① 在这样的态势下，企业职工的经济状况怎样？调查表明，5.24% 的被访者表示“很困难”，36.67% 的被访者表示“比较困难”，48.57% 的被访者表示“一般”，仅有 9.52% 的被访者认为自己的经济状况属于“小康”（见图 3）。

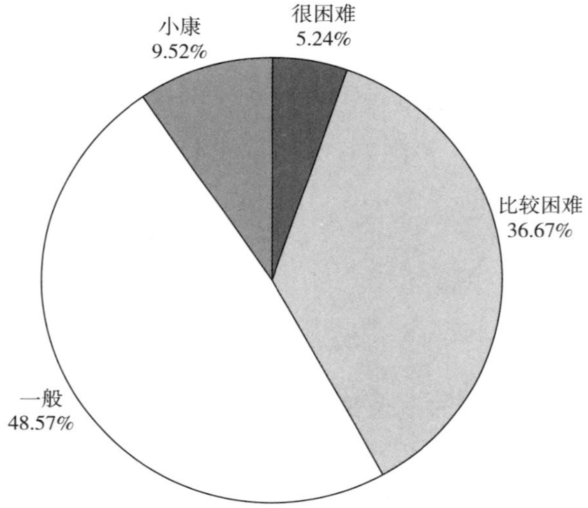

图 3　产能过剩企业职工经济状况的调查

4. 企业职工所面临的主要困难的调查

此次被访职工在年龄分布上以中青年为主，在所面临的主要困难的调查中，38.68% 的被访者认为是“子女教育费用高”，31.15% 的被访者认为是“老人的赡养”，22.63% 的被访者认为是“自身的再就业”，7.54% 的被访者认为是“人际交往不佳”。

① 王小霞、刘慧、程小旭：《重工业过“重”制约甘肃转型发展》，《中国经济时报》2015 年 12 月 25 日第 001 版。

（二）被访者对再就业培训的感受

1. 被访者所从事行业类型的调查

企业职工所从事行业类型的调查显示：122 人选择“体力型”，占 58.10%；71 人选择“技术型”，占 33.81%；17 人选择“服务型”，占 8.09%。

2. 被访者对再就业培训的看法

在产能过剩的背景下，越来越多的企业要实现生产方式的转变，这就对企业的工人提出了更高的技术要求和较高的综合素质要求，要通过再就业培训来提高失业人员的就业能力。再就业培训是帮助劳动者提高再就业能力，从而尽快实现再就业的重要措施。对再就业培训的调查结果显示：有 12.38% 的被访者认为“没用”，64.28% 的被访者认为“作用不大”，只有 23.34% 的被访者认为“比较有用”（见图 4）。

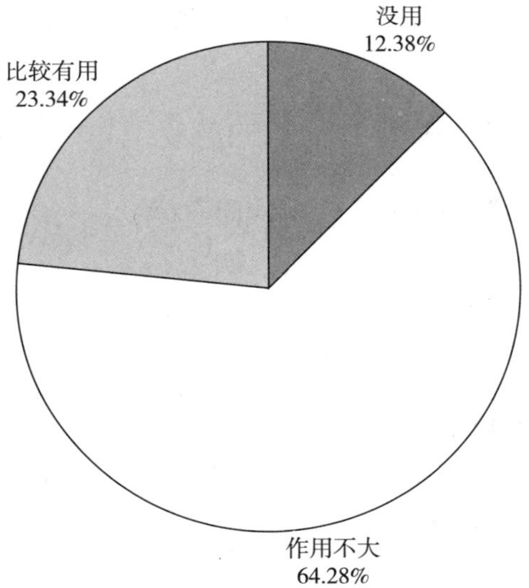

图 4　产能过剩企业职工对再就业培训的看法

3. 如何化解产能过剩的调查

您认为哪些措施可以解决企业产能过剩的问题？调查总频次为297次，其中，125人次选择“对产能过剩企业进行及时调控与引导”，占42.09%；39人次选择“健全和完善市场自动调节机制”，占13.13%；43人次选择“支持企业兼并重组，提高行业集中度”，占14.48%；68人次选择“实施产业转移”，占22.89%；22人次选择“其他”，占7.41%（见图5）。

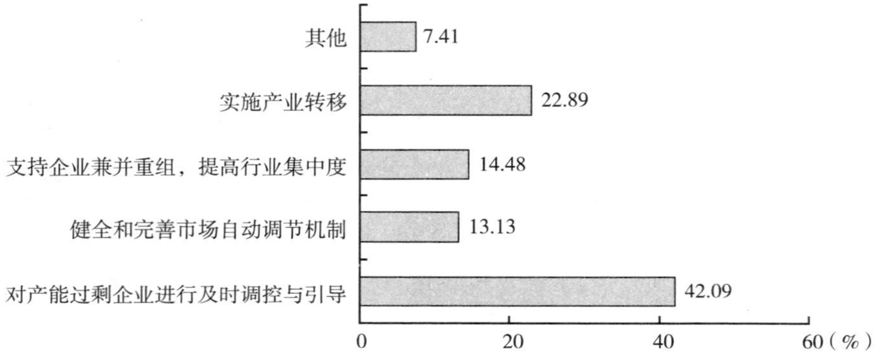

图5 解决企业产能过剩的措施（多选）

（三）被访者对再就业问题的感受

1. 被访者对政府再就业工作成效的看法

对于政府再就业工作的成效，调查显示：30人认为“有”，占14.29%；67人认为“有一些”，占31.90%；113人认为“没有”，占53.81%。

2. 被访者对再就业困难原因的看法

产能过剩企业职工面临着再就业的问题，目前各级政府难以根据产能过剩企业职工的实际情况提供相应的就业与再就业帮助，就业激励作用在实践中没有得到很好的发挥和运用。企业职工认为再就业困难的原因方面，调查结果显示：145人认为“就业机会太少”，占

69.05%；7 人认为“自身素质问题”，占 3.33%；58 人认为“缺乏政策支持”，占 27.62%（见图 6）。

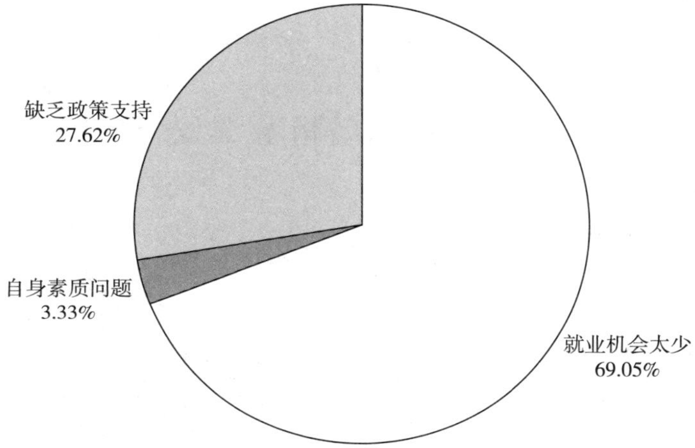

图 6　产能过剩企业职工对再就业困难原因的看法

3. 被访者认为需要国家解决企业职工的哪些困难

企业职工认为需要国家解决的困难有哪些，调查总频次为 296 次，其中，33 人次选择“下岗再就业”，占 11.15%；108 人次选择“文化、技术等培训”，占 36.49%；62 人次选择“社会保障”，占 20.95%；81 人次选择“养老保险”，占 27.36%；12 人次选择“其他”，占 4.05%（见图 7）。

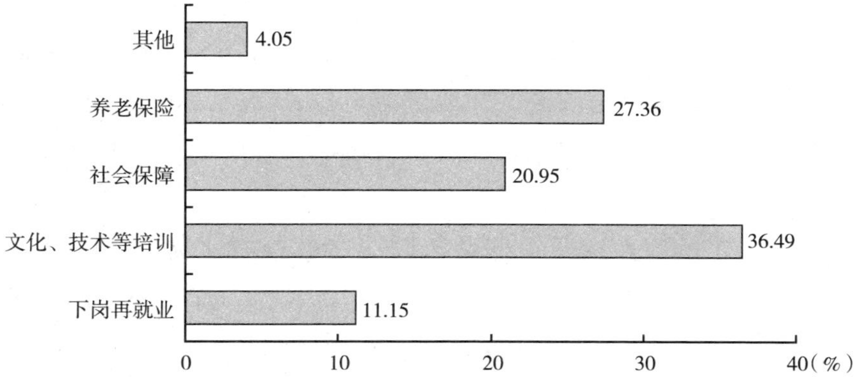

图 7　产能过剩企业职工认为需要解决的困难（多选）

在“其他”选项中，企业职工的诉求集中在提高薪酬方面，对于企业内部的薪酬分配也有职工反映有不公平的现象，与职工劳动生产率不挂钩。

三　调查分析及建议

（一）调查分析

（1）甘肃省产能过剩企业职工对自身生活状况满意程度偏低。对生活感到满意的仅有近三成职工，超过五成的职工认为自己的生活状况一般。超过四成的职工认为自己的经济状况处于很困难和比较困难的状态。被访企业职工以中青年居多，相当大一部分都面临着子女教育和老人赡养的问题，在目前的情况下感到压力巨大。

（2）企业职工对于企业的经营状况也并不乐观，超过六成的职工认为自己所在的企业处于勉强维持的状态。被调查对象中有超过半数从事的是体力型工作，从事技术型工作的仅有三成，出于自身劳动技能的原因，企业职工的自主创业意愿并不强烈。在如何化解产能过剩的调查中，超四成的被调查对象认为政府要发挥主导作用，加强对产能过剩企业的调控与引导。

（3）企业职工对再就业培训的期望值低，通过调查，职工普遍反映再就业培训并没有发挥实际的效能，相关的就业信息并没有畅通的渠道及时发布，就业政策也没有相关机构可以咨询，想要提高劳动技能、提升竞争力也无从着手。

（4）职工的涨薪意愿强烈。被调查对象普遍认为，目前社会物价指数不断升高，企业职工的收入却少有提高，实际上变相地降低了收入，职工没有感受到社会经济发展带来的实际好处，影响了职工的工作积极性。职工希望推进全员绩效考核，以业绩为导向，科学评价不同岗位员工的贡献，合理拉开收入分配差距，切实做到收入能增能减和奖惩分明。

（二）几点对策建议

由于产能过剩带来的负面影响，企业职工思想波动较大，他们普遍对企业前景表示担心，对自身发展缺乏信心。伴随物价等多重因素的影响，甘肃省产能过剩企业职工在经济上备感压力。如何破解产能过剩难题，切实解决职工所面临的实际困难，引导职工理性对待甘肃省经济形势，树立信心，助推企业走出经营的低谷。重点从以下四个方面加大工作力度。

1. 切实有效化解产能过剩难题，完善各项政策措施

（1）从项目源头上建立有效的屏障，预防落后产能的形成。要通过许可证制度提高钢铁、水泥、焦炭等过剩产能集中行业的准入门槛，从项目审批、行业准入等源头上控制落后产能的形成。[①] 相关政府部门要强化对经济运行情况的监控，对过剩产能集中的行业重点进行预测和说明。同时，在政策导向上，要引导投资向重点先进产能倾斜，避免形成过剩产能。充分发挥经济杠杆的作用，引导银行业金融机构坚持区别对待，帮助有前景的企业渡过难关。对产能严重过剩行业未取得合法手续的新增产能建设项目，一律不得给予授权；对长期亏损、失去清偿能力和市场竞争力的“僵尸企业”，或环保、安全生产不达标且整改无望的企业及落后产能，坚决压缩退出相关贷款。

（2）对接市场需求，调整产品结构，推动传统产业提质增效、转型升级。加快发展战略性新兴产业，重点发展新材料、新能源等。积极发展新型服务业，增强企业转型升级的支撑能力。加快制造业绿

---

① 樊亚娟：《甘肃落后产能退出机制研究》，兰州大学硕士学位论文，2012。

色改造升级，推行绿色制造，推进资源高效循环利用。

2. 以政府为主导，积极推动产能退出与职工安置工作

（1）各级政府部门要采用多种形式宣传产业结构调整策略以及配套的职工安置政策，消除安置职工对政策的理解误区。要切实从企业职工的需求出发，采取免费职业介绍、政策咨询等多种形式，来加强职工的再就业援助工作。在企业职工的社会保障方面，要做好职工社会保险关系的接续和转移工作。对于关停企业下岗失业职工，落实支付经济补偿金，清偿拖欠工资等债务，及时化解劳动纠纷。

（2）避免发生大规模集中失业，在量上对失业源头进行把控。建立淘汰过剩产能和兼并重组企业职工失业预警机制，制订失业调控预案。对涉及职工人数多、安置任务重、稳定压力大的区县和行业实施重点监控，加强对就业形势的跟踪分析。

（3）进一步加强对淘汰落后产能企业下岗失业人员的就业服务。充分发挥各级社会保障部门的作用，深入企业和社区调查走访，及时掌握企业下岗失业人员的情况。对于年龄较大、文化程度较低的下岗失业人员，优先安置公益性岗位就业。同时，对于用人单位招用关停企业职工的，要给予相应的优惠政策。对于一部分年纪较轻、自身有创业愿望和能力的职工，要落实优惠政策，支持其自主创业。

3. 以企业为主体，重视职工的安置工作

（1）企业内部消化仍然是职工安置的主要途径。企业应及时与职工进行沟通，安置工作的相关进程必须公开透明。职工安置方案须经过企业职工代表大会讨论，充分听取职工意见。其中，职工安置补偿和用于安置职工的资产处置等重大事项，一律要经职工代表大会审议通过；未经审议通过，不得实施。

（2）根据不同类别失业职工的特点，推行差异化的安置方式。对于年龄偏大的职工，在双方自愿的基础上，保留劳动关系，发放基本生活费，缴纳养老保险，直至正式退休。有技术、年富力强的员工安排到其他岗位。

（3）企业须重视对职工的在职培训，使职工技能多样化。鉴于再就业培训的效果决定了失业职工再就业的质量和长效性，可安排专门人员充分调查职工技能培训的需求，增强培训的针对性、实用性和有效性。

4. 坚持开放合作，带动稳定就业

（1）积极推进国际产能合作，与资源条件好的国家开展产业合作，建立稳定的境外资源供应渠道和资源储备基地，面向中西亚国家，合作建设钢铁、电解铝、有色金属冶炼、化工、水泥建材等项目，开展铜、铝等有色金属冶炼和深加工，带动有色冶金装备、石化通用装备等成套设备和技术服务出口；积极参与欧美地区和新兴市场国家风电、太阳能光伏项目的投资和建设，带动甘肃省新能源装备制造业产能合作和装备出口。

（2）继续实施“走出去”战略，鼓励大企业、省属国有企业率先走向国际市场，带动一批中小配套企业“走出去”，形成抱团出海、集群出海、联合出海的模式；引导石油化工、钢铁有色、装备制造等领域龙头企业开拓国际市场，在全球范围内找资源、拓市场、谋发展，实现企业国际化经营；推动产业合作由加工制造环节为主向合作研发、联合设计、市场营销、品牌培育等高端环节延伸，鼓励企业在科技资源密集的国家和地区建立境外生产基地、研发中心和营销网络。积极搭建国际合作平台，办好中国兰州投资贸易洽谈会、丝绸之路（敦煌）国家文化博览会等大型重点节会，有针对性地定期组织甘肃省优势领域龙头企业参加国际展会，举办甘肃特色产品境外展销会；充分发挥甘肃省驻外商务代表处、商会、协会和贸促会等中介机构，以及对外投资企业、企业驻海外办事机构的作用，建立常态化的信息沟通、汇集、反馈渠道，为外资企业“引进来”和省内企业

“走出去”牵线搭桥。[1]

（3）借鉴首钢搬迁的带动模式，建议由政府牵头，积极引进外资、合资、大型央企在重点地域落户投资，将再就业工作与经济结构优化工作相结合，以实现更多失业人员尤其是中青年个体的再就业。

---

① 《甘肃省“十三五”工业转型升级规划》（甘政办发〔2016〕151号）。

B.8
民营企业、个体工商户对政府简政放权的认可和建议

王 荟*

摘 要：简政放权是指精简政府机构，把经营管理权下放给企业。如何通过简政放权进一步减少政府对企业微观经济行为的过度干预，减少不必要的审批，通过改进工作作风，提高工作效率，进一步建设人民满意的服务型政府是最终目标。本专题为了解民营企业、个体工商户对政府简政放权的感受，做了专门调查，通过分析调查问卷，梳理舆情，并提出几点建议。

关键词：舆情 民营企业 个体工商户 简政放权

简政放权是指精简政府机构，把经营管理权下放给企业。2013 年 3 月 14 日，《国务院机构改革和职能转变方案》（以下简称《方案》）发布，这是改革开放以来我国推进的第七次政府机构改革。2015 年 7 月 15 日，国务院常务会议决定再取消一批职业资格许可和认定事项，以改革释放创业创新活力。2013 年，十二届全国人大一次会议审议通过了《国务院机构改革和职能转变方案》，决定用 3 ~ 5 年时间完成

---

* 王荟，甘肃省社会科学院决策咨询与公共政策研究所助理研究员，主要研究方向为信息经济与区域经济发展。

《方案》提出的各项任务，加快建设职能科学、结构优化、廉洁高效、人民满意的服务型政府，而简政放权是贯穿《方案》的重要关键词。

简政放权是转变政府职能的重要方面，要求处理好政府与市场、政府与社会的关系，把该放的权力放掉，把该管的事务管好，激发市场主体创造活力，增强经济发展内生动力。如何对经济社会各方面做好估量分析及科学预测，判断哪些该放手，哪些该加强，做到“放而不乱”，是关键中的关键。如何通过简政放权进一步减少政府对企业微观经济行为的过度干预，减少不必要的审批，通过改进工作作风，提高工作效率，进一步建设人民满意的服务型政府是最终目标。就甘肃省而言，民营企业和个体工商户作为构成甘肃经济体系的重要组成部分，对简政放权过程是有切身感受的——他们作为市场的主体之一，对相关政策措施实施过程中的变化和感受最为敏感，对实施的优劣效果更有发言权。本专题为了解民营企业、个体工商户对政府简政放权的感受，做了专门调查。

一 调研方法和样本概况

（一）调研方法

调研主要采用社会学随机抽取样本的方法，开展问卷调查，辅以个别访谈与座谈会等形式。问卷设置有主观题与客观题两部分，对问卷采集到的信息使用 EXCEL 数据表进行分析，对于访谈信息做了梳理概括。

（二）样本概况

调研工作于 2016 年 7 ~ 8 月开展，调研区域主要包括兰州市、定西市、甘南州合作市、武威市，共发放问卷 180 份，收回有效问卷

168 份，问卷回收有效率为 93.33%，其中男性比例为 70.24%，女性比例为 29.76%；18～30 岁的占 20.24%，31～45 岁的占 57.74%，46～60 岁的占 18.45%，60 岁以上的占 3.57%；被访者的文化程度为初中及以下的占 15.48%，高中的占 46.43%，大专的占 32.14%，本科及以上的占 5.95%，被访者所在阶层主要为私营企业主和个体工商户，被访者所从事的行业涵盖餐饮服务、软件销售、建筑、小商品零售、医疗美容等。

二　调研问卷分析

（一）民营企业、个体工商户对政府简政放权的直观感受

1. 被访者对政府简政放权相关政策措施熟悉程度一般

在问及“您对于政府简政放权相关措施的了解程度”时，有 1.19% 的被访者选择“都很清楚”，有 17.26% 的选择“部分了解”，有 38.70% 的选择“个别了解”，有 32.14% 的选择“听说过，但不了解”，有 10.71% 的选择“不知道”。在进一步的问询了解后，我们发现被访者对于政府简政放权的了解多停留在宏观概念上，对于具体的政策措施了解程度有限。整体看来，被访者对政府简政放权方面的具体举措熟悉程度一般。

2. 被访者对政府简政放权的担忧

在问及“您觉得简政放权会不会造成‘边放边乱’的局面”时，有 24.40% 的被访者选择“会”，有 75.60% 的选择“不会”。可见，被访者对于政府简政放权在地方的具体落实还是存在一定程度的担忧的。主要的担忧包括以下几点：担心简政放权不到位，存在变相保留；担心今天这里放了，明天那里又增了，政府向市场放权、向社会放权，不是少盖几个章那么简单。

（二）被访者对政府简政放权具体政策的认可支持度分析

1. 积极欢迎各项措施释放企业活力

目前，政府取消了一批职业资格许可和认定事项，以改革释放创业创新活力。当问及“您对此改革举措的看法”时，有9.52%的被访者选择“很好”，有51.79%的选择“较好”，有21.43%的选择“一般”，有11.90%的选择“不好”，有5.36%的选择“很差”。整体看来，被访者对于释放企业活力、促进创业创新的各项措施持积极肯定的态度，有六成以上的被访者选择了“很好”和“较好”。

2. 对下放行政审批事项持肯定态度

近年来，国务院部门逐步取消或下放了一批行政审批事项，下放项目主要涉及投资创新创业、企业生产经营、促进就业的审批事项，同时取消的非行政许可审批事项数量较多，促进消除行政审批灰色地带。数据显示，2015年，甘肃省政府先后分5批取消、调整和下放行政审批事项397项，党的十八大以来，省政府分10批取消、调整和下放行政审批事项1001项，减幅64%，有效减少了政府对微观经济运行和企业生产经营活动的直接干预。当问及“您对此改革举措的看法”时，有13.69%的被访者选择“很好”，有61.31%的选择“较好”，有12.50%的选择“一般”，有10.71%的选择“不好”，有1.79%的选择“很差”。整体看来，选择“很好”及“较好”的比例合计超过七成，人们对下放行政审批事项持积极肯定的态度。

3. 对中介机构进驻行政服务中心褒贬不一

随着行政审批制度改革的深入，显性的审批事项被清理精简了，但隐性的“拦路虎”仍然存在，需前置评估的项目还有不少。涉及发改、经信、住建、国土、规划等部门的，常常需要中介机构提供评估、鉴定、认证及检测等服务，而这些中介服务的结果是职能部门受理审批的前提。政府部门允许并促进一些具备相关资质的中介机构进驻行政服务中心。当问及“您对此改革举措的看法”时，有7.74%的被访者选择“很好”，有16.07%的选择“较好”，有21.43%的选择“一般”，有29.17%的选择“不好”，有25.59%的选择“很差”。可见，被访者对中介机构进驻行政服务中心褒贬不一，存在顾虑。

4. 对小微企业和创业创新的减税降费等系列优惠政策一片叫好

国务院确定在前期已出台一系列优惠政策的基础上，继续加大对小微企业和创业创新的减税降费力度。为深入推进供给侧结构性改革，缓解实体经济企业困难，遏制生产经营成本持续攀升的势头，甘肃省政府出台了《关于推进供给侧结构性改革降低实体经济企业成本的实施意见》，通过减税降费等措施全面降低企业生产经营成本，提升企业竞争能力和赢利水平。当问及“您对此改革举措的看法”时，有19.05%的被访者选择“很好”，有48.81%的选择“较好”，有24.40%的选择“一般”，有5.36%的选择“不好”，有2.38%的选择“很差”。可见，被访者对小微企业和创业创新的减税降费等系列优惠政策的出台和实施极为欢迎。

5. 对“先照后证”“三证合一”改革普遍认同

“先照后证”“三证合一”改革在各地已普遍推开。当问及“您对此改革举措的看法”时，有15.48%的被访者选择“很好”，有44.64%的选择“较好”，有17.86%的选择“一般”，有18.45%的选择“不好”，有3.57%的选择“很差”。可见，被访者对“先照后证”“三证合一”改革普遍认同。

6. 对政府进一步开展收费清理改革以减轻企业负担的做法较认同

政府进一步开展了收费清理改革以减轻企业负担。甘肃省还将收费清单延伸至市、县，建立了中央、省、市、县“四级联动”的收费目录清单体系，打造“阳光收费”。当问及“您对此改革举措的看法”时，有6.55%的被访者选择“很好”，有27.38%的选择“较好”，有36.90%的选择“一般”，有13.10%的选择“不好”，有16.07%的选择“很差”。可见，被访者对政府进一步开展收费清理改革以减轻企业负担的做法比较认同。

（三）被访者对政府简政放权成效的具体认识情况分析

在问及“您在工作生活中有没有觉得去行政机构办事比以前更为便捷”时，有61.31%的被访者选择“没有”，有38.69%的选择“有”。总体看来，政府简政放权措施成效初显，但还需要进一步加大落实力度，完善各项举措。

（四）被访者对甘肃省政府简政放权的整体评价分析

1. 政府简政放权整体评价居中

在问及“请您对甘肃省当下的政府简政放权给出整体评价”时，有8.93%的被访者选择“很好”，有27.38%的选择“较好”，有33.33%的选择“一般”，有25.00%的选择“不好”，有5.36%的选择“很差”。整体看来，被访者对政府简政放权的满意度是偏低的，依然有较大的提升空间。

2. 希望进一步简政放权，改善创业创新环境

在问及“请您就如何进一步推进政府简政放权，谈一谈自己的看法”时，在168份有效问卷中，共计有35人提出了一些书面看法。其中涉及的方面主要为以下几点：一是对政策的具体落实情况表示担忧，认为“政策是好的，就怕人为操作中出现问题”；二是希望进一步降低证照办理门槛，优化办理程序，有人提出希望可以在网络上自助办理手续；三是希望简政放权做到放管结合，不要一边放，另一边收，避免出现效率低下的情况。

三　调研结果分析与舆情预测

总体看来，被访者对问卷中所涉及的简政放权具体六项政策的整体认可程度较好。六项具体措施中有四项的认可程度都超过六成（见图1）。但对中介机构进驻服务中心这一项措施认可程度不高，究其原因主要在于对中介机构的不信任，同时担心中介机构的参与反而会形成更大的寻租空间，故如何规范中介机构、规范从业资质非常重要。此外，由于我们的调查对象以个体工商户为主，其反映出的主要问题也集中在营业执照的办理、税费的收取等方面。值得一提的是被访者对“先照后证”“三证合一”改革认同程度较高，认为确实更加便捷了。可见，被访者对甘肃促进政府简政放权所推出的各项政策措施是认可的，对于近年来政府简政放权的成效也持肯定态度，但是对相关政策带来的实效满意程度则一般，这一现状要求政府部门进一步加大改革力度，积极落实相关政策，实实在在地让民众感受到简政放权给自己工作生活带来的

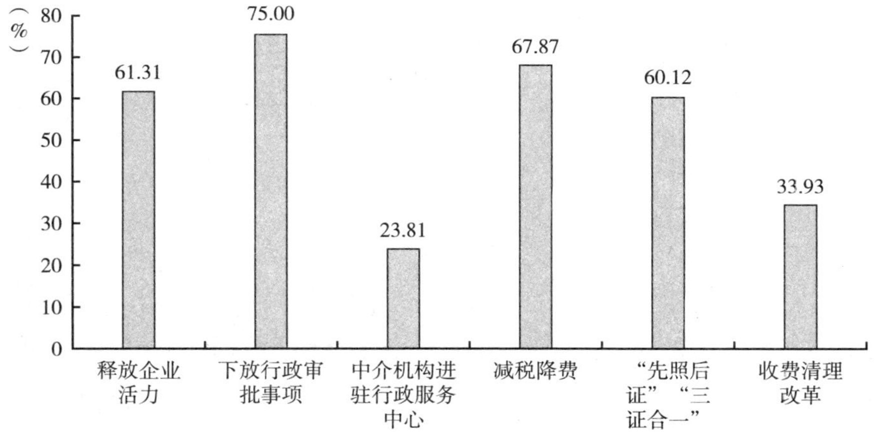

图1　对简政放权具体措施的认可比例

便利，需要政府工作人员进一步转变工作态度，建立高效便捷的服务型政府。

四 几点思考与建议

简政放权，在实践中必须解决好怎样简政、如何放权的问题，从而切实转变政府职能，把该管的管好，从不该管的领域退出，向市场放权、向社会放权、向基层放权，以最大限度地释放发展的新活力、新动力。

（一）要解决好思想认识问题

要充分认识到做好简政放权工作的重要性，破解“层层审批、公章围城”难题，从根本上改变束缚经济发展的做法，要求工作作风和工作方法有相应的改变。要弘扬求真务实的工作作风，办实事、见实效，不搞所谓的“上有政策、下有对策”，也不当“一放了之、撒手不管”的“甩手掌柜”。不断强化服务意识，优化服务环境，为基层提供更多的便利条件，让基层作用得到更好地发挥。坚持依法办事，加大对行政不作为、乱作为、慢作为的追究力度，不断提高工作效能，让“政之所为”与“民之所需”更好地对接，确保简政放权取得实实在在的效果。

（二）要理顺政府和市场的关系

凡是市场能干的就交给市场干，充分发挥市场的作用，政府要干那些市场干不了的事情。具体来讲，企业是市场的主体，政府要减少对企业微观经济行为的过度干预，减少不必要的审批。在充分肯定成绩的同时，也要清醒地看到，政府仍然管了很多不该管的事，一些该管的却没有管或没有管住、管好，转职能、提效能还有很大空间。从简政放权方面看，该放的权有些还没有放，一些已出台的放权措施还没有完全落地。

（三）着力提高“双创”服务效率，推进供给侧结构性改革

要加大对企业的减税降费力度，落实好已出台的小微企业所得税优惠、固定资产加速折旧、阶段性降低“五险一金”费率等政策。同时，要不断完善综合服务体系。实施企业开办和成长“一条龙”服务，点对点地提供政策、信息、法律、人才、场地等全方位服务，让更多的市场主体雨后春笋般地破土而出，确保新注册企业增长势头不减、活跃度提升，让它们生得出、长得好，促进人民群众的收入水平不断提高。

（四）进一步通过权力结构的变化来有效遏制权力“寻租”现象

在生产经营活动领域，只要市场机制能有效调节、行业组织能自律管理的就不要政府审批，变事前批为事中和事后监督；在资质资格许可、认定和评估等领域，政府主要负责依法制定标准或评价规范，更多的具体工作由行业协会、学会依法依规独立去做；在工商登记和社会组织管理制度领域，降低准入门槛，加强监管，出大力气、花大价钱管住管好；在公共服务领域，政府应加大资金投入，加强统筹协调，合理配置资源，维护社会公平正义。

B.9 农民群体对新一轮农村改革的理解和支持度调查

侯万锋*

摘　要：本课题以农民为调查对象，以期了解这一阶层对新一轮农村改革的认知、理解和支持度情况。从调查数据分析看，被访者对新一轮农村改革是了解的，认知度较高。多数被访者认为新一轮农村改革不仅在促进农村经济社会发展、激发农村发展活力、创新农业经营体系、推动土地经营权规范有序流转等方面的作用是积极的，而且对于维护农民权益、提高农民收入、促进家庭增收有着较大的促进作用。多数被访者对新一轮农村改革充满信心，抱有希望，支持度较高。在此基础上，本报告提出推进新一轮农村改革，要以明晰产权归属、培育多元经营主体、强农惠农富农、促进城乡公共服务均等化、提升农村治理水平为重点，逐步推进农村集体产权、农业经营、农业支持保护、城乡发展一体化、农村社会治理等领域的制度机制创新。

关键词：农民　新一轮农村改革　农村治理　农业经营

* 侯万锋，甘肃省社会科学院科研处副处长、副研究员，研究方向为农村政治学、民族政治学等。

农村改革是全面深化改革的重要内容，也是全面深化改革中的重头戏。党的十八大以来，我国农村的各项改革正在有序推进，取得了积极进展。2015 年 11 月，中办、国办印发《深化农村改革综合性实施方案》，进一步明确了深化农村改革的总目标、基本原则、主要任务和重要路径，是协调推进农村改革的总遵循，是深化农村改革的“施工图”。在当前经济发展新常态的大背景下，深入推进新一轮农村改革，不仅是全面建成小康社会、应对社会主义市场经济新挑战和国际竞争的客观要求，而且是推动我国农村经济全面持续发展的现实选择。农民是农村改革的主体，改革要保障农民的利益，让农民富起来，让农民成为体面的职业，这是新一轮农村改革的最终目标。本报告选取农民群体为调查对象，把农民群众对新一轮农村改革的理解和支持度作为专题予以实证分析，目的在于了解农民群众对新一轮农村改革的认知、理解和看法，提出推进新一轮农村改革的对策建议，以期为甘肃省委、省政府全面深化农村改革，更好地释放农村经济社会发展活力，提供一定的决策参考。

一　被访者的基本情况

课题组选取天水市清水县、平凉市灵台县、庆阳市宁县、白银市会宁县、定西市安定区、兰州市城关区 6 个市州的 6 个县区作为重点调查区域，以在村农民和进城务工人员为重点对象，以问卷调查为主要形式展开调查。本次调查共发放调查问卷 205 份，收回有效问卷 201 份，有效问卷回收率为 98.05%。从性别比例看，男性 86 人，占 42.79%，女性 115 人，占 57.21%。从年龄分布看，18～25 岁的 16 人，占 7.96%，26～35 岁的 17 人，占 8.46%，36～45 岁的 91 人，占 45.27%，46～60 岁的 59 人，占 29.35%，60 岁以上的 18 人，占 8.96%。从政治面貌看，中共党员 34 人，占 16.91%，无党派或民主党派6人，占2.99%，共青团员18人，占8.96%，群众143人，占71.14%。从文化程度看，不识字的44人，占21.89%，小学文化程度的64人，占31.84%，初中文化程度的23人，占11.44%，高中或中专文化程度的34人，占16.92%，大专及以上的36人，占17.91%。从婚姻状况看，未婚23人，占11.44%，已婚131人，占65.17%，丧偶21人，占10.45%，离婚26人，占12.94%。从家庭主要收入来源看，靠种地的41人，占20.40%，以打工为主的68人，占33.83%，以经商为主的44人，占21.89%，以其他收入为主的48人，占23.88%。从家庭人口数看，1人家庭的19人，占9.45%，2人家庭的43人，占21.39%，3人家庭的66人，占32.84%，4人家庭的52人，占25.87%，5人及以上家庭的21人，占10.45%（见表1）。

表1　被访者的基本情况

单位：人，%

调查项目		人数	百分比
性别	男	86	42.79
	女	115	57.21
年龄	18～25岁	16	7.96
	26～35岁	17	8.46
	36～45岁	91	45.27
	46～60岁	59	29.35
	60岁以上	18	8.96
政治面貌	共产党员	34	16.91
	无党派或民主党派	6	2.99
	共青团员	18	8.96
	群众	143	71.14
文化程度	不识字	44	21.89
	小学	64	31.84
	初中	23	11.44
	高中或中专	34	16.92
	大专及以上	36	17.91

续表

调查项目		人数	百分比
婚姻状况	未婚	23	11.44
	已婚	131	65.17
	丧偶	21	10.45
	离婚	26	12.94
家庭主要收入来源	种地	41	20.40
	打工	68	33.83
	经商	44	21.89
	其他	48	23.88
家庭人数	1 人	19	9.45
	2 人	43	21.39
	3 人	66	32.84
	4 人	52	25.87
	5 人及以上	21	10.45

资料来源：2017 年“甘肃蓝皮书·舆情”课题组《农民群体对新一轮农村改革的理解和支持度调查》的问卷统计结果。

二　对新一轮农村改革的认知

推进新一轮农村改革，完善土地制度，创新农业经营方式，探索集体资产有效实现形式，保护农民的权益，不仅有利于大力激发农村发展活力，而且有利于扫除我国农村经济社会发展的体制障碍，为现代农业发展提供有力支撑。通过问卷调查数据分析不难看出，农民群众对新一轮农村改革认知度较高，认为新一轮农村改革与农村经济社会发展和个人发展密切相关。

（一）76.62%的被访者表示了解农村新一轮改革，且获取信息的主要渠道是村干部、电视和报纸

就“您了解新一轮农村改革吗”的调查项目，40 位被访者表示“了解”，占 19.90%，114 位被访者表示“了解一点，但具体不清楚”，占 56.72%，47 位被访者表示“不知道”，占 23.38%。图 1 表明，76.62%的被访者对农村新一轮农村改革是了解的，只是知晓程度不同。

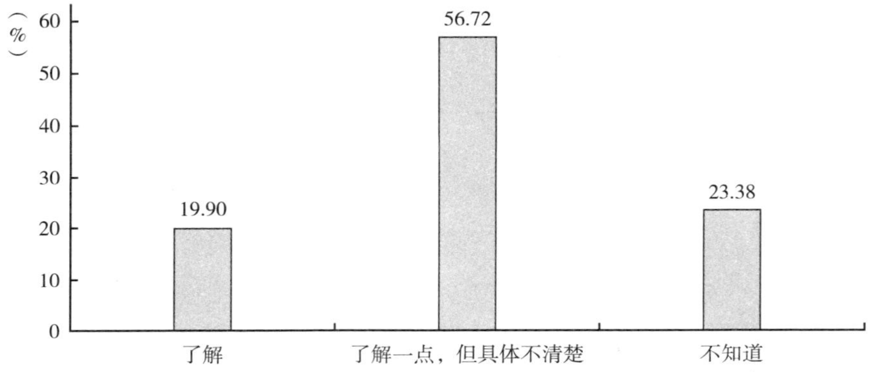

图 1　被访者对新一轮农村改革的认知程度

就“您是通过哪些渠道了解到中央要进行新一轮农村改革”多选调查项目，选择“听村干部说”的 148 人次，选择“电视”的 133 人次，选择“报纸”的 103 人次，选择“网络”的 79 人次，选择“听朋友或熟人说”的 66 人次，选择“条幅、宣传栏等”的 33 人次。从图 2 可以看出，被访者获取新一轮农村改革资讯的主要渠道是干部、电视和报纸，分别排在前三位。

（二）80%以上的被访者认为新一轮农村改革与个人切实利益和本村经济社会发展有着重要关系

就“您认为新一轮农村改革与个人利益有关系吗”的调查项目，

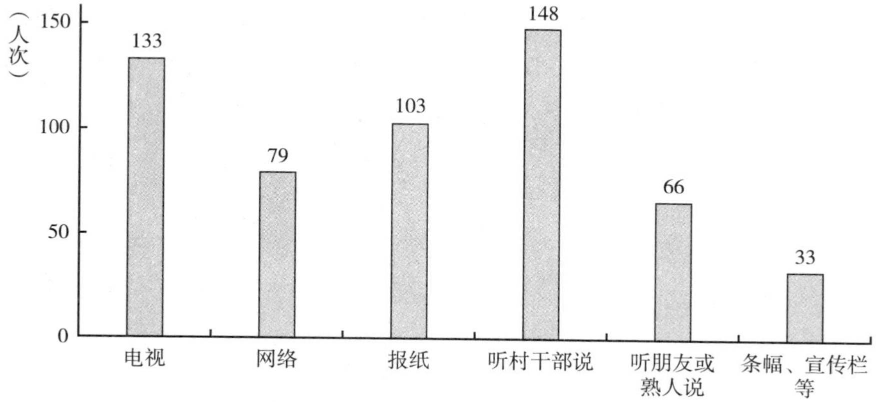

图 2　被访者获取新一轮农村改革信息的渠道

83 位被访者认为“有很大关系”，占 41.29%，41 位被访者认为“有较大关系”，占 20.40%，38 位被访者认为“有一定关系”，占 18.91%，24 位被访者认为“没有关系”，占 11.94%，15 位被访者表示“不清楚”，占 7.46%。图 3 表明，80.60% 的被访者认为新一轮农村改革与个人利益有着不同程度的关系。

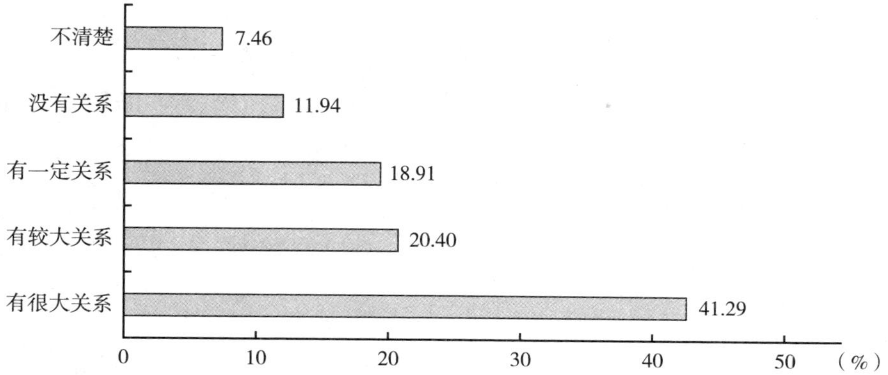

图 3　被访者对新一轮农村改革与个人利益关系的认知

就“您认为新一轮农村改革与本村经济社会发展有关系吗”的调查项目，83 位被访者认为“有很大关系”，占 41.29%，41 位被访者认为"有较大关系"，占20.40%，51位被访者认为"有一定关系"，占25.37%，13位被访者认为"没有关系"，占6.47%，13位被访者表示"不清楚"，占6.47%。图4表明，87.06%的被访者认为新一轮农村改革与本村经济社会发展有着不同程度的关系。

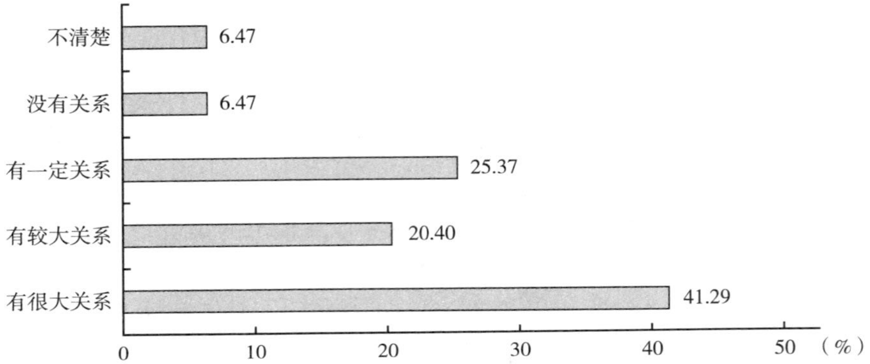

图4　被访者对新一轮农村改革与本村经济社会发展关系的认知

三　对新一轮农村改革作用的看法

重农固本是安民之基。新一轮农村改革，在加速破除城乡二元结构的过程中，对农民承包地、农村"三块地"和农村集体资产等农民主要权利载体，进一步明晰产权、还权赋能，这对促进农村经济社会发展、维护农民权益、激发农村发展活力、创新农业经营体系、推动土地经营权规范有序流转等有着积极的促进作用，将为推进农业现代化打下坚实的基础。

（一）87.00%以上的被访者认为新一轮农村改革对促进农村经济社会发展、维护农民利益有着积极的促进作用

就"新一轮农村改革对促进农村经济社会发展的作用如何"的调查项目，40位被访者认为新一轮农村改革对促进农村经济社会发

展“有很大作用”，占19.90%，84位被访者认为“有较大作用”，占41.79%，51位被访者认为“有一定作用”，占25.37%，9位被访者认为“没有作用”，占4.48%，17位被访者认为“不好说”，占8.46%。图5表明，87.06%的被访者认为新一轮农村改革对促进农村经济社会发展有着积极作用，仅有12.94%的被访者认为新一轮农村改革对促进农村经济社会发展“没有作用”和“不好说”。

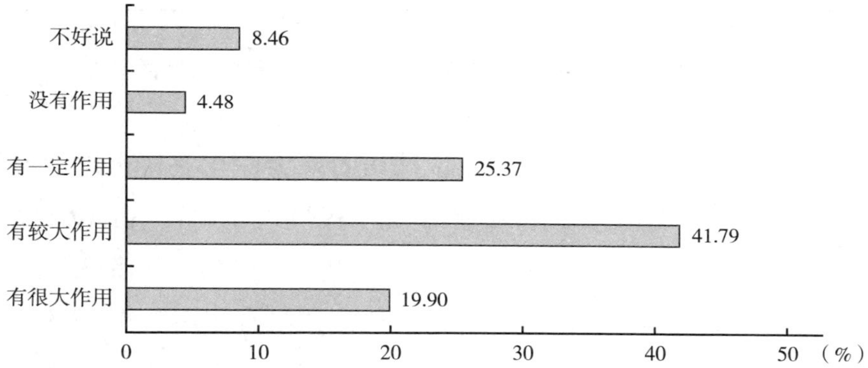

图5　被访者就新一轮农村改革对农村经济社会发展作用的看法

就“您觉得新一轮农村改革对维护农民利益的作用如何”的调查项目，40位被访者认为新一轮农村改革对维护农民利益“有很大作用”，占19.90%，84位被访者认为“有较大作用”，占41.79%，52位被访者认为“有一定作用”，占25.87%，8位被访者认为“没有作用”，占3.98%，17位被访者表示“不好说”，占8.46%。图6表明，超过87.00%的被访者认为新一轮农村改革对维护农民利益有着不同程度的促进作用。

（二）87.56%的被访者认为深化农村土地承包经营制度改革对激发农村发展活力的作用是积极的

就“您觉得深化农村土地承包经营制度改革对激发农村发展活

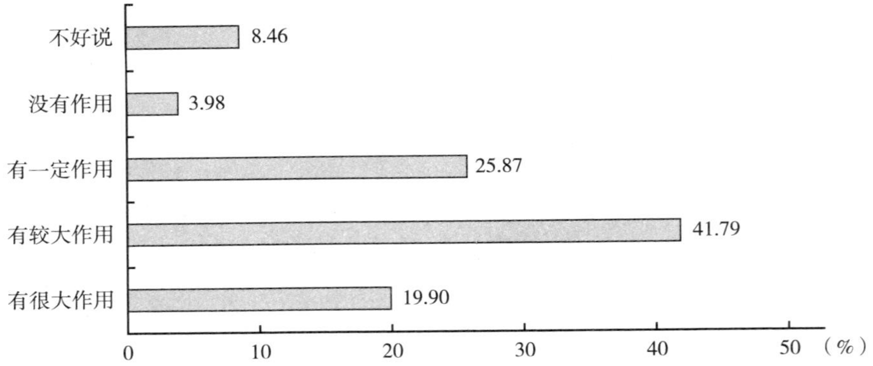

图 6　被访者就新一轮农村改革对维护农民利益作用的看法

力的作用如何”的调查项目，40 位被访者认为深化农村土地承包经营制度改革改革对激发农村发展活力“有很大作用”，占 19.90%，41 位被访者认为“有较大作用”，占 20.40%，95 位被访者认为“有一定作用”，占 47.26%，16 位被访者认为“没有作用”，占 7.96%，9 位被访者认为“不好说”，占 4.48%。从图 7 可以看出，87.56% 的被访者认为“有很大作用”、“有较大作用”和“有一定作用”，仅有 12.44% 的被访者认为深化农村土地承包经营制度改革对激发农村发展活力“没有作用”和“不好说”。

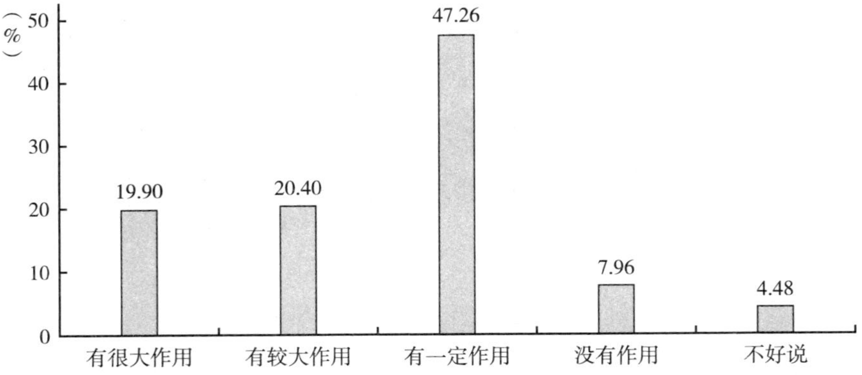

图 7　被访者就深化农村土地承包经营制度改革对激发农村发展活力作用的看法

（三）91.05%的被访者认为加快构建新型农业经营体系对于推动土地经营权规范有序流转的作用明显

就“您觉得加快构建新型农业经营体系对推动土地经营权规范有序流转的作用如何”的调查项目，45位被访者认为加快构建新型农业经营体系对推动土地经营权规范有序流转“有很大作用”，占22.39%，36位被访者认为“有较大作用”，占17.91%，102位被访者认为“有一定作用”，占50.75%，11位被访者认为“没有作用”，占5.47%，7位被访者表示“不好说”，占3.48%。图8表明，91.05%的被访者认为加快构建新型农业经营体系对推动土地经营权规范有序流转有着积极的促进作用。

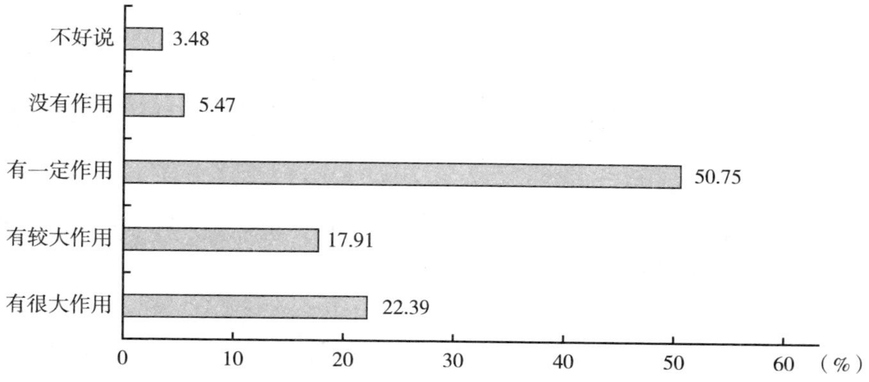

图8　被访者就加快构建新型农业经营体系对土地经营权有序流转作用的看法

（四）近80.00%的被访者认为健全农业支持保护制度对促进农民增收的作用明显

就“您觉得健全农业支持保护制度对促进农民增收的作用如何”的调查项目，64位被访者认为健全农业支持保护制度对促进农民增收“有很大作用”，占31.84%，55位被访者认为“有较大作用”，占27.36%，38位被访者认为“有一定作用”，占18.91%，33位被访者认为“没有作用”，占16.42%，11位被访者表示“不好说”，占5.47%。图9表明，78.11%的被访者认为健全农业支持保护制度对促进农民增收“有很大作用”、“有较大作用”和“有一定作用”。

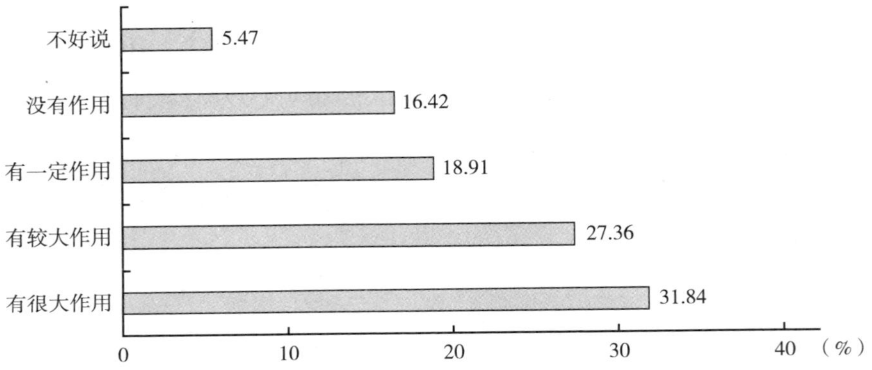

图9 被访者就健全农业支持保护制度对促进农民增收作用的看法

（五）超过80.00%的被访者认为健全城乡发展一体化体制机制对缩小城乡发展差距作用是积极的

就“您觉得健全城乡发展一体化体制机制对缩小城乡发展差距的作用如何”的调查项目，68位被访者认为健全城乡发展一体化体制机制对缩小城乡发展差距“有很大作用”，占33.83%，47位被访者认为“有较大作用”，占23.38%，49位被访者认为“有一定作用”，占24.38%，25位被访者认为“没有作用”，占12.44%，12位被访者表示“不好说”，占5.97%。图10表明，81.59%的被访者认为健全城乡发展一体化体制机制对缩小城乡发展差距“有很大作用”、“有较大作用”和“有一定作用”，18.41%的被访者认为“没有作用”和“不好说”。

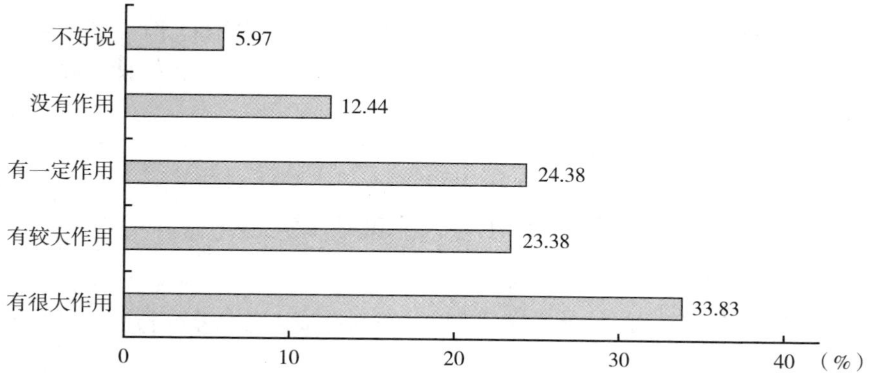

图 10 被访者就健全城乡发展一体化体制机制对缩小城乡发展差距作用的看法

（六）约80.00%的被访者认为加强和创新社会治理对维护农村社会稳定和谐的作用是积极的

就“您觉得加强和创新社会治理对维护农村社会稳定和谐的作用如何”的调查项目，82 位被访者认为加强和创新农村社会治理对维护农村社会稳定和谐“有很大作用”，占 40.80%，31 位被访者认为“有一定作用”，占 15.4%，44 位被访者认为“有一定作用”，占 21.89%，20 位被访者认为“没有作用”，占 9.95%，24

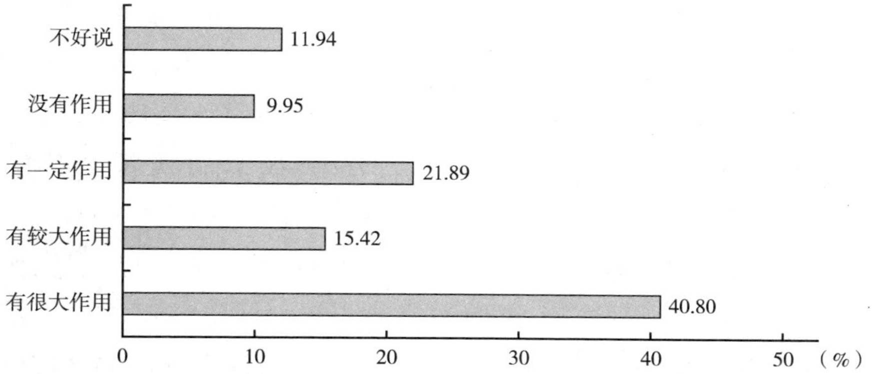

图 11 被访者就加强和创新社会治理对维护农村社会稳定和谐作用的看法

位被访者表示“不好说”，占11.94%。图11表明，约八成的被访者认为加强和创新农村社会治理对维护农村社会稳定和谐的作用是积极的。

四 对新一轮农村改革的支持度

大力推进新一轮农村改革，将使农村集体资产所有权、农户土地承包经营权和农民财产权的保护制度更加完善，使得适合农业农村特点的新型农业经营体系、农业支持保护体系、农业社会化服务体系、农业科技创新体系、农村金融体系更加健全，也使农民群众的民主权利得到更好保障，农业现代化水平和农民生活水平得到进一步提升。从问卷调查数据看，绝大多数农民群众对新一轮农村改革在促进农村发展、维护农民权益方面抱有很大希望，认为新一轮农村改革会使农村发展越来越好，支持度较高。

（一）八成左右的被访者对新一轮农村改革促进农村发展抱有希望，九成左右的被访者认为新一轮农村改革会使农村发展越来越好

就“您对新一轮农村改革促进农村发展抱有多大希望”的调查项目，73位被访者对新一轮农村改革促进农村发展“抱有很大希望”，占36.32%，34位被访者“抱有较大希望”，占16.92%，51位被访者“抱有一定希望”，占25.37%，16位被访者“不抱希望”，占7.96%，27位被访者表示“不好说”，占13.43%。图12表明，八成左右的被访者对新一轮农村改革促进农村发展抱有希望。

就“您觉得新一轮农村改革会使您所在村的发展越来越好吗”的调查项目，92位被访者认为新一轮农村改革一定会使自己所在村

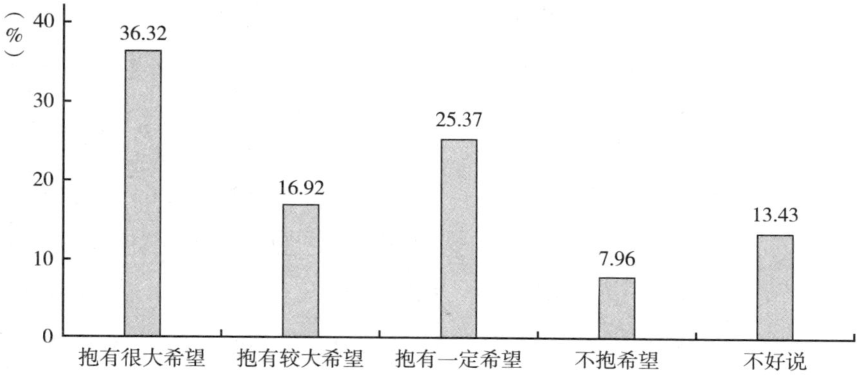

图 12　被访者就新一轮农村改革促进农村发展的希望程度

的发展越来越好，占45.77%，48位被访者认为新一轮农村改革应该会使自己所在村的发展越来越好，占23.88%，37位被访者认为新一轮农村改革可能会使自己所在村的发展越来越好，占18.41%，16位被访者认为新一轮农村改革不会使自己所在村的发展越来越好，占7.96%，8位被访者表示“不好说”，占3.98%。图13表明，九成左右的被访者认为新一轮农村改革会使农村发展越来越好。

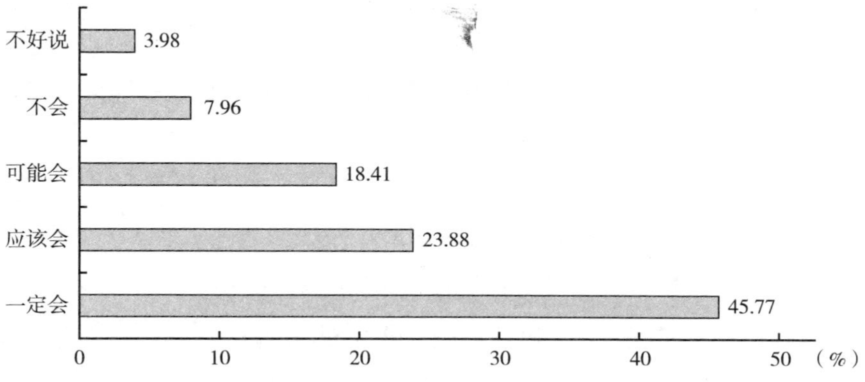

图 13　被访者对新一轮农村改革促进农村发展信心的看法

（二）八成以上的被访者对新一轮农村改革维护农民权益抱有希望，九成以上的被访者认为新一轮农村改革会使个人生活过得越来越好

就“您对新一轮农村改革维护农民权益抱有多大希望”的调查项目，92 位被访者对新一轮农村改革维护农民权益“抱有很大希望”，占 45.77%，34 位被访者“抱有较大希望”，占 16.92%，48 位被访者“抱有一定希望”，占 23.88%，15 位被访者“不抱希望”，占 7.46%，12 位被访者表示“不好说”，占 5.97%。图 14 表明，八成以上的被访者对新一轮农村改革维护农民权益抱有希望。

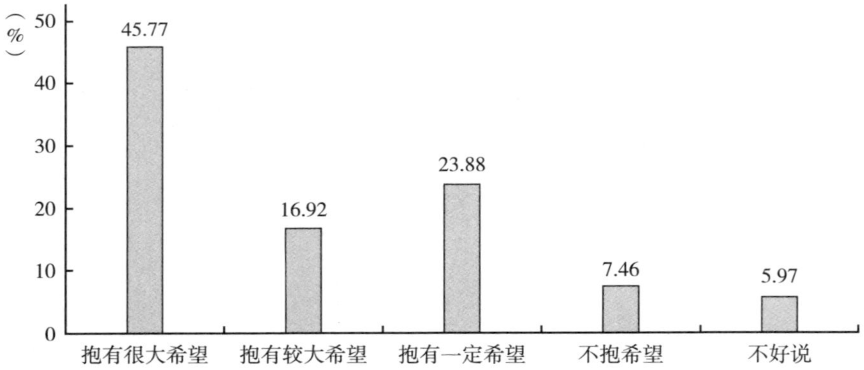

图 14　被访者对新一轮农村改革维护农村权益的希望程度

就“您觉得新一轮农村改革会使您的日子越来越好吗”的调查项目，71 位被访者认为新一轮农村改革一定会使自己的日子过得越来越好，占 35.32%，88 位被访者认为新一轮农村改革应该会使自己的日子过得越来越好，占 43.78%，30 位被访者认为新一轮农村改革可能会使自己的日子过得越来越好，占 14.93%，5 位被访者认为新一轮农村改革不会使自己的日子过得越来越好，占 2.49%，7 位被访

者表示“不好说”，占3.48%。图15表明，九成以上的被访者认为新一轮农村改革会使自己的日子过得越来越好。

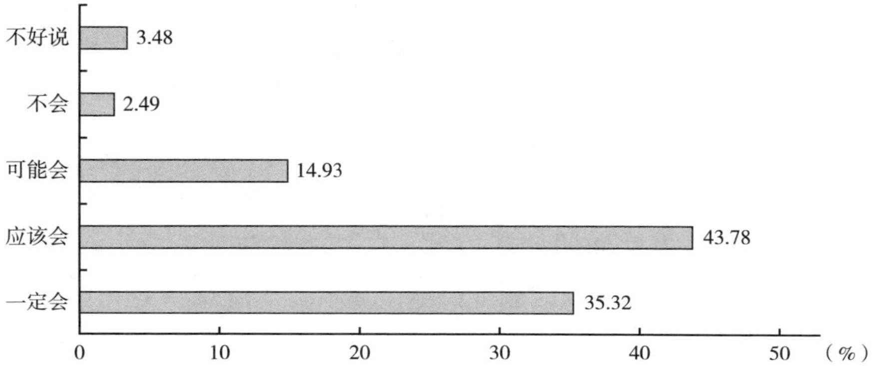

图15　被访者对新一轮农村改革促进个人生活信心的看法

五　推进新一轮农村改革的对策建议

农业、农村和农民发展与中国社会的现代化进程密切相关，全面推进新一轮农村改革，不仅是历史发展的必然选择，而且是时代发展的必然要求。全面深化农村改革涉及经济、政治、文化、社会、生态和基层党建等领域，涉及农村多种所有制经济主体。当前和今后一个时期，深化新一轮农村改革要聚焦农村集体产权制度、农业经营制度、农业支持保护制度、城乡发展一体化体制机制和农村社会治理制度五大领域。

（一）以明晰产权归属为重点，推进农村集体产权制度改革

土地问题是中国“三农”问题的核心。农村集体土地产权制度改革是新一轮农村改革的重中之重。由于农村集体产权制度改革涉及我国基本经济制度和农村基本经营制度，涉及经济、法律和社会的各

个方面，涉及农村社会不同主体的利益诉求，各地必须统筹兼顾，分类推进，各有侧重。一是统筹兼顾各方权益关系。按照规划和用途管制的要求，合理配置国家与集体产权关系，既要赋予城乡统一建设用地市场的权能，又要赋予农村集体更大的土地发展权；合理配置与社会成员的产权关系，赋予社会成员在承包地、集体资产股份、宅基地和住房等方面更为充分的权能。同时，既要保证国家与集体之间的权益分配，又要保证所有权得到体现、承包权得到稳定、经营权得到放活，明确界定三者之间的权利边界。二是改革应加强分类管理。目前，农村各类集体资产产权制度改革进展不一，应对三类资产进行分类管理。对土地等公益性资产，注重考虑提高服务效能、降低运行成本的管理模式；对于学校等经营性资产，注重考虑实行灵活多样的改制模式；对厂房、物业、集体经营性建设用地使用权等，应采用租赁经营、股份合作制改革、征地补偿费等多种管理形式。三是改革应各有侧重。在纯农区，侧重于对各类土地资产和农民住房财产进行确权登记颁证和完善承包地经营权流转制度。在城郊区，侧重于对经营性资产进行全面清产核资和各类土地资产改革。在城市区，侧重于集体成员意见较大、问题较多的集体资产管理改革。

（二）以培育多元经营主体为重点，构建现代农业经营体系

农业经营体系是农业现代化的重要支撑。构建现代农业经营体系，各地要针对不同主体的特点，坚持以多元经营为重点，大力培育家庭、农民合作社、农业产业化龙头企业、社会化组织等多元主体，提升农业经营效益。一是积极培育家庭经营主体。农村家庭经营主体主要集中在生产环节，直接从事土地经营。积极培育家庭经营主体要做到稳定经营规模、改善生产条件，从补贴、贷款、保险、抵押、用地等方面，推动出台相应的扶持措施。二是大力发展农民合作社。坚持把合作社规范化建设放在突出位置，建立健全规

章制度，完善民主管理，让农民公平受益；鼓励农民以土地经营权、财政量化到户资金、技术等要素入股合作社，发展专业合作、股份合作等多元化、多类型合作社，并加强合作社之间的联合与合作；充分运用各类培训资源，加强对农业合作社带头人的培养。三是促进农业产业化发展。重点是要增强农业产业化带动能力，延伸产业链、提升价值链。既要支持龙头企业转型升级，大力发展电子商务、“互联网+”等新兴业态，创新经营方式和管理方式，提高生产效率和资源利用效率，又要完善促进“一二三产”融合发展的利益联结机制，深入推进土地经营权入股发展产业化经营，组织三产融合发展试点，探索创新产业融合发展模式。四是提供农业社会化服务。完善促进农业生产性服务业发展的财政、税收、金融等扶持政策，培育新型农业服务主体，拓展农业生产性服务领域，强化社会化服务能力建设。

（三）以强农惠农富农为重点，健全农业支持保护制度

健全农业支持保护制度，要以强农惠农富农为重点，促进农产品供给和农民增收，形成农业支持保护制度体系，实现农业可持续发展。一是建立农业农村投入稳定增长机制，把农业农村作为财政支出的优先保障领域，整合涉农转移支付资金，带动金融和社会资本投向农业农村，发挥财政资金的引导和杠杆作用。既要积极推进农业水价综合改革，鼓励社会资本参与农田水利工程建设，又要深化农业科技体制改革，完善科研立项和成果转化评价机制，创新基层农技推广服务体系，探索公益性农技推广服务的多种实现形式。二是完善农产品价格形成机制和农业补贴制度。要充分发挥市场在资源配置中的决定性作用，完善农产品价格形成机制和市场调控制度，强化以信息化为支撑的农产品现代流通体系建设，完善促进农业科技进步和农民技能培训的投入机制。三是建立农业可持续发展机制。既要强化生态保护

的机制创新，完善农业投入品减量提效补偿机制，发展生态循环农业，又要实施耕地质量保护与提升行动，完善生态保护补偿制度。四是不断创新农村金融服务模式，促进普惠金融发展，加快建立适应我国农业生产特点的现代农村金融体系。

（四）以城乡公共服务均等化为重点，健全城乡发展一体化体制机制

城乡发展一体化，是工业化、城镇化、农业现代化发展的必然要求。各地要以城乡公共服务均等化为重点，健全城乡发展一体化体制机制。一是增强政府公共服务和社会管理职能。各级政府要把社会管理体制改革同行政管理体制改革有机结合起来，进一步加快政府职能转变，加强和改进社会管理，在更宽领域中和更高水平上提供公共服务。二是合理划分各部门的职能，加强部门之间的合作沟通。进一步精简政府机构，科学设置机构功能，明确各部门的职责，加强各部门的沟通交流和协调合作。三是增强县级和乡镇自主管理和自我发展能力。统筹城乡解决“三农”问题和推进新农村建设，保证县域协调发展，推进强镇扩权，对具备一定人口规模和经济实力的中心镇赋予必要的城市管理权限。四是完善城乡统筹的社区服务机制，推进以城乡社区为主要载体的基层社会管理体制改革，稳步推进镇、村体制向街道、社区体制转变，逐步建立现代新型社区。五是促进城乡社区共同建设。建立和完善城乡联动、共驻共享机制，加强社区公共服务功能设施建设，形成更加完善的社会服务体系。整体统筹谋划，促进城乡在规划布局、要素配置、产业发展、公共服务、生态保护等方面相互融合和共同发展。形成以工促农、以城带乡、工农互惠、城乡一体的新型工农城乡关系，逐步实现城乡居民基本权益平等化、城乡公共服务均等化、城乡要素配置合理化及城乡产业发展融合化。

（五）以提升农村治理水平为重点，创新农村社会治理机制

各地要坚持党政主导、农民主体、社会协同，以提升农村治理水平为重点，形成规范有序、充满活力的乡村治理机制。一是加强农村基层党组织建设。认真贯彻党要管党、从严治党的要求，坚持农村基层党组织领导核心地位，创新完善农村基层党组织设置和活动方式，强化县、乡、村三级便民服务网络建设，严格落实农村基层党建责任制，加大抓乡促村工作力度。二是健全农村基层民主管理制度。健全村党组织领导的充满活力的村民自治机制，完善议事决策主体和程序，建立务实管用的村务监督机制，探索村民议事会、村民理事会等协商形式，完善农村基层党组织领导的村民自治组织和集体经济组织运行机制。三是创新农村扶贫开发体制机制。着眼全面建成小康社会，分类施策，加快健全精准扶贫工作机制，完善贫困县考核机制，完善干部驻村帮扶机制，完善扶贫资金管理机制，完善金融服务机制，创新社会参与机制，建立扶贫对象动态调整机制，完善扶贫开发与农村低保有效衔接的机制。四是深化农村行政执法体制改革，推进食品药品安全、工商质检、公共卫生、安全生产、文化旅游、资源环境、农林水利、交通运输、城乡建设、海洋渔业等领域的综合执法，确保有关法律法规的执行，依法维护农村生产生活秩序，提高农村基层法治水平。

B.10
党政干部对依法行政的认识调查

王 瑾*

摘　要：　全面推进依法治国，建设法治政府，必须全面推进依法行政。不断提升党政干部依法行政的能力是关系新时期依法行政更好地得到贯彻落实，构建法治政府的目标如期实现的重要问题。在进一步深化改革的历史背景下，本文通过问卷调查和访谈，详细了解党政干部对依法行政的认识，分析了依法行政中存在的问题，并提出了相应的对策建议。

关键词：　党政干部　依法行政　行政行为　法治政府

近年来，随着我国法治化进程的加快，各级行政机关的依法行政意识有所增强，依法行政能力有了不同程度的提高，依法行政的实践取得了许多积极的成果。然而，我们也必须看到，我国在依法行政的能力上仍存在诸多不适应之处。2015 年 2 月 2 日，习近平总书记在省部级主要领导干部学习贯彻十八届四中全会精神，全面推进依法治国专题研讨班上强调，各级领导干部在推进依法治国方面肩负着重要责任，全面依法治国必须抓住领导干部这个"关键少数"。领导干部要做尊法学法守法用法的模范，带动全党全国一起努力，在建设中国特色社会主义法治体系、建设社会主义法治国家上不断见到新成效。2016 年 8

---

* 王瑾，甘肃省社会科学院法学研究所研究员，研究方向为宪法与行政法学、民商法学。

月，甘肃省社会科学院舆情课题组对党政干部进行了专题调查，旨在了解和研究党政干部对依法行政的认识，提高党政干部依法行政的能力。

一　被访者基本情况

本次调查对象为在甘肃省委党校和甘肃省行政学院参加培训的全省 14 个市（州）的党政干部，包括厅局级、县处级和科级及以下三个行政级别。本次调查共发放问卷 188 份，回收有效问卷 187 份。

被访者中男性 144 人，占比 77.01%，女性 43 人，占比 22.99%；从年龄看，185 个有效数据中 20～30 岁的 4 人，占比 2.16%，31～40 岁的共 38 人，占比 20.54%，41～50 岁的共 84 人，占比 45.41%，50 岁以上的 59 人，占比 31.89%。从文化程度看，大专文化 14 人，占比 7.49%，大学本科 122 人，占比 65.24%，硕士 45 人，占比 24.06%，博士 6 人，占比 3.21%。从参加党派情况看，186 份有效问卷中有中共党员 172 人，占比 92.47%，无党派 10 人，占比 5.38%，民主党派 4 人，占比 2.15%。从行政职务看，厅局级干部 27 人，占比 14.44%，县处级干部 101 人，占比 54.01%，科级及以下 59 人，占比 31.55%。从民族看，186 份有效问卷中有汉族干部 155 人，占比 83.33%，回族干部 4 人，占比 2.15%，藏族干部 21 人，占比 11.29%，满族干部 1 人，占比 0.54%，其他民族干部 5 人，占比 2.69%。

二　问卷统计与分析

（一）党政干部对依法行政的了解渠道和程度

1. 了解渠道

在可多选的六个答案中，通过上级文件和规定了解依法行政的占比最大，通过定期培训了解的比例最低（见表 1）。

表 1　党政干部了解依法行政的渠道

单位：人次，%

了解渠道	上级文件和规定	单位组织和要求	报纸杂志	电视网络	定期培训	自学法律法规
人次	139	121	93	80	65	82
百分比	74.33	64.71	49.73	42.78	34.76	43.85

注：本文全部图表数据均来自甘肃舆情分析与预测课题组的调查统计。

从年龄看，20～30岁的党政干部主要通过所在单位了解依法行政，没有参加过定期培训，其他年龄段则是年龄越大参加定期培训的比例越高，但最高未超过40.68%。从职务看，厅局级干部通过文件和单位组织了解依法行政的比例都在七成左右，县处级比例接近八成，科级及以下为五成。厅局级干部通过电视网络了解的比例明显低于县处级和科级及以下职务的干部，约为他们的一半。三个行政级别中通过自学了解依法行政的比例非常接近，都在45%左右。

2. 党政干部对了解依法行政内容的自我认知

在187份有效问卷中，有8.56%的干部表示非常了解依法行政的含义和要求，有34.76%的干部表示比较了解，有31.55%的干部表示了解，有24.60%的干部表示了解一些，有0.53%的干部表示不了解。厅局级干部中表示比较了解和了解的有22人，有5人表示了解一点。县处级干部中表示非常了解的有10人，比较了解的有35人，了解的有33人，表示了解一点的有23人。科级及以下干部中表示非常了解的有6人，比较了解的有19人，表示了解的有15人，表示了解一点的有18人，表示不了解的有1人。总体来看，非常了解、比较了解和了解的被访者中，厅局级干部占总数的比例最高（81.48%），县处级和科级及以下分别为本级别人数的77.23%、67.80%，行政职务越高，表示了解依法行政含义和内容的比例越高。

（二）党政干部对依法行政的认识

1. 对法律目的和权力的认识

有 175 人回答了对法律目的的认识，其中 106 人认为法律的目的是保护公民权利，有 19 人认为是惩罚违法犯罪，有 17 人认为法律的目的是巩固统治阶级的统治，有 4 人认为是政府管理的工具，有 29 人认为法律的目的是调整社会秩序（见图 1）。

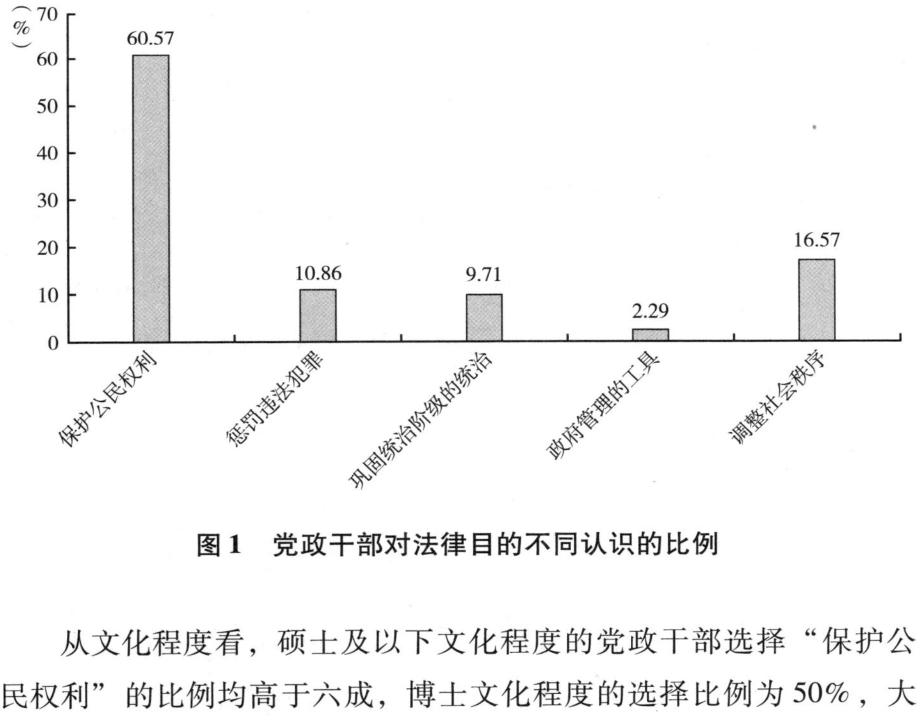

图 1　党政干部对法律目的不同认识的比例

从文化程度看，硕士及以下文化程度的党政干部选择“保护公民权利”的比例均高于六成，博士文化程度的选择比例为 50%，大专文化程度的被访者选择“政府管理的工具”的比例高于其他被访者，为 16.67%，博士程度无人选择该项，硕士选择“调整社会秩序”的比例最高，为 25%，博士无人选择该项。从被访者所在的党派看，选择“保护公民权利”的被访者中，中共党员和无党派被访者都超过六成，但民主党派只有 25% 选择该项，选择“巩固统治阶级的统治”和“政府管理的工具”的民主党派分别达到50%和25%。从行政职务看，科级及以下被访者中选择“保护公民权利”的比例最高，达到该人群的70.18%，厅局级和县处级分别为50%和57.61%；厅局级被访者选择“巩固统治阶级的统治”“调整社会秩序”的比例高于其他级别，为15.38%和23.08%。

184位被访者回答了对“权力”的理解，其中有164位被访者认为权力是“法律明确授权的行为”，占总人数的89.13%，有8位被访者认为是“法律没有明确禁止的行为”，还有8位选择是“党组织明确指示的行为”，占比均为4.35%，有4位认为是“上级明确要求的行为”，占比为2.17%。从文化程度看，除大专程度的被访者外，其他三个文化程度的被访者都有人选择“法律没有明确禁止的行为”和“党组织明确指示的行为”，大专和大学本科有人选择“上级明确要求的行为”，硕士和博士无人选择该项。从行政职务看，厅局级被访者中除有1人选择了“法律没有明确禁止的行为”外，均选择“法律明确授权的行为”，其他两种职务的干部对四个选项都有选择，当然，选择除“法律明确授权的行为”外其他三个选项的比例都很低。

2. 对国家权力与公民权利的认识

总体来看，186位回答该问题的被访者中，有146位认为“国家权力来源于公民权利”，有40位认为“公民权利来源于国家权力”，其中女性和男性选择两者的比例相当，选择“国家权力来源于公民权利”的为八成，选择“公民权利来源于国家权力”的为两成。从年龄看，50岁以上被访者选择“国家权力来源于公民权利”的比例比其他年龄段高10个百分点左右，达到86%。从行政职务看，县处级和科级及以下被访者选择“公民权利来源于国家权力”的比例高于厅局级被访者（见表2）。

3. 对依法行政的认识

（1）课题组通过“您认为依法治国的首要任务是什么”这一问题了解被访者对依法行政的认识。185位被访者回答了这个问题。在

表 2　各职级干部对国家权力和公民权利关系的认识

单位：%

行政职务	国家权力来源于公民权利	公民权利来源于国家权力	合计
厅局级	92.31	7.69	100
县处级	77.23	22.77	100
科级及以下	74.58	25.42	100

三个备选答案中，有 65.41% 的被访者认为首要任务是“依法行政（依法治官）”，有 30.81% 的被访者认为首要任务是“依法管理社会事务”，有 3.78% 的被访者认为首要任务是“依法治民”，选择该项的被访者集中在 31 ~50 岁两个年龄段，2 名是汉族干部，5 名是少数民族干部。从党派看，有 6 名被访者是党员，1 名被访者是无党派干部，从行政职务看，有 2 名是县处级干部，5 名是科级及以下干部。

（2）课题组了解了被访者对依法行政重要性的认识。187 位被访者中有 171 位认为依法行政“非常重要”，占比 91.44%，有 15 位认为“重要”，占比 8.02%，有 1 人认为“一般”，占比 0.54%。从性别看，选择“一般”的为男性被访者；从年龄看，20 ~30 岁年龄段的被访者选择“非常重要”的比例最低，为该年龄段总人数的 75%，其他年龄段的都在 86% 以上，选择“重要”的被访者中，20 ~30 岁的人数最多，为该年龄段总人数的 25%，50 岁以上的人数最少，仅为该年龄段总人数的 1.69%。

（3）课题组对被访者对严格依法行政的感受进行了了解。186 位被访者回答了“您认为严格依法行政是否会束缚政府和行政工作人员的手脚”，其中有 15 人认为会束缚手脚，占 8.06%，有 41 人认为“有时会”，占 22.04%，有 130 人认为“不会”，占 69.89%。从年龄看，有效问卷的统计结果中，31 ~40 岁的被访者认为“会”的比例最高，为 10.53%（见表 3）。

表 3　各年龄段对严格依法行政的感受

单位：%

各年龄段	不会	有时会	会	合计
20～30 岁	75.00	25.00	0.00	100.00
31～40 岁	68.42	21.05	10.53	100.00
41～50 岁	71.08	21.69	7.23	100.00
50 岁以上	69.49	22.04	8.47	100.00

从行政职务看，三个行政职务层次的被访者认为“会”和“有时会”的比例并不算少，在三成左右（见图 2）。

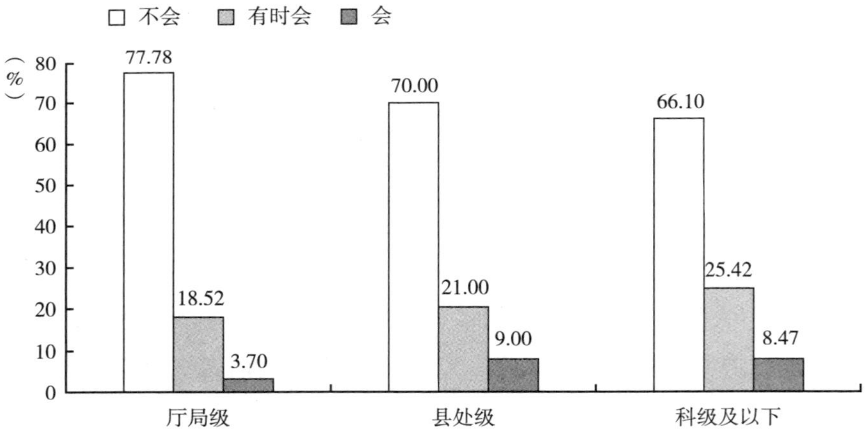

图 2　各职务层次被访者对“严格依法行政是否会束缚政府和行政工作人员的手脚”的认识

（三）对依法行政实施过程中有关问题的认识

1. 对法律与政策的认识

当法律与政策发生冲突时该如何选择？186 位被访者中有 164 位选择“依法办事”，占比 88.17%；有 9 位选择“依政策办事”，占比为4.84%，还有13位选择“请示领导”，占比6.99%。从年龄看，20~30岁年龄段的被访者无人选择“依政策办事”和“请示领导”，其他各年龄段选择这两项的比例不高，均在10%以下。从职务看，厅局级被访者除有1位选择“依政策办事”外，其余全部选择“依法办事”，科级及以下被访者选择“依法办事”的比例最低，为该职级被访者的79.66%，选择“请示领导”的比例最高，为13.56%，县处级和科级及以下被访者选择“依政策办事”的比例分别为4%和6.78%。

2. 对行政行为依据的认识

当进行决策或者实施行政行为时，党政干部如何确定自己所拥有权限的依据？有177位被访者回答了这个问题。超过七成的被访者认为应该依据相关法律法规，但也有不少被访者选择了依据政府相关政策、依据领导相关讲话或命令（见图3）。

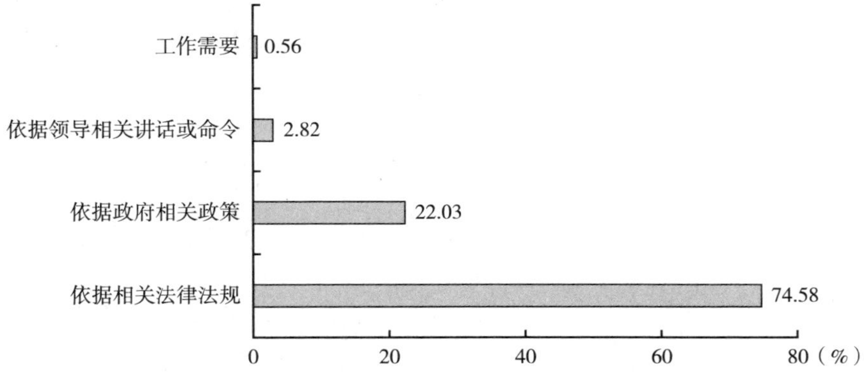

图3　被访者对行政行为依据的认识

3. 对实施行政行为程序的认识

当问及“您认为在进行决策或者实施行政行为的过程中，步骤、方式和时限等是否应该严格符合法律、法规的规定”时，184份有效问卷中有82.61%的被访者认为必须严格符合，有14.67%的被访者认为大体符合就可以，有 2.72% 的被访者认为有时可以不符合。从性别看，女性被访者认为应该严格符合的比例（85.71%）高于男性被访者（81.69%）；从文化程度看，认为可以大体符合的被访者中，硕士比例最高，为其总人数的 27.91%，博士为 16.70%，大学本科程度的为 11.57%，大专文化程度无人选择“大体符合”和“有时不符合”；选择“有时不符合”的仅有大学本科文化程度的被访者（4.13%）。从行政职务看，184 个有效答案中各个职级都有选择“大体符合”的被访者，其中厅局级为 7.69%，县处级为 13.13%，科级及以下为 20.34%；选择“有时不符合”的分别为县处级 1.01%、科级及以下 6.78%。

（四）被访者对依法行政存在问题和原因的认识

针对依法行政中存在的问题，在可多选的六个答案中，被访者选择最多的是“对依法行政的监督不够完善”，比例为 76.34%，排在其后的“行政执法体系不够完善”，占比为 71.51%，问卷所列举的答案中，除“其他”选项外，其他选项的选择比例都在五成以上（见表 4）。

表 4　被访者对依法行政存在问题的认识

单位：人次，%

存在问题	行政立法还不全面	已有的行政法律法规存在缺陷	行政人员观念落后	行政执法体系不够完善	对依法行政的监督不够完善	其他
人次	117	102	128	133	142	20
百分比	62.90	54.84	68.82	71.51	76.34	10.75

被访者对依法行政中存在问题的原因进行了排序，统计数据显示，问卷所列举的可多选的各种原因被选中的比例都比较高（见图 4）。

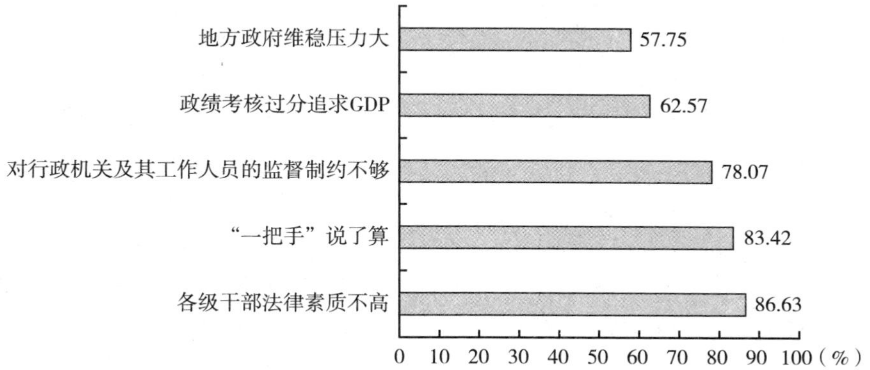

图 4　被访者认为依法行政存在问题的原因排序

（五）对如何推进依法行政的认识

首先，问卷从总体上列举了依法行政中应重点解决的 8 个问题，请被访者选择并排序。所有问题的选中率都比较高，选择比例均高于 60%（见表 5）。

表 5　被访者对依法行政应重点解决问题的排序

单位：人次，%

排序	1	2	3	4	5	6	7	8
问题	转变政府职能，改革行政体制	推进政府信息公开	提高行政机关工作人员特别是各级领导干部依法行政的能力和水平	加强对行政行为的监督	建立和完善行政决策合法性审查制度和公众参与制度	强化行政“一把手”的法治意识和主体责任	规范行政执法	加强各级政府及其所属部门的法治机构建设
人次	168	166	160	156	148	141	137	128
百分比	90. 32	89. 25	86. 02	83. 87	79. 57	75. 81	73. 66	68. 82

其次，从提高个人依法行政能力的角度出发，问卷列举了可多选的多个选项，统计显示有67.74%的被访者认为作为行政机关工作人员，应该树立依法行政的观念；有64.52%的被访者认为应该健全依法行政监督机制；有56.45%的被访者表示应该提高领导干部依法行政的能力和水平；54.30%的被访者表示应建立行政机关工作人员学法的制度；有50.54%的被访者认为应建立和完善行政人员考核制度；有49.46%的被访者认为应该营造遵纪守法、依法维权的良好环境。

为了进一步考量提高行政工作人员依法行政能力的办法，课题组调查了被访者对如何提高法律素养的看法。被访者认为个人提高法律素养的主要途径是参加法律培训，选择该项的人数为总人数的59.22%，有25.70%的被访者认为要参加法律实践，还有15.08%的被访者认为通过自学提高个人的法律素养。

（六）对理想中法治政府的认识

调查列举了9个法治政府应具备的条件，被访者可以进行多项选择。统计数据显示，位列理想中的法治政府第一的是“依法办事”，位列第二的是“公开透明”，位列第三的是“严格执法”，位列第四的是“公正廉洁”，这四项的选中率都在88%以上，其他选项的比例也都在六成以上(见图5)。

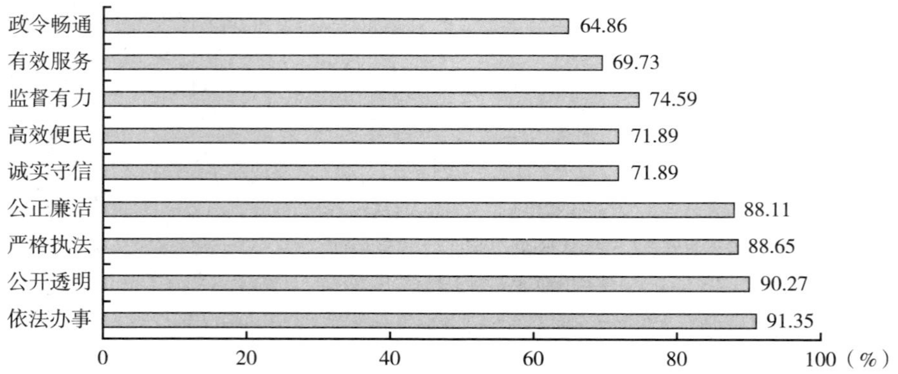

图5　被访者对理想中的法治政府的认识

三　分析与结论

（一）已具备一定的法治思维能力，但法治理念和意识还需要加强

数据显示六成被访者认为法律的目的是保护公民权利，可见，多数领导干部认同法律的根本目的是保护公民权利，认同法律代表着公平正义。有近九成的被访者认为权力是法律明确授权的行为，只有一成左右的被访者认为权力是党组织明确指示的行为、上级明确要求的行为，可以说绝大多数被访者对权力有一个比较正确的认识；从对国家权力和公民权利的认识看，有八成的被访者认为国家权力来源于公民权利，有两成被访者认为公民权利来源于国家权力。

同时，仅有六成的被访者认为法律的目的是保护公民权利，民主党派被访者选择该项的甚至不足三成。在对权力的认识上，高学历、高职务的被访者中仍然有一些人认为权力是“法律没有禁止的行为”和“党组织明确指示的行为”，没有认识到“法无授权即禁止”，对权力边界问题认识模糊。从对国家权力与公民权利的认识来看，各年龄段、各级职务和各个文化程度中都有人选择“公民权利来源于国家权力”，并且表现出越是年纪轻、职级低的党政干部选择的比例越高的状况，反映出还有相当一部分党政干部没有形成正确的权力观。以上情况说明，党政干部虽然具有一定的法治思维能力，但对法治和法制建设的一些基本理念还存在着认识不清、观念落后的问题，直接影响依法行政工作的深入开展。

（二）多数党政干部能够认识到依法行政的重要性，但尚未从思想上做好严格依法行政的准备

超过六成的被访者认为依法治国的关键是依法行政（依法治

官），同时超过九成的被访者认为依法行政非常重要，近七成的被访者认为严格依法行政不会束缚政府和行政工作人员的手脚。与此相反的是，还有接近4%的被访者认为依法治国的关键是“依法治民”，并且这部分被访者的年龄在31～50岁，这个年龄段一般是单位骨干。另外，关于依法行政重要性的认识，还有接近9%的被访者认为“重要”和“一般”。有接近三成的被访者认为严格依法行政会束缚政府和行政工作人员的手脚。可见，大多数党政干部能够认识到依法行政的重要性，但要转变老思想、老做法，从自身做起严格依法行政，仍然会感到不适应、不习惯，究其原因，主要是还没有摆脱官本位思想，还没有彻底从思想上认识到现代法治的核心是依法行政、依法控权，没有做好严格依法行政的准备。

（三）依法行政程序意识增强，但缺乏严格依法办事的坚定性

当法律与政策发生冲突时，有八成以上的被访者认为应该依法办事；进行决策或者实施行政行为时，超过七成的被访者认为应该依据法律法规的规定；在实施行政行为过程中，有八成以上的被访者认为应该严格符合法律规定的步骤、方式和时限等。这些数据显示，党政干部在实施行政行为过程中已经基本形成了遵守法律的程序性规定，按照法定程序实施行政行为的观念。但数据也表明，当政策和法律发生冲突时，相当一部分中年和年轻干部会选择“依政策办事”，科级及以下干部选择“请示领导”的比例更高一些。同样的情况出现在对行政权限依据的认识上，只有七成多的被访者认为应该依据法律法规，还有接近三成的被访者认为可以依据政策、领导讲话或者工作需要。在具体实施行政行为过程中，还有接近两成的各职级被访者认为在进行决策或者实施行政行为的过程中，步骤、方式和时限可以大体符合和有时不符合法律、法规的规定。从调查数据可以看到，与过去相比，各级党政干部依法行政的程序意识有显著增

强，但在实际工作中，还不能完全遵守程序性规定，不能做到严格依法办事。

（四）被访者认为需要从多个方面进一步完善依法行政

党政干部是依法行政的实施者，也是推动者，对依法行政过程中存在的问题有着更为直观和切身的感受。数据显示，被访者认为当前制约依法行政的主要因素有：各级干部法律素质不高、“一把手”说了算、对行政机关及其工作人员的监督制约不够、政绩考核过分追求GDP、地方政府维稳压力大等。被访者认为要重点解决的问题包括了转变政府职能，改革行政体制；推进政府信息公开；提高行政机关工作人员特别是各级领导干部依法行政的能力和水平等各个方面。也就是说，党政干部清醒地认识到当前依法行政还存在许多问题，需要从各个方面加强依法行政工作。

四　对策建议

党的十八届四中全会通过的《中共中央关于全面推进依法治国若干重大问题的决定》指出：“全面建成小康社会、实现中华民族伟大复兴的中国梦，全面深化改革、完成和发展中国特色社会主义制度、提高党的执政能力和执政水平，必须全面推进依法治国。”全面推进依法治国具有重大的现实意义和深远的历史意义，而依法行政是依法治国的重要组成部分，全面推进依法治国，建设法治政府，必须全面推进依法行政。只有政府行政权力受到法的严格制约，执法者严格执法，作为社会主体的人明法、遵法、守法，才意味着法治社会的真正建立和完善。因此，推进依法治国就必须加强依法行政，这是依法治国的关键和基础。

（一）从“关键少数”抓起，树立领导干部的法治理念

习近平总书记指出，领导干部这个群体人数虽然不多，但“作为具体行使党的执政权和国家立法权、行政权、司法权的人，很大程度上决定着全面推进依法治国的方向、道路、进度。党领导立法、保证执法、支持司法、带头守法，也主要通过各级领导干部的具体行动和工作来体现、来实现”。作为“关键少数”的领导干部对依法治国、依法行政的影响和作用可见一斑，因此要从领导干部抓起，树立领导干部的法治理念。一是要树立法律面前人人平等的理念，纠正法律治民不治官的错误思想，深刻认识到依法治国的关键是依法行政，依法行政的核心是依法治官；二是要树立正确的权力观，树立法律至上、公民权利至上、法律支配权力的法治理念；三是领导干部要善于主动将法律知识转化成法治素养，将法律知识内化成人的法治思维，用法治思维解决社会问题，把行政管理活动自觉纳入法治轨道。同时从根本上改变“一把手”说了算的决策局面，摒弃唯上、唯事不唯法的做法，树立领导干部严格依法行政的理念，尽快实现从人治向法治的转化。

（二）重视理论培训，强化党政干部法治意识和理念

调查显示，各年龄段、各党派、各职级干部都存在加强学习、加强法治思维建设的现实需要。一是要加强理论学习，改变过去重实用轻理论的培训方法，重视理论基础培训，干部教育培训机构的培训重点要放在强化法治理念、法治精神的教育与传播上，让政府官员充分掌握现代法治的核心等依法行政的基本理论，彻底转变过去公权至上的观念，最终形成法治思维。二是要加强对年轻干部的法律教育和培训。许多青年干部都是通过公务员考试进入行政机关的，已经有比较好的法律基础，他们通常学习能力强，加强对这部分干部的理论教育

和培训，可以防止他们进入机关后受过去落后观念和做法的影响，同时他们大多在行政工作的第一线，多是行政行为的直接实施者，强化对他们的培训，还可以养成他们严格依法办事、严格按程序工作的习惯。中年和年轻干部是干部队伍中的主力，对他们进行法律理念和法律意识的培养至关重要，直接影响依法行政的实施效果。三是根据民主党派和少数民主干部的特点，采取行之有效的培训教育方法，尽快提高这部分党政干部的依法行政能力。通过理论学习和培训，强化党政干部的法治意识和理念，使各级干部形成用法治思维解决社会问题的习惯。

（三）严格依法定程序办事，提高依法行政能力

法律界有句名言“正义不仅应当得到实现，而且应当以人们能够看得见的方式得到实现”，正当程序是人类为追求公平、公正而设计的一项非常重要的制度，现代法律制度认为程序正义才能保障实体正义。依法行政工作中一个很重要的方面就是要严格按照法律规定的程序实施行政行为。过去出现的种种“钓鱼执法”的情况，就是只重视行政结果不重视行政程序的典型事例，其结果直接影响人们的道德观和对执法部门的信赖度。法律法规对实施行政行为的程序已经有了比较全面的规定，政府和行政工作人员要严格按照法律规定的程序依法行政，让按法定程序办事成为实施行政行为的前提，通过严格遵守和执行程序性的规定，反过来倒逼行政工作人员形成依法行政的自觉性，改变过去一些干部把法律仅仅用来治理老百姓而不规范、约束自己的情况，用程序正义改变政府形象、提高党政干部依法行政的能力。

专　题　篇

Special Subjects

B.11
民众对地方政府应对突发群体性事件的了解和评价调查

王　瑾*

摘　要：　我国正处于社会转型期，各种社会矛盾日益暴露，导致群体性事件频发。地方政府处理突发群体性事件的能力直接影响执政能力。在全面推进依法治国的历史背景下，本文通过问卷调查和访谈，就甘肃民众对地方政府应对突发群体性事件的了解和评价做了具体调查，并提出了相应对策建议。

关键词：　地方政府　群体性事件　突发事件

* 王瑾，甘肃省社会科学院法学研究所研究员，研究方向为宪法与行政法学、民商法学。

西部民族地区普遍存在着与全国的差距较大、可持续发展能力不强、经济结构不合理的问题，存在着城乡居民收入低、贫困人口多、公共服务和社会保障水平不高的问题，存在着区域发展不协调、城乡发展不平衡、发展环境不够优、基础设施滞后、生态环境脆弱的问题等。甘肃省近年人均 GDP 更是在全国垫底，人民内部各种具体矛盾难以避免地会表现出来，特别是在对外开放和信息化的背景下，经济问题、社会问题与政治问题相互关联，虚拟社会与现实社会相互作用，局部地区社会矛盾在一段时间内甚至会表现得比较突出，突出表现为突发群体性事件。

社会稳定问题直接影响着地区社会发展乃至国家安全，把握群体性事件的发生、发展规律，不仅有助于从源头上厘清影响社会稳定的因素，进而促进社会发展，缩小贫富差距、地区差距，减少社会矛盾的诱因，而且在全面推进依法治国的大背景下，依法维稳将成为维护社会稳定的常态，加强地方政府应对和处理群体性事件的能力，也是依法行政、提高地方政府执政能力的现实需要。基于甘肃社会发展的实际状况，2016 年 8 月，甘肃省社会科学院舆情课题组就民众对地方政府应对突发群体性事件的了解和评价进行了专题调查，旨在了解和研究民众对地方政府维护社会稳定的做法以及能力的认识和评价，继而探索地方政府维稳的有效途径。

一　调查的基本情况

本次调查以问卷调查为主，兼之访谈和座谈。调查地选择了地处甘肃东部的定西、天水，西部的武威以及甘南藏族自治州。共发放问卷 670 份，回收问卷 664 份，有效问卷 660 份。调查对象分属汉族、回族、藏族和蒙古族，涵盖了居住在城区、城郊、县城、乡镇和农村的国家与社会管理者、经理人员、私营企业主、专业技术人员、办事人员、个体工商户、商业服务业人员、产业工人、农民劳动者和无业失业人员十大社会阶层人员。

二 问卷统计与分析

（一）民众对突发群体性事件的了解

1. 民众对群体性事件的关注度

数据显示，在651个有效回答中，有12.44%的被访者表示平时非常关注群体性事件，44.09%的被访者表示比较关注，30.57%的被访者偶尔关注，9.98%的被访者表示很少关注，仅有2.92%的被访者表示不关注（见表1）。

表1 各文化程度被访者对群体性事件的关注比例

单位：%

文化程度	非常关注	比较关注	偶尔关注	很少关注	不关注	合计
不识字	11.76	35.29	5.88	35.29	11.76	100
小学	7.41	55.56	18.52	7.41	11.11	100
初中	11.68	29.93	37.96	15.33	5.11	100
高中	8.78	47.30	34.46	6.76	2.70	100
大专	12.39	40.71	32.74	12.39	1.77	100
大学本科	14.74	53.16	25.26	6.32	0.53	100
研究生	31.58	42.11	26.32	0.00	0.00	100
合计	12.44	44.09	30.57	9.98	2.92	100

注：本文全部图表数据均来自甘肃舆情分析与预测课题组的调查统计。

从性别看，非常关注和比较关注的男性被访者占其总人数的65.97%，女性被访者占其总人数的46.87%；偶尔关注的人群中，女性被访者的比例为35.00%，高于男性的26.27%；女性被访者很少关注和不关注的比例是18.12%，也高于男性的7.76%。从文化程度看，总体上文化程度越高，关注群体性事件的人数占该文化程度总人数的比例越高。

从职业看，国家与社会管理者非常关注和比较关注群体性事件的比例最高，为78.95%，其他依次为办事人员（70.83%）、经理人员（63.15%）、农业劳动者（62.02%）、个体工商户（60.00%）、专业技术人员（55.82%）、商业服务业人员（49.20%）、私营企业主（48.72%）、无业失业人员（42.85%）、产业工人（39.37%）。表示偶尔关注的被访者中，国家与社会管理者和个体工商户的比例较低，分别为15.79%和20.00%，其他各阶层人数比例在30%～40%。表示很少关注和不关注的被访者中，无业失业人员占其总阶层人数的比例最高（28.58%），其他分别为产业工人（20.21%）、个体工商户（20.00%）、商业服务业人员（12.70%），其余各阶层占比均在10%及以下。

2. 民众了解群体性事件的途径

传统媒体仍然是民众了解群体性事件的主要渠道。在619份有效问卷中，有45.88%的被访者通过广播电视了解群体性事件，与过去不同的是，网络成为民众获得信息的重要渠道，有31.83%的被访者表示通过网络了解群体性事件，但政府网站和微博还没有成为民众了解信息的主要渠道（见表2）。

表2　民众了解群体性事件的渠道

单位：人次，%

渠道	党报党刊	广播电视	他人告知	一般报纸杂志	网络	政府网站和微博	合计
人次	48	284	36	21	197	33	619
百分比	7.75	45.88	5.82	3.39	31.83	5.33	100.00

从文化程度看，初中、小学和不识字的被访者通过广播电视了解群体性事件的比例较高，呈递增趋势，不识字被访者的比例最高，达

76.47%，高中、大专、大学本科被访者的这一比例约在四成，研究生的比例最低，为10.53%；与此相反的是，研究生文化程度的被访者通过网络了解群体性事件的占其总人数的比例最高，达到68.42%，呈现文化程度越高比例越高的趋势。

从社会阶层看，国家与社会管理者以及私营企业主通过网络了解群体性事件的比例较高，达到其总人数的五成，通过政府网站和微博了解群体性事件的被访者中，国家与社会管理者阶层的人数最高，但也仅占这个阶层总人数的13.51%，其他社会阶层的比例在6%左右。

3. 民众关注群体性事件的范围

民众关注群体性事件的范围包括了事件的起因、过程、处理结果等全过程，关注的重点集中在事件反映出的社会问题、事件的起因、事件的处理结果和政府在事件处理过程中是否客观公平公开，对事件过程的关注度明显低于以上几个方面（见图1）。中共党员最关注的是事件的起因和事件反映出的社会问题，民主党派被访者最关注的是事件的起因和政府在事件处理过程中是否客观公平，表现出政治身份不同关注点亦有所不同的特点。

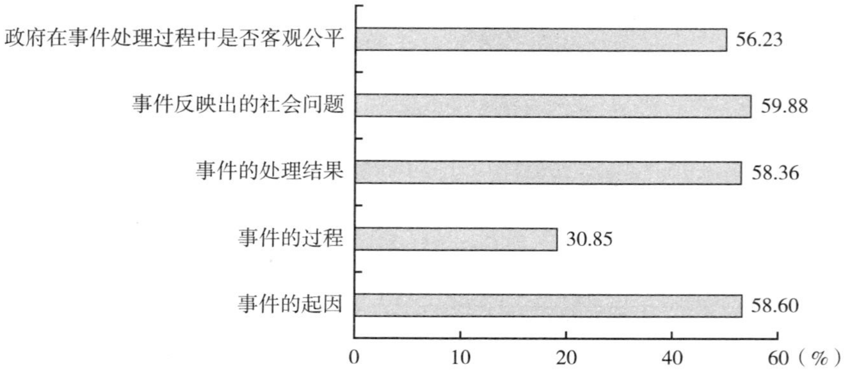

图1　被访者对群体性事件的关注范围

4. 民众对群体性事件特点的认识

在656份有效问卷中，有76.63%的被访者认为群体性事件的特点是“起因是由某些社会矛盾引发的”；有62.65%的被访者认为群体性事件的特点是“目的是表达诉求和主张，或直接争取和维护自身利益”；有43.60%的被访者认为群体性事件的特点是“发泄不满，制造影响”；有37.35%的被访者认为群体性事件的特点是“造成负面社会影响”；只有28.05%的被访者认为群体性事件的特点是“没有合法依据的规模性聚集”。在七个不同文化程度的被访者中，研究生文化程度的被访者认为群体性事件的主要特点是“起因是由某些社会矛盾引发的”，比例高达其总人数的94.74%，大学本科文化程度排在第二位，为85.26%，其余各文化程度的都在六到七成。各社会阶层对群体性事件特点的认识较为一致，如表3所示。

5. 民众对过去五年所在地区发生的群体性事件次数的了解

为了便于了解和比较，课题组将群体性事件发生次数的时间节点限制在最近五年内。在650份有效问卷中，有34%的被访者认为所在地区发生群体性事件的次数减少了，有23.85%的被访者认为次数很少，有23.23%的被访者认为所在地区发生群体性事件的次数较多，有14.15%的被访者认为发生群体性事件的次数与过去一样，还有4.77%的被访者认为发生群体性事件的次数很多。超过五成的被访者认为过去五年所在地区发生的群体性事件次数减少和很少。

从性别看，女性和男性被访者认为次数减少和次数很少的比例基本相当，分别为57.86%和58.01%；认为群体性事件发生次数很多和次数较多的男性被访者比例高于女性被访者，分别为31.12%和24.84%。从文化程度看，认为次数减少和次数很少的被访者中，不识字被访者比例最高，合计为68.75%，其次是初中文化程度的，为65.44%，其余各文化程度的比例比较均衡，在51%～58%。从社会阶层看，经理人员认为次数较少和次数很少的比例最高，达到

表3　十大社会阶层对群体性事件特点的认识(多选)

单位：%

社会阶层	起因是由某些社会矛盾引发的	没有合法依据的规模性聚集	目的是表达诉求和主张，或直接争取和维护自身利益	发泄不满，制造影响	造成负面社会影响
国家与社会管理者	89.47	55.26	65.79	57.89	47.37
经理人员	89.47	21.05	73.68	52.63	42.11
私营企业主	74.36	33.33	87.18	30.77	35.90
专业技术人员	86.05	32.56	79.07	44.19	41.86
办事人员	88.89	43.06	66.67	59.72	48.61
个体工商户	68.18	20.45	61.36	40.91	27.27
商业服务业人员	79.69	14.06	53.12	29.69	34.38
产业工人	54.26	18.09	64.89	45.74	30.85
农业劳动者	68.99	27.85	50.63	41.77	34.81
无业失业人员	57.14	19.05	47.62	35.71	38.10

73.69%，国家与社会管理者次之，为65.79%，农业劳动者排在第三位，为62.85%，其余各阶层在44%～60%。私营企业主阶层中认为群体性事件发生次数较多的比例最高，为该阶层总人数的30.77%，无业失业人员阶层中认为群体性事件发生次数很多的比例最高，占其总人数的14.29%。

6. 民众对发生群体性事件主要原因的认识

在列出的七个群体性事件发生的主要原因中，445人次的被访者认为“公民权利得不到保障”是主要原因，位列第二的是“社会矛盾日益突出和激化”，选择这两个选项的被访者比例均达到五成以上（见表4）。从文化程度看，文化程度越高，选择这两项的比例也越高，75.26%的研究生被访者和73.68%的大学本科被访者选择的首要原因是公民权利得不到保障，这两个文化程度的被访者选择社会矛盾日益突出和激化的分别为68.42%和65.26%。

表4　被访者认为发生群体性事件的主要原因排序

单位：人次，%

排序	1	2	3	4	5	6	7
选项	公民权利得不到保障	社会矛盾日益突出和激化	官僚主义和腐败严重	公民素质不高，诉求不当	官民矛盾突出	各种媒体尤其是新媒体（网络）引导不当	不清楚
人次	445	331	249	242	203	122	38
百分比	67.63	50.30	37.84	36.78	30.85	18.54	5.78

从社会阶层看，私营企业主认为公民权利得不到保障的比例最高，达到本阶层总人数的84.62%，农业劳动者的比例最低，但也有57.23%，其余各阶层的选择比例均在60%以上，可以说，被访者普

遍认为发生群体性事件的主要原因是公民权利得不到保障。选择公民素质不高、诉求不当的人群中，国家与社会管理者的比例最高，为50%，产业工人选择该项的比例最低，为该阶层总人数的23.66%。选择官民矛盾突出的人群中，经理人员的比例最高，为52.63%，国家与社会管理者的比例最低，为15.79%。选择官僚主义和腐败严重的人群中，专业技术人员的比例最高，为59.30%，其余各阶层的比例在三到四成。

7. 民众对群体性事件主要参与者的认识

统计数据显示，655位被访者中，有50.53%的被访者认为参与群体性事件的群体主要是追求自身利益的人，而不论这个利益是不是正义的；有37.25%的被访者认为主要参与者是被少数不法分子蛊惑或者胁迫的不明真相的群众；有28.70%的被访者认为参与者是盲目随大流的围观聚集者；有28.09%的被访者认为是维权抗争的普通群众；有13.89%的被访者认为参与者是一些没有具体原因、借机发泄对社会不满的人群。

从社会阶层看，认为参与者是被不法分子蛊惑或者胁迫的不明真相群众的被访者中，经理人员和个体工商户的比例最高，都达到52%，私营企业主的比例最低，为20.51%；认为参与者是不论正义与否只追求自身利益的人的被访者中，专业技术人员的比例最高，为61.18%，其他各阶层选择该项的比例也比较高，都在40%以上；认为参与者是维权抗争的普通群众的被访者中，经理人员的比例最高，为36.84%，国家与社会管理者的比例最低，为18.24%；认为参与者是盲目随大流的围观聚集者的被访者中，国家与社会管理者的比例最高，为55.26%，产业工人的比例最低，为21.51%；认为参与者是没有具体原因，借机发泄对社会不满的人群的被访者中，经理人员的比例最高，为26.32%，个体工商户的比例最低，为6.82%。

（二）民众对当地政府应对突发群体性事件的认识和评价

1. 民众对当地政府处理群体性事件能力的评价

在655份有效问卷中，有7.94%的被访者认为当地政府处理群体性事件的能力很强，有40.31%的被访者认为能力较强，合计达到48.25%，认为能力一般的被访者占47.33%，可见被访者认为当地政府处理群体性事件能力强（包括能力很强和能力较强）和能力一般的比例相当，认为能力较弱的比例为2.90%，认为能力很差的比例为1.52%。从文化程度看，不识字被访者认为当地政府在处理群体性事件中有能力的占其总人数的比例最高，达到62.50%，研究生文化程度的比例最低，只有21.05%，但这一群体认为当地政府能力一般的比例最高，达到73.68%。各文化程度被访者认为当地政府能力较弱和能力很差的比例都在5%以下。

从社会阶层看，认为当地政府处理群体性事件能力很强和能力较强的被访者中，经理人员的比例最高，达到68.42%，产业工人的比例最低，为35.10%，其他各阶层的比例在40%～60%。选择能力一般的被访者中，个体工商户的比例最高，为57.78%，比例在50%以上的还有产业工人（55.32%）、商业服务业人员（52.38%）、专业技术人员（51.16%），经理人员的比例最低，为31.58%。认为当地政府处理群体性事件能力较弱和能力很差的被访者中，产业工人比例最高，为该阶层总人数的9.58%，其次为私营企业主（7.69%）和无业失业人员（7.32%），国家与社会管理者和经理人员阶层中无人选择这两项，其他阶层的选择人数不足5%。

2. 民众认为政府应对群体性事件存在的问题

为了解政府应对群体性事件存在的问题，问卷列举了可能存在的六个问题，统计数据显示，被访者认为政府在这六个方面都存在问题，但多数选项的选择人数仅占总人数的三成左右（见图2）。

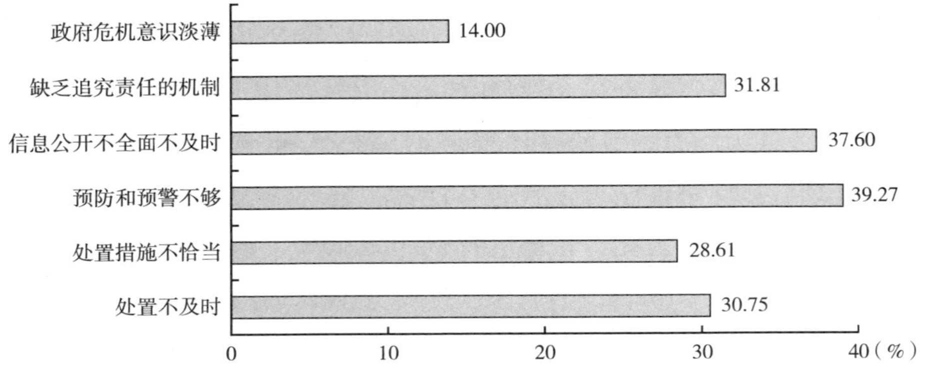

图2 被访者对政府应对群体性事件存在问题的认识

认为政府应对群体性事件时预防和预警不够的被访者中，大学本科和研究生文化程度的比例比较高，分别为50.53%和57.89%；认为政府信息公开不全面不及时的被访者中，大专和大学本科文化程度的被访者比例较高，分别为41.44%和45.21%；认为缺乏追究（引起群体性事件）责任的机制的被访者中，大学本科文化程度的比例最高，为42.02%，其他文化程度的被访者均不足40%；认为处置不及时的被访者比例比较均衡，都在25%～35%；认为处置措施不恰当的被访者中，研究生和高中文化程度的比例较高，分别为36.84%和36.73%；认为政府危机意识淡薄的被访者比例都在20%以下，其中小学文化程度的比例最低，为该文化程度总人数的3.57%。

3. 民众对政府官员处理突发群体性事件应具备的能力的认识

658份有效问卷中，被访者对政府官员在处理群体性事件中应具备的能力进行了选择，有超过七成的被访者选择了“应变能力”，选择该项的人次比选择“政治鉴别能力”的高出50个百分点，“协调能力”位列第二，占比66.11%（见表5）。

表5　被访者认为政府官员处理群体性事件应具备的能力排序

单位：人次，%

排序	1	2	3	4	5	6	7
选项	应变能力	协调能力	决策能力	执行能力	驾驭全局的能力	政治鉴别能力	其他
人次	513	435	357	335	300	180	14
百分比	77.16	66.11	54.26	50.91	45.59	27.36	2.13

4. 民众对地方政府处理好群体性事件的要求

问及“您认为要处理好群体性事件，地方政府应做好以下哪些工作”时，657位被访者对这一问题进行了有效回答。在备选的六个多选答案中，有41.70%的被访者认为地方政府要处理好群体性事件，就要“多方面完善群众利益表达机制”；还有40.79%的被访者认为要“建立科学的舆情信息收集制度和信息公开制度”，只有这两个选项的比例超过了四成，选择“加强预警和应急处置能力”的比例最低（见图3）。不识字和大学本科、研究生文化程度的被访者选择“建立科学的舆情信息收集制度和信息公开制度”的比例较高，都在五成左右；选择“多方面完善群众利益表达机制”的被访者中，文化程度越高选择比例越高，大专、大学本科和研究生文化程度的比例都在五成以上，研究生文化程度的甚至达到77.78%。从社会阶层看，国家与社会管理者选择“建立科学的舆情信息收集制度和信息公开制度”的比例最高（59.46%），经理人员、专业技术人员和办事人员选择“多方面完善群众利益表达机制”的比例均高于五成，最高达到68.43%。

5. 民众对当地政府应对各种突发事件的满意度

被访者对政府在应对各类重大事件中的表现满意度比较高，其中，对政府处理自然灾害事件的满意度最高，达到71.84%，对政府处理土地征用或者房屋拆迁事件的满意度最低，为41.11%（见表6）。

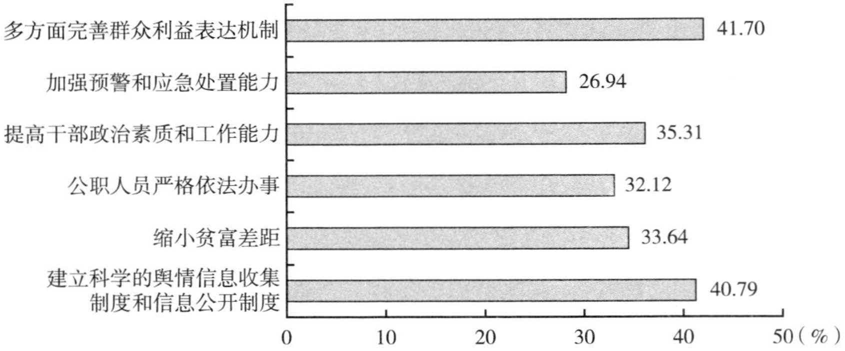

图3　地方政府处理群体性事件应做好的工作

表6　被访者对政府应对突发事件的满意度

单位：%

事件类型＼满意度	非常满意	比较满意	一般	不太满意	很不满意	合计
自然灾害	23.59	48.25	24.35	2.74	1.07	100
重大群体性事件	12.31	41.08	40.15	4.77	1.69	100
重大传染病疫情	15.21	49.00	28.11	5.68	2.00	100
重大食物中毒	13.87	46.07	30.97	6.32	2.77	100
环境污染事件	13.56	38.67	34.52	9.09	4.16	100
重特大火灾	20.31	46.62	28.77	2.46	1.84	100
学校安全事件	15.90	43.73	30.89	7.49	1.99	100
重大刑事案件	15.41	42.84	36.36	4.47	0.92	100
土地征用或房屋拆迁事件	8.58	32.53	39.88	14.26	4.75	100

男性被访者对政府处理群体性事件的满意度（55.99%）高于女性（50.79%）。从文化程度看，不识字和小学文化程度的被访者对政府处理群体性事件的满意度最高，分别为60%和59.26%，其他各文化程度的满意度也都高于50%，不满意和很不满意的被访者中，

小学文化程度的比例最高，为18.52%。从社会阶层看，国家与社会管理者对政府处理群体性事件的满意度最高，达到73.68%，其他依次为无业失业人员（66.66%）、私营企业主（64.10%）、农业劳动者（59.62%）、个体工商户（59.09%）、办事人员（52.78%）、专业技术人员（50.00%）、经理人员（42.10%）、商业服务业人员（39.06%）、产业工人（37.64%）。对政府处理群体性事件感到不满意和很不满意的被访者中，商业服务业人员和产业工人的比例较高，分别为14.07%和12.90%，经理人员、私营企业主和无业失业人员阶层中无人选择不满意和很不满意。

三　分析与结论

（一）民众对突发群体性事件的高关注度直接反映出这类事件的高影响度

调查显示，近六成的被访者平时非常关注和比较关注群体性事件，其中国家与社会管理者、办事人员阶层关注度都在七成以上，十个阶层中有六个在五成以上，其他各阶层的关注度在四成左右，可见被访者普遍比较关注群体性事件。可以看到，群体性事件作为社会安全事件，在民众中有很高的关注度。国家与社会管理者和办事人员阶层关注群体性事件，与其身份和在社会管理中所处的角色有直接关系，而其他社会阶层也有比较高的关注度，说明群体性事件对社会生活的影响非常大。值得注意的是，民众不仅关注群体性事件，而且更加关注政府在处理群体性事件中的表现。被访者不仅关注事件的起因，也很关注事件的处理结果、事件反映出的社会问题和政府在事件处理过程中是否客观公平，而且政治身份不同，关注点也不同，进一步说明政府应对和处理好群体性事件的重要性。

（二）民众对突发群体性事件的认识趋于理性和客观，但认为公民权利得不到保障是重要原因

多数被访者认为群体性事件的“起因是由某些社会矛盾引发的”，“目的是表达诉求和主张，或直接争取和维护自身利益”。超过一半的被访者认为引发群体性事件的主要原因是“公民权利得不到保障”和“社会矛盾日益突出和激化”。同时，也有超过一半的被访者认为群体性事件的参与者首先是追求自身利益的群体，而不管这个利益是否正义，有近四成的被访者认为主要参与者是被少数不法分子蛊惑或者胁迫的不明真相的群众，认为参与者主要是维权抗争的普通群众的比例并不高。无风不起浪，民众认为群体性事件的发生与社会矛盾、公民权利等有关，但能较为客观地看到不理性和不合理的因素也掺杂其中，对地方政府加强社会服务的理念和方法提出更高的要求，当然，也凸显出群体性事件的发生与群众自身素质有密切关系。

（三）网络已成为民众了解群体性事件的重要渠道

新兴媒体成为民众了解信息的重要渠道，这一趋势在本次调研中再一次被证实，随着网络的普及和智能手机用户的急速增长，将有更多的民众通过互联网媒体获得有关群体性事件的信息，但与各种铺天盖地的互联网信息发声管道相比，通过政府网站和微博了解信息的民众很少，包括国家与社会管理者等政府部门的工作人员，这一现象应引起政府部门的充分重视。

（四）民众比较认可当地政府处理突发事件的能力

调查显示，超过五成的被访者认为过去五年所在地区发生的群体性事件次数减少和次数很少，同时有近五成的被访者认为当地政府处理群体性事件的能力很强和较强，在列举的自然灾害、重大传染病疫

情等各种突发事件中，被访者对政府应对各种突发事件的满意度普遍比较高，其中对自然灾害的应对满意度最高。这些数据说明，民众对政府在应对自然灾害等突发群体性事件中的表现比较认可，虽然群体性事件影响大、易给社会带来负面影响，维稳工作也给当地政府和政府工作人员带来很大压力，但民众对群体性事件和维稳工作的认识不断提高，民众对政府工作的认可度也将有利于地方政府勇于解决“越维越不稳”的问题。

（五）应变能力居政府官员处理突发群体性事件应具备的能力之首

大多数被访者认为处理突发群体性事件，政府官员应首先具备应变能力和协调能力，这一数据充分显示出民众对突发群体性事件特点的把握和认识，也对政府官员尤其是处理群体性事件的政府官员的能力提出了具体的要求。当然，决策能力、执行能力、驾驭全局的能力等都是政府官员不可或缺的能力。

（六）信息公开和群众利益表达机制是地方政府处理好群体性事件要着重解决的问题

调查显示，虽然民众已经比较认可政府处理群体性事件的能力，但民众也认为政府还存在处置不及时、处置措施不恰当、对群体性事件的预防和预警不够、信息公开不全面不及时、缺乏追究引起群体性事件责任的机制、危机意识淡薄等问题。与地方政府加强预警和应急处置能力相比，民众更加看重政府建立和完善信息公开制度和群众利益表达机制。通过数据可以得到的结论是，文化程度越高，选择这两个选项的比例越高，说明高文化程度人群已经认识到政府要处理好群体性事件，首要的工作是与民众建立广泛而有效的联系，扩大政府与民众的信息互通管道，畅通民众向政府反映民意的渠道。值得注意的是，国家与社会管理者更加注重主动面向民众搜集信息和公开信息，但对多方面完善群众利益表达机制的积极性尚显不足。

四 几点对策建议

改革开放以来，伴随着市场化和全球化的不断发展，社会矛盾突出，基于区域经济社会发展条件和水平、民族、社会阶层等方面的差异性和客观性，与全国比较，西部地区社会矛盾既有普遍性又有显著的差异性。地方政府处在化解社会矛盾的前沿，其在维护社会稳定中的能力和作用直接影响维稳成效和党的执政能力，应对和处理好突发群体性事件不仅是维稳的需要，也是提高地方政府行政能力的重要路径之一。

（一）全面推进依法治国，切实保障公民权利

党的十八届四中全会提出，全面推进依法治国，总目标是建设中国特色社会主义法治体系，建设社会主义法治国家。王利明教授认为，法治的内涵包括五个方面，即“法律至上、良法之治、人权保障、司法公正、依法行政”。[①] 这里的法治指的是一种制度化的体系，它的一个重要功能就是对公民权利进行有效性保障的建构。我们研究群体性事件不难发现，我国的公民权利与地方政府的权力处于失衡状态，受历史传统的影响，我们的意识中在对待公权与私权方面，公权力享有明显的支配权。在全面依法治国的今天，各级政府和政府官员应充分认识到，没有制约的权力必然导致社会生态的失衡，公民权利与政府权力之间是一种制约关系，公民权利制约政府权力。政府官员要注重法治观念的养成，在尊重和保障公民权利的理念下处理和应对群体性事件。

① 王利明：《中国为什么要建设法治国家》，《中国人民大学学报》2011 年第 6 期。

（二）努力实现政府与民众之间的信息对等

公民知情权是公民权利的主要部分，要保障公民的知情权，一是做到信息公开，努力实现政府和民众之间的信息对等。群体性事件反映出的问题中，政府与民众之间严重的信息不对等是一个主要问题，民众在信息的获得上往往处于弱势，信息不对等直接影响他们进行策略选择，进而导致他们采取不合作的极端应对策略。因此，政府要建立有效的信息公开渠道，探索如何让政府信息尽可能广地为公众所知晓，应当从公众的视角进行制度设计，将满足公众的信息需求作为衡量实施效果的重要依据，让各阶层的民众都易于获得和了解政府信息。二是在应对和处理群体性事件中，要始终保持信息公开，保障群体性事件参与者的知情权，也便于社会公众了解情况，不仅防止因信息不畅可能导致的事件升级，也可以让公众对事件有一个正确全面的认识，同时信息公开可以让民众了解、监督政府和政府官员的工作。

（三）畅通民众利益表达机制

如果说公民权利是自下而上争取的结果，那么法治则是自上而下设计的结果。[①] 这表明，法治型维稳机制就是以保障公民的权利诉求和利益表达为基础的，本次调查的数据也说明利益表达机制不畅仍然是发生社会不稳定事件的主要原因。近几年，政府在这方面已采取了许多措施，取得了一定成效，但与社会发展和治理的需要还存在差距。因此，要发扬勇于创新和实践的精神，想方设法地保障民众的参与权和表达权，要充分认识到，民众无论采取哪种表达方式，首先是对现有政权和制度合法性的认可，是民众信任党和政府的体现，越能更多地听到民众的诉求，越重视公民权利，越有助于社会稳定、有助

① 杨光斌：《社会权利优先的中国政治发展选择》，《行政论坛》2012 年第 3 期。

于建设公民社会。同时也要认识到，民众利益表达的权利不是政府给予的而是公民与生俱来的，让民众能够依法表达利益需求是政府不能忽视的责任，也是建设和谐社会的根本要求。

（四）特别重视网络在处理群体性事件中的作用，强化政府发声平台建设

随着信息时代的快速发展，网络越来越多地影响着人们的生活，我们要特别重视网络在社会治理和群体性事件中可能带来的“放大效应”，管好网络的同时要利用好网络。一是要认识到总体来看，互联网领域立法还不系统，未成体系，网络法治不健全，还不适应我国信息化发展和维护公民在网络活动中合法权益的要求。因此，要重点解决网络立法问题和对网络侵权的认定和处理问题，管好互联网，让互联网成为有序、依法、良性发展的平台。二是要利用好互联网，重视政府网站和微博的建设，充分发挥网络这一发声管道的优势，让政府网站和微博成为民众了解政府工作、表达利益需求的主要渠道。

B.12

行政干部庸政懒政行为及其治理调查

张梦茜*

摘　要：　当前，我国的“庸政懒政”现象有滋长蔓延之势，“庸政懒政”问题已经成为各级政府行政干部管理中的一个突出问题。为此，本研究立足甘肃省，以调查“庸政懒政”行为特征为切入点，依据行政学、公共管理学的相关理论采用问卷调查、深度访谈等实证研究方法，深入剖析“庸政懒政”行为产生的根源并提出破解“庸政懒政”问题的对策。

关键词：　行政干部　庸政懒政　干部管理

近年来，我国政府不断深化行政管理体制改革，加快转变政府职能，努力建设法治政府和服务型政府，坚持不懈地开展反腐败斗争，政府自身建设初显成效。总体来讲，广大政府官员想干事、能干事、会干事，能够做到“勤政廉政”。但毋庸讳言，还存在干部精神不振、工作平庸、作风懒散、怕担责任、办事拖拉、执行不力、回避矛盾、敷衍应付，存在只当官、不干事、不作为、懒作为、乱作为等不良现象。这些干部虽然不是贪官，但他们是“庸官、懒官”，其行为不仅影响了政府决

* 张梦茜，甘肃省委党校公共管理教研部讲师，研究方向为政府绩效管理、政治学、公共政策分析、公共伦理学等。

策部署的落实和行政效能的提高，而且破坏了干部队伍的形象。

有学者认为，“庸政懒政”的“隐性失职”已经影响到社会主义建设事业的发展，是一种隐蔽的腐败和犯罪行为。《人民论坛》曾经对数百位党政干部、数万名网友进行了问卷调查，其中67.8%的受访者认为，虽然不像贪官那样直接吸食民脂民膏，但是在其位而不谋其政的“官油子”势必影响该单位或该地区的事业发展。“庸政懒政”作为政府行政管理过程中出现的“隐性病”和“慢性病”，这一行为造成的危害既隐蔽又严重，它易被忽视且难以治理，故而需要更加严肃认真地对待和更加积极有效地治理。

当前，随着改革进入深水区，很多领域都是蓝图已绘，只待落实。容忍“庸政懒政”行为，势必直接影响到改革落地。习近平总书记强调，要“处理好改革‘最先一公里’和‘最后一公里’的关系，突破‘中梗阻’，防止不作为，把改革方案的含金量充分展示出来，让人民群众有更多获得感”。在全国进入深化改革的背景下，甘肃省行政干部的行政绩效状况如何？是否存在“庸政懒政”现象？其严重程度如何？还存在哪些问题？这些都关系甘肃省全面深化改革和扶贫攻坚的步伐。因此，本研究从行政问责与绩效管理的视角切入，开展对“庸政懒政”行为的调查和研究，对于整顿行政干部队伍、提高政府工作绩效、改善政府形象具有较强的实践意义。

一　调查对象基本情况

基于调查研究的便利原则，本研究在甘肃省委党校和甘肃行政学院开展了以问卷调查、深度访谈等实证分析为主的调查研究。问卷调查于2016年7月至9月进行，共随机发放问卷200份，剔除4份无效问卷，有效问卷为196份，有效回收率98%。从性别看，男性占50.57%，女性占49.43%；从年龄看，20～30岁的占68.97%，31～

40岁的占27.58%，41～50岁的占3.45%；从受访者工作单位的行政级别看，国家级行政单位占1.15%，省级行政单位占16.09%，市级行政单位占13.79，县级行政单位占34.48%，乡镇级行政单位占26.44%，其他占8.05%；从调查对象的编制来看，公务员编制占42.53%，事业编制占52.87%，企业编制占4.6%（见表1）。从所在市州看，调查对象工作所在地包括甘肃省14个市州：兰州市（占33.3%）、定西市（占13.5%）、金昌市（占5.0%）、白银市（占4.5%）、天水市（占4.0%）、嘉峪关市（占4.5%）、武威市（占5.2%）、张掖市（占3.0%）、平凉市（占7.0%）、酒泉市（占4.5%）、庆阳市（占4.5%）、陇南市（占3.5%）、临夏回族自治州（占1.5%）、甘南藏族自治州（占6.0%）。从调查样本数据可以看出，受访者性别比例平均，40岁以内的基层工作者占大多数；编制上公务员编制和事业编制居多；工作所在地区覆盖全省，样本数据具有很大的"含金量"。同时，本次调查还对甘肃省一些行政干部、基层公务人员就"庸政懒政"问题进行了深度访谈。

表1　调查对象基本情况

单位：%

项目	类别	百分比
性别	男	50.57
	女	49.43
年龄	20～30岁	68.97
	31～40岁	27.58
	41～50岁	3.45
	51～60岁	0.00
工作单位行政级别	国家级行政单位	1.15
	省级行政单位	16.09
	市级行政单位	13.79
	县级行政单位	34.48
	乡镇级行政单位	26.44
	其他	8.05

续表

项目	类别	百分比
编制	公务员编制	42.53
	事业编制	52.87
	企业编制	4.60

二 问卷数据分析

本研究所使用的调查问卷，其主体内容包括两大部分：一是行政干部“庸政懒政”问题的严重程度调查，二是造成“庸政懒政”的原因调查。第一部分行政干部“庸政懒政”问题的严重程度调查问卷中共有8个题项，采用李克特（Likert）5级量表进行测量。即用1～5的数字表示受访者对某一题项严重性的评价程度，选项1表示“非常严重”、选项2表示“比较严重”、选项3表示“严重”、选项4表示“不严重”、选项5表示“不存在”。第二部分“庸政懒政”原因的调查问卷中共有15个选项，限定受访者选出其认为最重要的5个原因。

（一）行政干部“庸政懒政”问题及严重程度分析

1. 对于“得过且过，事业责任感不强，精神不振，不思进取，安于现状，在工作上拈轻怕重，敷衍塞责”问题的认知

在被问到行政干部是否存在“得过且过，事业责任感不强，精神不振，不思进取，安于现状，在工作上拈轻怕重，敷衍塞责”这一问题时，29.89%的人认为这一问题不严重，20.69%的人认为严重，21.84%的人认为比较严重，17.24%的人认为非常严重，只有10.34%的人认为该现象不存在（见图1）。从调查结果看，这一现象还是普遍存在的。通过深度访谈发现，受访者认为这一现象的具体表现就是思想觉悟不高，政治理论水平和自身整体素质适应不了目前从事的工作。在思想上满足现状、不思进取，在工作中疏于学习和思考，政策理论水平不高。工作思路不清，把自身价值的实现和政府工作使命人为分离，甚至“上有政策下有对策”地执行命令。

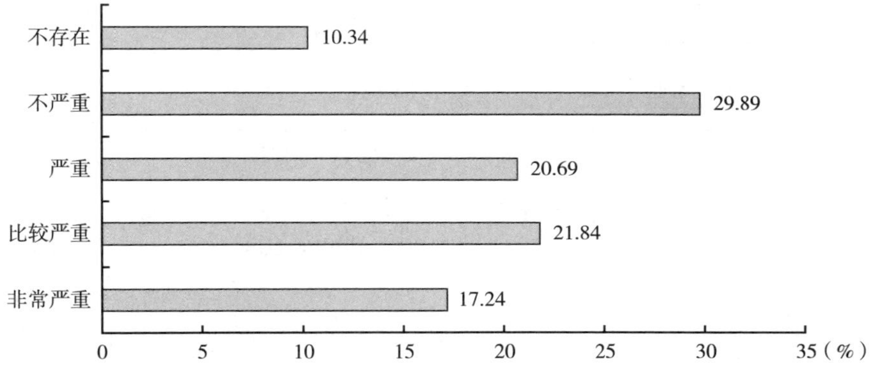

图1　对于“得过且过，事业责任感不强，精神不振，不思进取，安于现状，在工作上拈轻怕重，敷衍塞责”问题的认知

2. 对于“理想信念缺失、功利性和现实性太强、奉献精神不强”问题的认知

在被问到行政干部是否存在“理想信念缺失、功利性和现实性太强、奉献精神不强”的问题时，32. 18% 的人认为这一问题不严重，19. 54% 的人认为严重，21. 84% 的人认为比较严重，16. 09% 的人认为非常严重，只有 10. 34% 的人认为该现象不存在（见图 2）。从调查结果看，这一现象仍旧普遍存在，只是在不同地区和不同层级的部门中严重程度不同。万般皆下品，唯有做官高。当前，一些沉迷权力的行政干部，把精力全部放在争功创绩上，缺乏开拓精神，工作中无心业绩，各项指标毫无进展；工作求稳不求进，对基层工作漠不关心，忙于应付检查和接待讨好上级，所有这些不正确的政绩观都是“庸政懒政”的表现。

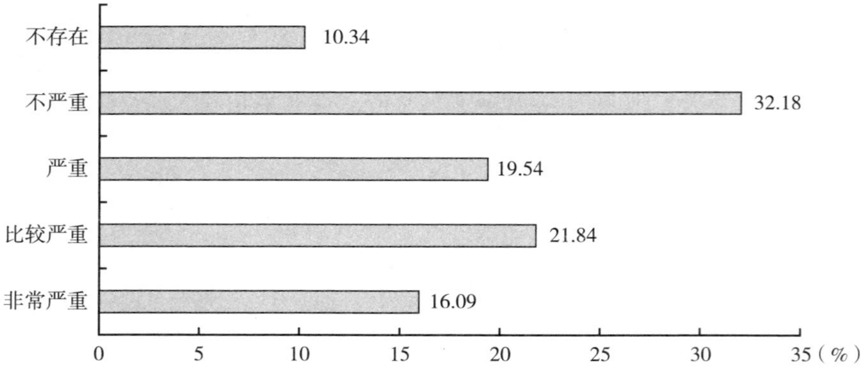

图2　对于“理想信念缺失、功利性和现实性太强、奉献精神不强”问题的认知

3. 对于“纪律涣散，如迟到早退、上班时间做其他与工作无关的事情、随意脱岗集体聊天”问题的看法

在被问到行政干部是否存在“纪律涣散，如迟到早退、上班时间做其他与工作无关的事情、随意脱岗集体聊天”这一问题时，55.17%的人认为这一问题不严重，17.24%的人认为严重，10.34%的人认为比较严重，4.61%的人认为非常严重，12.64%的人认为该现象不存在（见图3）。结合调查数据和深度访谈，大部分受访者表示这一现象虽然在一些行政单位仍然存在，但是近年来，随着甘肃省大力开展“效能风暴”行动，甘肃省行政干部纪律涣散的问题已经有所缓解。

4. 对于“工作方法简单粗暴，不作为、慢作为、乱作为”问题的认知

在被问到行政干部是否存在“工作方法简单粗暴，不作为、慢作为、乱作为”的问题时，34.48%的人认为这一问题不严重，22.99%的人认为严重，14.94%的人认为比较严重，11.50%的人认为非常严重，16.09%的人认为该现象不存在（见图4）。受访

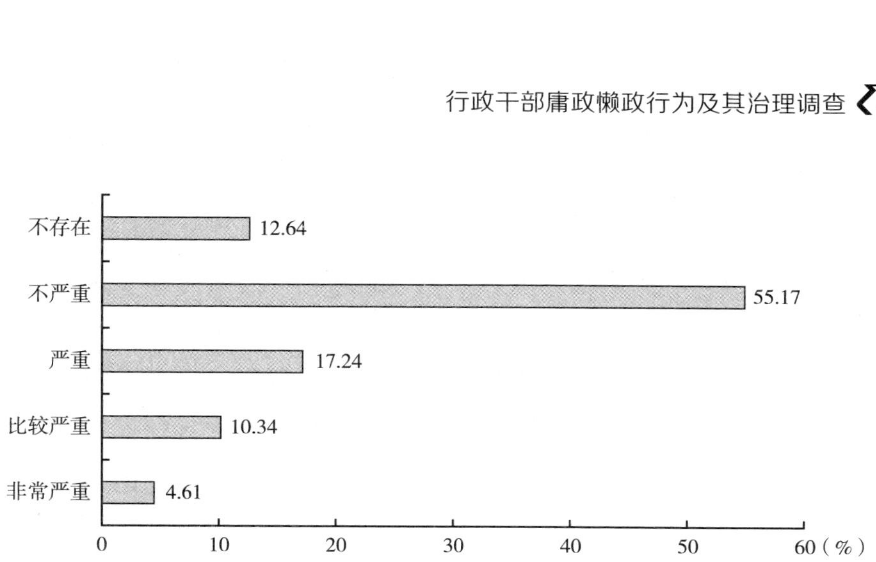

图3　对于“纪律涣散，如迟到早退、上班时间做其他与工作无关的事情、随意脱岗集体聊天”问题的看法

者认为这一现象主要表现在：行政效率低下，以个人情绪和利益决定工作进度，对上级指示拒不执行、拖延甚至不办，对危及公共利益的行为不作为，对一些需要深入基层的工作互相推诿，不敢担当。

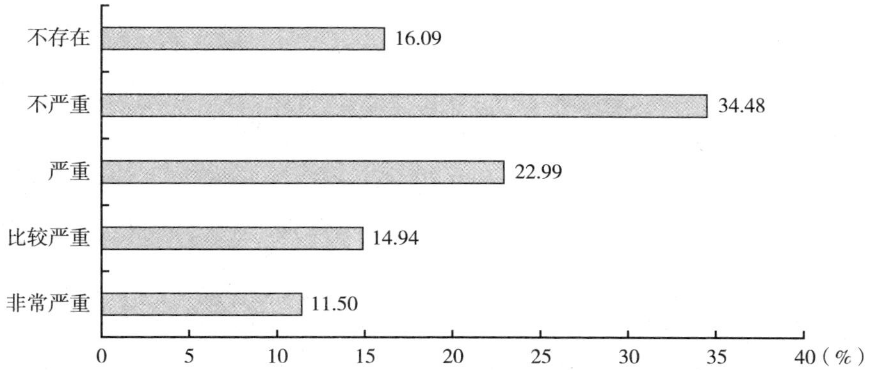

图4　对于“工作方法简单粗暴，不作为、慢作为、乱作为”问题的认知

5. 对于“工作中墨守成规，敷衍应付”问题的认知

在被问到行政干部是否存在“工作中墨守成规，敷衍应付”这一现象时，40.23%的人认为这一问题不严重，24.14%的人认为严重，12.64%的人认为比较严重，14.94%的人认为非常严重，8.05%的人认为该现象不存在（见图5）。尽管以往我们一般不把工作中墨守成规作为行政干部不作为的一种表现形式，然而在现实行政管理过程中，墨守成规已经成为一些行政干部不思进取和推脱责任的借口。

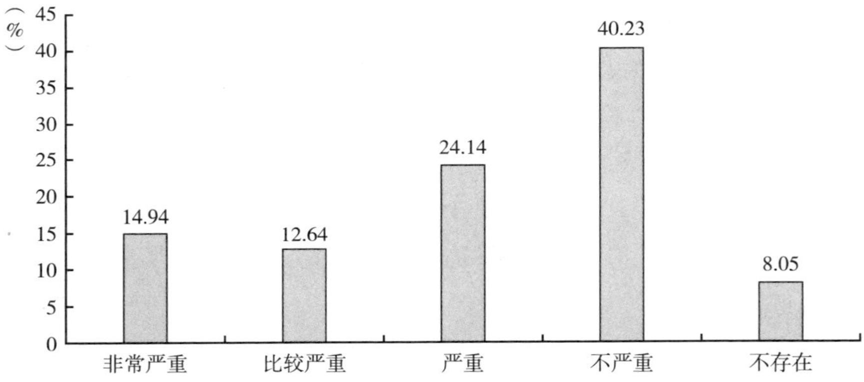

图5　对于“工作中墨守成规，敷衍应付”问题的认知

6. 对于“不调查、不研究，拍脑袋决策”问题的认知

在被问到行政干部是否存在“不调查、不研究，拍脑袋决策”这一问题时，41.38%的人认为这一问题不严重，18.39%的人认为严重，9.20%的人认为比较严重，11.49%的人认为非常严重，19.54%的人认为该现象不存在（见图6）。访谈中部分受访者反映，在现实生活中行政干部口头上重视调查研究，实际工作中既缺乏深入调查又缺乏科学研究的拍脑袋式决策并不鲜见。出于种种原因，基层调研不得不走事先规定的路线、看用心准备的材料、听背好的台词，这种“被调查现象”也不在少数。

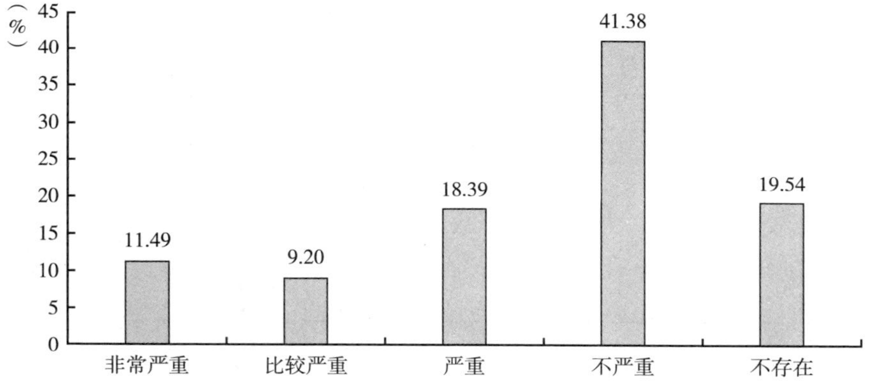

图6　对于“不调查、不研究，拍脑袋决策”问题的认知

7. 对于“服务意识淡薄，对基层和群众态度生硬，对服务对象故意刁难，甚至吃拿卡要”问题的认知

在被问到行政干部是否存在“服务意识淡薄，对基层和群众态度生硬，对服务对象故意刁难，甚至吃拿卡要”这一问题时，42.53%的人认为这一问题不严重，12.64%的人认为严重，2.30%的人认为比较严重，6.90%的人认为非常严重，35.63%的人认为该现象不存在（见图7）。调研数据和深度访谈都反映出，自中央“八项规定”出台之后，关于“吃拿卡要”的现象已经有所改善，但是仍然还存在公共服务态度差，甚至毫无服务意识，在具体行政执行中刁难群众和企业，对本行业系统内的难点和热点问题漠不关心的问题。

8. 对于“回避矛盾，不敢担当，争功诿过”问题的认知

在被问到行政干部是否存在“回避矛盾，不敢担当，争功诿过”这一问题时，33.33%的人认为这一问题不严重，27.59%的人认为严重，16.09%的人认为比较严重，8.05%的人认为非常严重，14.94%的人认为该现象不存在（见图8）。

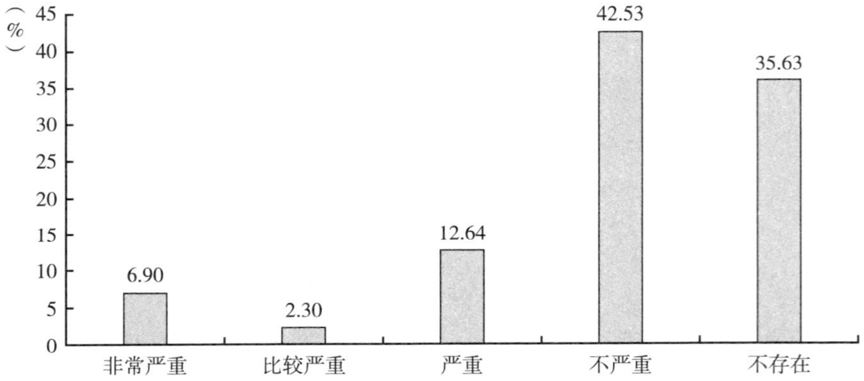

图7　对于“服务意识淡薄，对基层和群众态度生硬，对服务对象故意刁难，甚至吃拿卡要”问题的认知

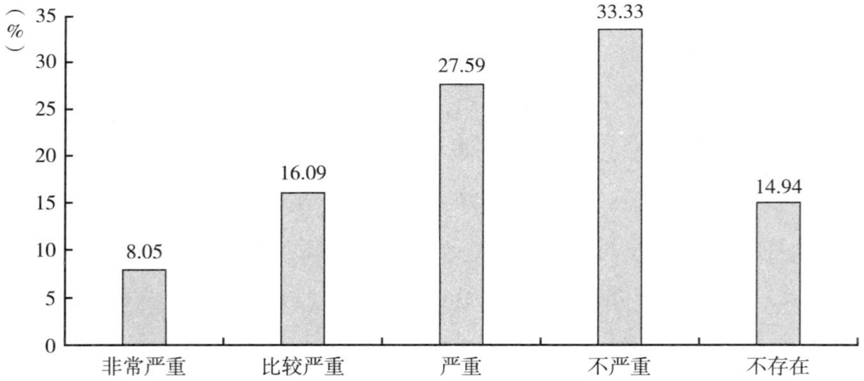

图8　对于“回避矛盾，不敢担当，争功诿过”问题的认知

9. 大部分被访者认为基层政府最容易发生“庸政懒政”问题

在被问到“您认为哪一级政府最容易发生‘庸政懒政’的问题”时，认为是县级政府的占44.83%，市级政府占28.74%，乡镇级政府占19.54%，省级政府占5.75%，中央级政府占1.15%。说明被访者认为层级高的政府部门比较“勤政廉政”，而“庸政懒政”现象大多发生在基层地方政府（见图9）。

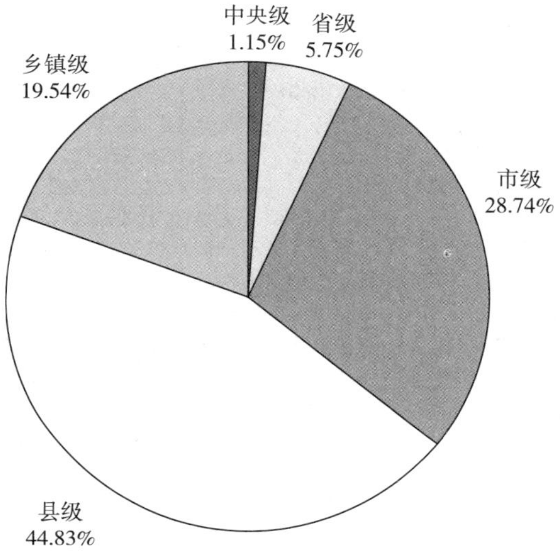

图 9　您认为哪一级最容易发生“庸政懒政”的问题

（二）行政干部“庸政懒政”问题的原因调查及分析

本研究在调查问卷第二部分中共设置 15 个造成“庸政懒政”问题的原因选项，分别是“岗位职责不明确”，“存在职能交叉重叠、责任不清或管理真空”，“干部选拔任用机制不够完善，如存在论资排辈等现象”，“制度落实不到位，对干部责任追究不够”，“干部考核评价机制不完善、不科学，流于形式”，“对干部要求不严、管理不到位”，“担心引火烧身，宁愿少干事、不干事，保证不出事”，“缺乏必要的容错机制”，“基层领导干部收入少而付出多，导致工作怠慢”，“工资收入增速过缓，无工作动力”，“对自己的前途和未来不确定，无工作动力”，“基层领导干部晋升渠道不正，人脉‘潜规则’盛行”，“缺乏有效的激励手段”，“问责启动不规范，信息公开欠缺，调查取证缺乏监督”，“行政行为缺乏有效的监督机制”。要求受访者从这些原因选项中选出 5 个最重要的原因，结果如图 10 所示。

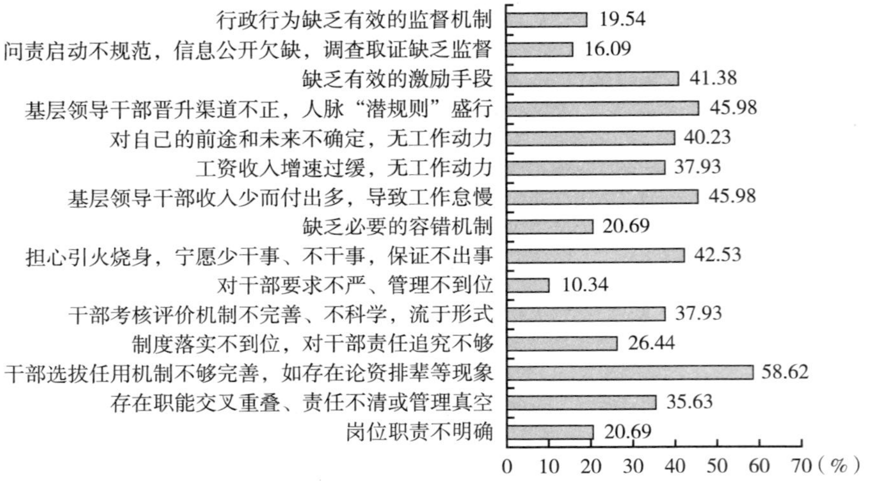

图10　关于“庸政懒政”问题的原因选择

调查结果显示，选择“干部选拔任用机制不够完善，存在论资排辈等现象”的占58.62%，选择“基层领导干部晋升渠道不正，人脉‘潜规则’盛行”的占45.98%，选择“基层领导干部收入少而付出多，导致工作怠慢”的也占45.98%，选择“担心引火烧身，宁愿少干事、不干事，保证不出事”的占42.53%，选择“缺乏有效的激励手段”的占41.38%。本研究对这五个原因进行了梳理和归纳，最后总结出造成“庸政懒政”的四大原因，并剖析其内在机理和成因。

1. 造成“庸政懒政”原因之一——干部选拔任用机制不够完善

本次调查中选择“干部选拔任用机制不够完善，存在论资排辈等现象”这一原因的最多，占58.62%。通过调研发现以下三个方面使被访者认为干部选拔任用机制不够完善。

第一，目前，在干部人事制度方面，事实上存在任命制和变相任命制，导致一些部门出现了选人用人导向偏差。一些政绩突出、勤奋工作而不被领导喜欢的干部，不但得不到提拔，反而受到冷落，被

“边缘化”；相反，一些政绩平平而善于曲意逢迎的干部却能受到重用，得到提拔。这种状况的存在，使一些干部紧紧盯住上级喜好，“不怕工作没成绩，就怕上级不注意”，凡事看上级的脸色，跟定上级的步伐，并将此当作升官的潜规则。

第二，干部晋升机制不健全。感到有奔头才会有干头。当前，在干部晋升过程中，还存在少数人说了算的现象，加之晋升渠道过于单一，使一部分干部成为升职无望的“天花板”干部。“天花板”干部因为看不到“进步前景”，干劲自然也就不高。还有一些干部，多年踏实肯干、积极进取，获得提拔后，就产生了放松的思想，有了“歇一歇”的想法，逐渐丢掉了进取精神，工作状态自然会大打折扣。

第三，干部退出机制尚待建立健全。尽管近年来甘肃省推进干部人事制度改革的力度不断加大，在疏通干部出和下的渠道方面取得了很大成绩，但事实上存在的能上不能下、能进不能出的问题还没有得到根本解决，还没有真正建立起一套行之有效的干部退出机制。这样，只要干部不犯大错误，就不会失去干部身份。“庸官懒官”下不去，“勤官能官”就上不来。长此以往，必然会磨掉一些干部干事创业的激情，使其逐渐退化为“庸官懒官”。

2. 造成“庸政懒政”原因之二——基层领导干部晋升渠道不正

本次调查中选择“基层领导干部晋升渠道不正，人脉‘潜规则’盛行”的占45.98%。通过对行政干部的访谈发现，受访者认为基层领导干部晋升渠道不是依靠自身政绩考评，而歪曲为人脉关系和钱财，这种官场晋升不正之风严重污染了官场生态环境，基于这种官场氛围，“混”变成了最高“境界”，做官不是为了谋求最广大人民群众的根本利益，而是为了“磨洋工”“混日子”，安于“碌碌无为”，部分基层领导干部对于依靠自身努力工作得到升迁失去信心，对职场厌倦或者失望，故而产生“懒政”心理。

同时，“基层干部晋升渠道不正”也反映出当前对行政干部的考核评价失真。公正、严密的考核是正确评价公务人员德才的重要依据，也是促进公务人员模范履职的重要手段。庸官之所以能混，懒政之所以能撑，跟目前比较模糊的考绩方法不无关系。现行考核制度的考核主体、考核方式都比较单一。从考核评价的主体来看，主要是体制内的上级与下级参与的考核评价，而公众对考核缺乏参与权、监督权。从考核评价的指标来看，定性指标过多，定量指标过少。针对少数“混日子、熬年头”“混职称、熬位子”的干部，未制定科学严谨的量化考核指标，涉及“治懒治庸”的分值权重过小。从考核评价的方式来看，干部考核往往体现在年终的本人述职上。一位公务人员，一般来说只要不违反原则、没做太出格的事情，往往很容易通过组织的测评和考核。公正、严密的考核的缺失，使有的单位在“庸政懒政”治理的时间和精力上投入不足，工作思路不清晰、方法不对路、措施不得力、成效不明显。由于缺乏科学的干部业绩评价机制，“干好干坏一个样”的局面还没有根本改变，“先”的不“进”，“后”的不“落”，一些官员“啥都不干，难找缺陷；不做事情，不担风险；组织考核，没有缺点”。同时，对于考核结果的应用也流于形式，考评“优秀”的固然有奖励，但对排名靠后的却没有惩罚，导致这些公务人员心存侥幸，克服“庸政懒政”的念头也很难入心入脑。

3. 造成“庸政懒政”原因之三——行政干部“规避困难”心态盛行

本次调查中选择“担心引火烧身，宁愿少干事、不干事，保证不出事”的占42.53%，究其原因还是行政干部的“规避困难”心态作祟。第一，由于反腐力度加大，原有的官商关系破裂，新型关系尚未建立，部分基层行政干部心态复杂，于是不干事或少干事的“懒政”之风盛行。第二，部分基层行政干部专业知识匮乏，对于未来发展蓝图不能做出明确的规划，不能指明发展方向与前景。突出表现在社会发展的转型期，部分基层行政干部不敢轻易创新，生怕出错担风险，遇到难题就退而求其次，想方设法规避困难。第三，部分行政干部缺乏改革思维，不少基层干部怕改革或者不会改革，缺乏改革方面的知识，只凭以往经验办事，缺乏科学理论和思维，认为以往的做法既然正确，就不用改变一直沿用，一旦遭遇挫折即产生畏难情绪，从而产生“庸政”。

4. 造成“庸政懒政”原因之四——缺乏有效的激励手段

在本次调查中选择“缺乏有效的激励手段”这一原因的占41.38%，通过深入访谈发现，部分被访者认为“缺乏有效的激励手段”主要还是和“利”密切相关。首先，隐性福利（或者灰色收入）大幅缩水让一些人员颇感不适。这些人主要是一些部门的“一把手”以及权重部门的某些中层干部。在大力反腐之前，他们的隐性福利（或者灰色收入）是工资待遇的数倍甚至数十倍，工资并不是他们工作的最终目的。大手大脚花钱形成惯性，现在大力反腐挤压隐性福利（或者灰色收入）空间，工作只有工资收入，他们在思想上接受不了，工作失去动力和积极性。其次，基层公务员工资收入增速过缓，无工作动力。2000年至今的十几年，我国经济增速较快，基本在10%左右，但基层公务员的薪酬增长缓慢，与经济社会发展的速度不能同步。事务烦琐但收入低，加上没有相应奖励，生活水平实质性降低。由此，公务员跳槽现象时有发生，引起该队伍人员思想上的波动，造成队伍的不稳定。没有能力或者胆量跳槽的，消极应对工作，从而也就形成了“庸政懒政”行为。

三 “庸政懒政”的破解之策

“庸政懒政”产生的原因涉及制度、文化等多方面，而其危害无处不在，不仅降低行政效率，增加管理成本，影响决策的科学性、民主性和长期性，而且加剧“亚腐败”和腐败，降低政府公信力，甚至还会引发社会矛盾和不稳定因素。因此，本研究在分析“庸政懒政”产生原因的基础上，提出针对“治庸”的一些建议和方法，以此推动甘肃省治庸建设，这不仅能够降低行政成本，提高行政效率，而且可以改善政府形象和增强公信力，规范行政干部职业操守。

（一）完善法律法规，实行责任追究制度

第一，制定治理“庸政懒政”的法律法规。比如，可以在广泛征集民意的基础上出台“领导干部‘庸政懒政’考核实施办法”“基层公务员‘庸政懒政’实施细则”等，对“庸政懒政”行为给予具体的、科学的界定，并制定具体的惩处方式，使之具备可操作性。有了依据，治理“庸政懒政”才有行动的指南。

第二，实行公务员聘用制度和清退制度。一是延长公务员试用期。对他们做多方面的考察，确实比较优秀、能赢得老百姓口碑的人员，才能留用。二是实行聘任制度。打破铁饭碗，一年一聘，或者几年一聘，把本阶段实际工作和表现情况作为其聘用的依据。对老百姓意见大、考核不合格的人员，应根据相关条例或者细则进行清退。对清退的公务员，在网上公布，档案上也要做记录，这样他们才会有所畏惧。

第三，实行责任清单制度和督促检查制度。每年初，针对每个岗位的具体情况和要求，制定出当年应当完成的任务清单，并列出完成的时间表，每月或者一个季度定期检查完成情况。对没有完成的，要公布结果，在网上进行通报。这样的人年终考核确定为不合格，并把考核结果装入该人的档案，作为以后调整干部的依据。

（二）完善基层行政干部的科学激励措施

要彻底治理“庸政懒政”，营造积极良好的干事创业氛围，关键

在于激发基层行政干部积极向上的精神状态，完善基层行政干部的激励约束机制。建立健全激励约束机制，关键在于严抓基层领导干部选拔。当前，要完善干部选用制度，建立正确、有效、可实施的机制，选拔任用那些政治坚定、有真才实学、实绩突出、群众公认的干部，努力做到让能干事者有机会、干成事者有舞台。

1. 加强基层行政干部薪酬制度改革

首先，推行基层行政干部职务、职级分离制度。深入不同阶层开展调研活动，了解各个层级干部的意见及建议，出台科学的政绩考评准则，依据考评准则，公平公正地确定基层领导干部薪酬标准，畅通晋升通道，树立凭实绩考核晋升的良好用人导向，确保基层普通公务人员扎根基层也能获得较高的薪酬收入，打破以往“官高一级压死人”的局面，营造良好的晋升渠道和晋升空间，就是要实现领导和普通公务人员两个系列基本持平，让基层普通公务人员看到明朗的前景，从根本上刺激公务人员认真对待本职工作，切实做到为人民服务。

其次，出台贫困、偏远地区基层公务人员薪酬特殊办法。基层公务人员的工资待遇应向偏远、贫困地区倾斜，给予投身贫困、偏远地区的基层公务人员特殊的照顾，激励扎根偏远、贫困地区的基层公务人员做出成绩，鼓励更多的领导干部投身基层。

最后，适度提高基层领导干部的工资待遇，增强工资弹性。基层公务人员的工资薪酬增长速度应与同期经济发展水平相适应，确保基层领导干部工资待遇至少处于中等水平，保障他们的基本生活水平，从而调动他们工作的积极性。同时，可以百分比的形式将绩效考核纳入薪酬构成，通过绩效考核的结果来计算工资。这样，一方面可以提升绩效考核的准确度，另一方面为绩效考核结果提供了奖惩空间。

2. 提高基层领导干部的工作水平和实际能力，拓宽晋升通道

加快干部选任制度改革的步伐，从用人导向上促进廉政勤政。

在坚持党管干部原则的前提下，解决权力过度集中于党委及其组织部门，特别是过度集中于少数人的问题。应积极探索建立科学可行、真实有效的竞争性选拔制度，实行干部分类管理，把选举制和任命制的干部区别开来。改革政绩考核制度，降低考核工作频率，提高考核工作质量，对有真才实学、真正有所作为的基层行政干部要给予表彰奖励；对锐意进取、敢于创新的基层行政干部，要为其撑腰鼓劲；对于品德优秀、业绩突出的基层领导干部，要及时提拔使用。

（三）完善协同监督，以权力和权利制约权力

孟德斯鸠曾经说过："一切有权力的人都容易滥用权力这是亘古不变的一条经验。有权力的人们使用权力一直遇到有界限的地方才休止。"权力的行使必须受到监督。治理"庸政懒政"，既要明确权力的边界，也应加强对权力的制约和监督。应当进一步提高监督权的地位，逐步建立健全决策权、执行权、监督权既相互制约又相互协调的权力结构和运行机制，推进权力运行程序化和公开透明，极大地压缩"庸政懒政"的生存空间和机会。

目前，我国已形成了由党内监督、人大监督、政府内部监督、政协民主监督、司法监督、公众监督和舆论监督组成的具有中国特色的监督体系。但是，目前的权力监督主要是一种同体监督，往往效率较低，成本也很高昂。为此，既要在政府内部改革权力结构，加强监督权对决策权、执行权的制约，以权力制约权力；又要增强异体监督的效力，有效动员群众、组织群众、引导群众监督政府，通过透明行政、服务行政为社会监督和舆论监督创造机会，以权利制约权力。唯有多管齐下，促进党内监督、民主监督、法律监督、公众监督和舆论监督的协同共治，实现同体监督和异体监督的相互促进，才能形成强大的监督合力，真正改变"上对下监督，情况不了解，无法监督；

下对上监督，情况了解，不敢监督”的境况，从而有效整治“庸政懒政”现象。

（四）打造良好的现代新型行政文化

首先，“真心诚意”，做好“内化”文章。要想“治庸治懒”真正长期得到落实，不仅需要各方面的硬性制度、刚性标准，而且更呼唤自内心、从思想方面来升华官员的从政心理，净化整个机关的行政文化。文化是潜移默化的，“润物细无声”。行政文化主要涵盖行政理想、行政观念、行政道德等，而绩效考核、行政问责则是凭借问责主体对问责客体的科学、及时、有力、有效的监督和约束，应促使政府及其行政人员积极回应百姓呼声、社会诉求，主动承担自身的主体责任。目前，我们要大力加强行政问责文化建设。其次，强化实践主体的行政责任意识，培育社会公众的积极参与意识。今后，我们要竭力营造一个好的行政“软环境”。这些年来，不少官员意志衰退、思维钝化，行政执行迟缓、慵懒无力，甚至游手好闲、不学无术，探本溯源，就是需要一方面大力倡导现代新型行政文化，增强行政主体责任感、使命感；另一方面大力增强普通群众主动参与问责的意识，从而依托群众之伟力，保障“治庸治懒”常态化、长效化。

B.13
基层民众对正风反腐的认可及参与度调查

魏　静*

摘　要：　正风反腐是民众十分关注的社会问题，不正之风盛行，不仅损害群众的切身利益，也不利于经济社会的健康发展。本课题以正风反腐为主线，以基层民众对其的认可与参与度为重点，调查了民众对当前正风反腐的认知、态度及看法。调查显示，绝大多数基层民众对当前反腐败、正风气所取得的成效持肯定和满意态度；通过媒体网络发挥舆论监督是民众参与正风反腐的主要途径；民众对当前查处领导干部违纪违法案件的力度持较满意态度，并希望进一步加大惩治力度；民意调查显示在监督和制约主要领导干部的权力运行方面还需进一步完善。

关键词：　基层民众　正风反腐　反腐败　正风气

腐败是社会毒瘤，是广大人民群众最为痛恨的社会现象。长期以来，我们党十分重视党风廉政建设和反腐败斗争，并将其提到关系党和国家生死存亡的高度。民心是共产党最重要的执政基础，深化改革、正风反腐、回应人民群众的期盼是关系政治稳固的核心要素。

* 魏静，甘肃省社会科学院西北历史与丝绸之路研究所副研究员，主要从事地方史研究。

2015 年以来，党中央全面协调推进“四个全面”的战略布局，不断将党风廉政建设和反腐败斗争引向深入。各级党组织及党员领导干部深入落实管党治党的政治责任，深化巩固全党动手、齐抓共管的良好局面。广大群众大力支持、积极参与，各级纪检监察机关强化监督执纪问责，这些举措有力地推动了党风廉政建设和反腐败斗争不断走向深入。

在反腐败不断深入的形势下，基层民众对党的各项正风反腐举措有怎样的认知和态度，他们以怎样的方式来参与反腐倡廉建设，其参与度如何，这些问题正是本课题着力关注和解决的重点问题。为了更好地了解基层民众对正风反腐的认可及参与度，本课题在研究方法上以问卷法和访谈法为主，以甘肃省白银市、兰州市的不同社会群体为调查对象，涉及群体包括公务员、专业技术人员、个体工商户、商业服务业人员、工人、农民等。总共发放问卷 220 份，收回有效问卷 220 份，以下对问卷和访谈的内容、得出的结论以及如何推进完善正风反腐的举措分别进行阐述和分析。

一　调查对象的基本情况

表 1　调查对象基本情况

单位：人

性别	男	147
	女	73
民族	汉族	182
	少数民族	38
年龄	18～35 岁	84
	36～55 岁	76
	55 岁以上	60

续表

身份	公务员	50
	专业技术人员	50
	个体工商户	30
	商业服务业人员	20
	工人	50
	农民	20
教育程度	大专及以下	93
	大学	78
	大学以上	49
政治面貌	党员	115
	民主党派	12
	群众	93
户籍所在地	城市	181
	县城	7
	乡镇	12
	农村	20

二 基层民众对正风反腐的认可及参与度调查

（一）基层民众对当前党风廉政建设和反腐败工作成效的满意度调查

不正之风和腐败问题危害群众切身利益，破坏干群关系，危害党的执政之基，人民群众深恶痛绝。不正之风和腐败问题突出表现为：不执行党的理论和路线方针，破坏党的集中统一，结党营私、搞团团伙伙；工作作风不正，违背中央“八项规定”精神，“四风”问题突出；一些领导干部大搞权钱交易、权色交易、权权交易，严重干预市场行为；还有些领导干部挖空心思虚报冒领、吃拿卡要、优厚亲友，危害群众的基本生活；有的执法不公、违法不究，成为家族势力及黑恶势力的代言人，横行乡里、欺压群众。这些行为严重背离了党的性质和宗旨，损害了人民群众对党的信任，造成极为恶劣的影响。党的十八大以来，党中央把全面从严治党纳入“四个全面”的战略布局，将党风廉政建设和反腐败斗争作为全面从严治党的重要内容。经过三年多的时间，查处了160多名违纪违法的高级领导干部，反腐败和从严治党的震慑作用得到充分发挥，反腐败斗争已经形成压倒性态势。图1反映了基层民众对此的满意程度。

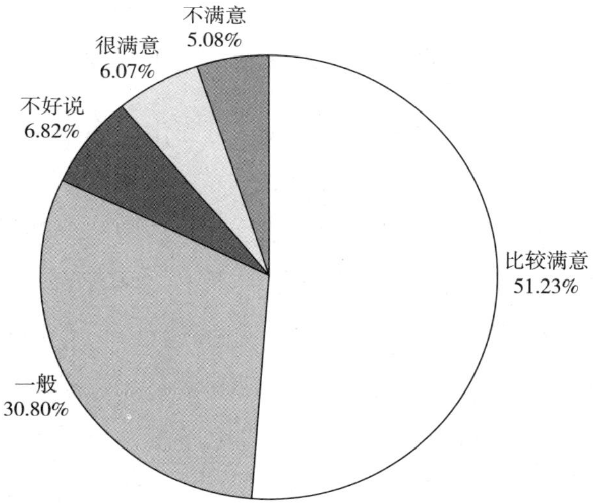

图1　基层民众对党风廉政建设和反腐败工作所取得成效的满意度调查

图1表明，有多数民众对党风廉政建设和反腐败工作所取得的成效持满意态度（选择“比较满意”和“很满意”的调查者共占57.30%），有30.80%的民众持一般态度，“不满意”“不好说”所占的比例都不高，分别是5.08%、6.82%。这说明多数群众对党风廉政建设和反腐败工作所取得的成效给予了认可和肯定，同时也说

明从实施“八项规定”到反“四风”，从深入开展反腐败斗争到践行“三严三实”，我们党的作风建设取得了一定的成绩，腐败势头得到了一定的控制，群众的满意度不断提升，从严治党的局面全面打开。各级党组织始终把党风廉政建设放在突出重要位置，严格执行党风廉政建设领导责任制，发挥领导示范的表率作用，带头遵守党的各项政治纪律，带头遵守廉洁从政的各项基本规定，带头加强和提升党性修养，树立并弘扬优良作风，这些都有力促进了反腐倡廉建设深入开展，而党风廉政建设和反腐败斗争所取得的成绩也得到了群众的认可。

（二）当前不正之风和腐败问题与以往的对比调查

随着时代的发展，经济和社会结构的变化，人们的利益格局和道德观念出现了多样化，人们的生活方式、文化观念、政治观念也受到了外界各种因素的冲击，诱发腐败的因子随之增多，腐败的表现形式也较过去大不相同。当前，腐败现象和不正之风行为主要表现为以下四个方面。一是经济犯罪占据主导，经济违法违纪主体逐渐向多元化、高层次发展，经济犯罪案件趋于高发状态。二是以权谋私现象严重，主要表现为利用行业、岗位特权违纪违法。三是违反组织人事纪律，在选人、任人方面存在不正之风。四是贪图享受，奢侈浪费现象严重。当前，在正风反腐深入开展的大局下，党风廉政建设和反腐败斗争正在逐渐从侧重遏制走上标本兼治以及加大治本力度的轨道，党风廉政建设和反腐败斗争正健康、平稳地向纵深发展，反腐败斗争取得了显著的成效。那么，在基层民众心目中，和以往相比，当前的反腐败斗争究竟有哪些变化，对此做了问卷调查。

图2反映出绝大多数民众（86.77%）认为当前不正之风和腐败问题与以往相比，有了明显的好转。2015年以来，党中央坚定不移地推进全面从严治党，坚定不移地深化党风廉政建设和反腐败斗争，

严肃查处了周永康、令计划等人的严重违纪违法案件，有效消弭和杜绝了隐患和后患，党风廉政建设和反腐败斗争取了重大阶段性成果。这些成绩凝聚了党心民心，有力增强了人民群众对党的信心和信任。中央纪委和各级纪律检查机关围绕中心任务，强化监督执纪问责制度，坚持遵循纪严于法、纪在法前，逐步完善党内各项法规制度，深化并完善纪检体制改革，推进巡视和派驻监督的全覆盖，这些都有力遏制了腐败势头的蔓延。

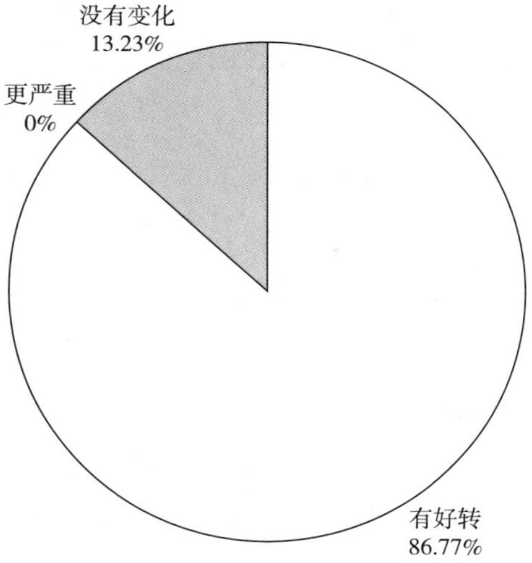

图2　当前不正之风和腐败问题与以往相比的变化

（三）基层民众对腐败现象的举报途径调查

权力运行如果缺乏监督制约，则必然导致腐败。反腐败斗争的重中之重在于遏制权力腐败，而难点和突破点也在于遏制权力产生的腐败。近年来，无论是官方还是民间，众多的社会调查结果都表明，中国的头号社会问题依旧是权力腐败问题，这是目前民众最主要的关注点，在社会热点问题中，反腐败问题总是高居榜首。毛泽东同志曾指出："只有让人民来监督政府，政府才不敢松懈；只有人人起来负责，才不会人亡政息。"这说明民主治腐的路子，其实质就是发挥人民群众的监督作用，动员人民群众积极广泛参与监督。人民群众参与反腐败斗争，最主要的途径是参与监督。群众监督，一方面可以对行政职能机构、公务人员尤其是领导干部造成强大压力，使其在滥用权力、以权谋私方面有所畏惧；另一方面也可以对监督机关造成强大压力，使其在反腐倡廉问题上，做到有法必依、执法必严。基层民众发挥监督作用对反腐败和纠正不正之风产生了十分重要的积极影响，那么，民众发挥监督作用的途径究竟有哪些，对此也做了专门调查。

通过图3可以看出，民众对腐败问题线索的举报途径主要倾向于"登录专门举报网站"，占72.06%，其次分别是"在互联网上发布"，占56.37%；"向新闻媒体曝光"，占55.42%；"拨打专门举报电话"，占48.24%；"写信给有关部门"，占39.11%；"直接到有关部门上访"，占20.90%；"找人大代表政协委员反映"，占15.23%。这表明，民众倾向于通过网络的途径来发挥舆论监督作用。当前，电子邮件、微博、微信等网络技术日新月异，其所具有的方便、快捷、安全等特点，为民众网上参与反腐败斗争提供了方便和可能。可见，扩宽网络渠道，促进民众积极参与反腐败斗争是抵制腐败的有效途径，而设立和发展廉政网站也势在必行。通过访谈得知，就目前来看，相对而言，纪检监察系统的廉政信息网还不够完善和健全，这对群众更广泛地参与反腐败斗争产生了不利的影响。因此，纪检监察系统应率先建立健全廉政信息网站，实现资源共享，这将为扩大群众参与反腐开创一条崭新的渠道。另外，还应不断拓展群众参与评议及监督的渠道，吸收举报人和群众代表参与一些办案环节，以此调动群众的参与热情，这同样是民众参与反腐的一条有效渠道。

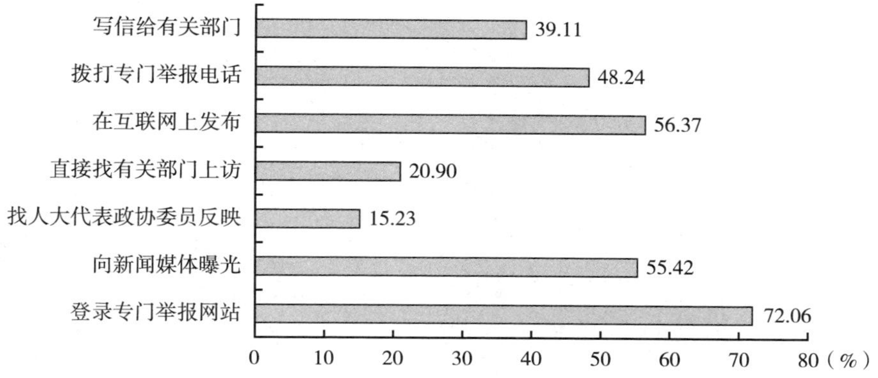

图 3　基层民众对腐败现象的举报途径

（四）民众对遏制和消除腐败的信心度调查

2013 年以来，“八项规定”成为社会生活的热点话题。这一年，党中央坚决纠正形式主义、官僚主义、享乐主义以及奢靡之风，集中治理“舌尖上的腐败”“车轮上的腐败”“公款消费中的腐败”等，力度大、措施实、效果明显。从中央到地方，党员干部和普通百姓，告别“文山会海”、轻车简从、厉行勤俭节约、反对铺张浪费，党风政风得以改进，社风民风得以好转。十八届中央纪委六次全会上，习近平指出，全党同志对党中央在反腐败斗争上的决心应有足够自信，对反腐败斗争取得的成绩应有足够自信，对反腐败斗争带来的正能量应有足够自信，对反腐败斗争的光明前景也应有足够自信。这“四个足够自信”反映了对党的十八大以来反腐败工作的充分肯定和认可，同时也是对当前各种似是而非的错误论调的有力回应，更反映了继续深入反腐败的坚定决心。那么，基层民众对党中央遏制和消除腐败是否也有同样的信心，调查结果见图 4。

图 4 表明，多数被调查者（72.61%）对遏制腐败和消除腐败持有一定的信心。民众之所以有信心，主要是因为反腐败成效比较明

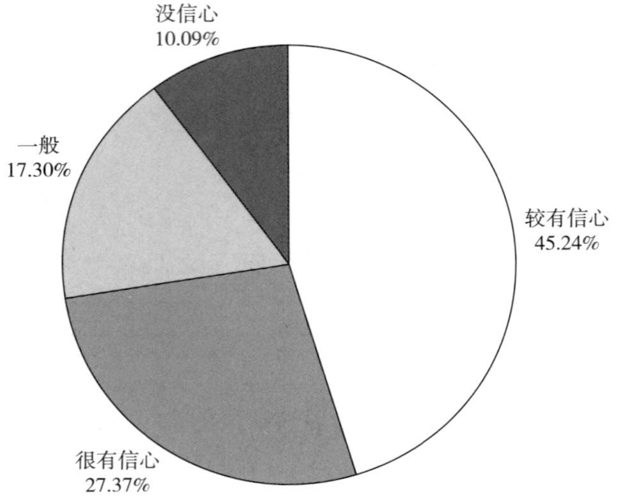

图4　民众对遏制腐败和消除腐败的信心度调查

显。通过近年来反腐败斗争的不断深入开展，腐败现象得到了有效遏制，党员违纪案件有所减少，人民群众的满意程度也因此提高，要继续坚定反腐败的信心。另外，也要清醒地认识到，形势依旧严峻，必须坚定持续深入反腐败的信心。由于我国正处于并将长期处于社会主义初级阶段，腐败现象根深蒂固，短期内难以消除，反腐倡廉建设面临很多新情况、新问题。因此，应正确认识反腐败斗争的长期性、复杂性和艰巨性，既要树立忧患意识，增强紧迫感，同时也要坚定信心，树立持久长期作战的思想准备。

（五）民众对政府部门工作作风的认知和调查

“门难进、脸难看、话难听、事难办”的工作风气由来已久，是衙门作风的典型表现。国家曾多次对行业作风进行整顿，特别是党的十八大以来，以反“四风”、坚持深入开展群众教育路线实践活动为重点，对“四难”问题进行了深入整改。然而，近年来，基层工作人员的种种工作陋习仍时有曝光，这反映出“四风”整治还需深入落实的必要性以及坚持走好群众路线的长期性。图5反映了民众对整治“四难”问题的看法。

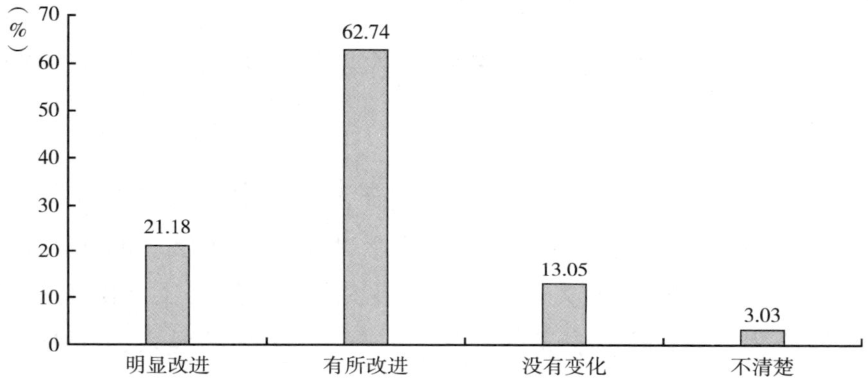

图5　民众对“四难”问题的看法和态度调查

图5表明，多数被调查者（62.74%）认为政府工作部门中的“四难”工作作风问题有所改进。工作作风的转变离不开政府职能的转变以及干部思想的转变。领导干部，不论职位高低，都是人民的公仆，是人民的勤务员，都以为人民服务为最高宗旨。但是在现实生活中，一些干部思想意识陈旧，不把自己当作人民的公仆，而是以人民的主人自居，一副高高在上、颐指气使的衙门做派，引起群众极大的不满。只有彻底摒弃“官本位”思想，树立服务型政府的意识，积极转变政府职能，自觉做人民公仆，积极为群众办事，“四难”问题才会得以解决，人民群众也才能真正享受到更完善的公共服务、更可靠的社会保障以及更美好的生活环境。经过深入开展党的群众路线教育实践活动，为民、务实、清廉的工作作风逐步确立，一心一意为群众服务的意识和氛围逐渐浓厚起来。在从严治党的要求和部署下，各级政府工作部门认真开展批评与自我批评，着力解决人民群众反映强

烈的问题，努力提高做好新形势下群众工作的能力。针对不同层次、不同行业、不同部门的具体情况，认真总结借鉴各地区各部门在联系服务群众方面的好经验和好做法，并在实践中得以完善和发展。这些都有力增强了群众对政府工作部门服务能力的信心。

（六）“三严三实”对于转变作风、提高个人修养作用的民意调查

2014 年 3 月 9 日，习近平总书记在十二届全国人民代表大会第二次会议参加安徽代表团审议时，关于推进作风建设，提到“既严以修身、严以用权、严以律己，又谋事要实、创业要实、做人要实”的重要论述，简称为“三严三实”。“三严三实”的要求，切中了工作作风之弊的要害，抓住了改进工作作风的关键。践行“三严三实”，成为党员干部的终生必修课，也是更好地履行共产党人崇高职责的根本保证。那么，基层民众对于“三严三实”的看法如何，也就是说“三严三实”对于反腐建设、提高个人修养的作用怎样，调查结果见图 6。

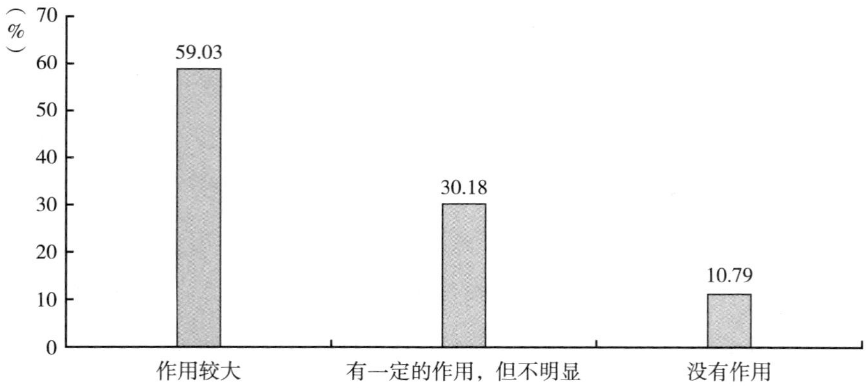

图 6　民众对“三严三实”对转变作风、提高个人修养作用的认知和态度

图6显示，多数被调查者（59.03%）认为推进“三严三实”对于转变作风、提高个人修养有较大作用；有30.18%的被调查者认为有一定的作用，但不明显。在群众教育实践活动中，党员干部应遏制“四风”、端正工作作风，将“三严”标准切实贯彻在从政和工作的过程中。严以修身就是要求加强党性修养、坚定理想信念、远离低级趣味、抵制歪风邪气。严以用权就是要坚持用权为民，按规则、制度来行使权力，把权力关进制度的笼子，不搞特权。严以律己就是要心存敬畏、慎独慎微、勤于自省、为政清廉。“三实”对领导干部的工作生活作风提出了更高更严的要求。谋事要实就是要从实际出发来谋划事业和工作，不搞假、大、空，所谋所思之事要与实际情况符合，不浮夸虚荣、脱离实际。创业要实就是要脚踏实地、从小事做起，从群众关心的事做起，敢于担当和直面矛盾，善于解决问题。做人要实就是要诚字当头、实字为先，做老实人、说老实话、办老实事。“三严三实”正是对个人、对党员干部修身正己的凝练和升华，因此，以“三严三实”为原则，必将对转变工作作风、提高个人修养产生积极意义。

（七）对于腐败现象，民众对政府的期望

反腐倡廉，正风肃纪，不仅关系党和国家的生死存亡，也关系普通民众的生活。党的十八大以来，在党中央的领导下，正风反腐力度空前加大，从中央到地方，从上而下高密度、深层次地全面推进党风廉政建设和反腐败斗争工作。与此同时，深入开展群众路线教育实践活动。各级纪检监察机关坚持“打虎无禁区，拍蝇无死角”的原则，从细微之处着手，严厉查处违反中央“八项规定”精神的案件，整治“四风”，坚持从作风建设着手，彻底整治“门难进、脸难看、事难办”的官僚现象。党中央的一系列整治措施在一定程度上转变了领导干部的工作作风，获得了广大民众的赞扬。那么，对于腐败现象，民众还希望政府进行哪些方面的改革，调查结果如图7所示。

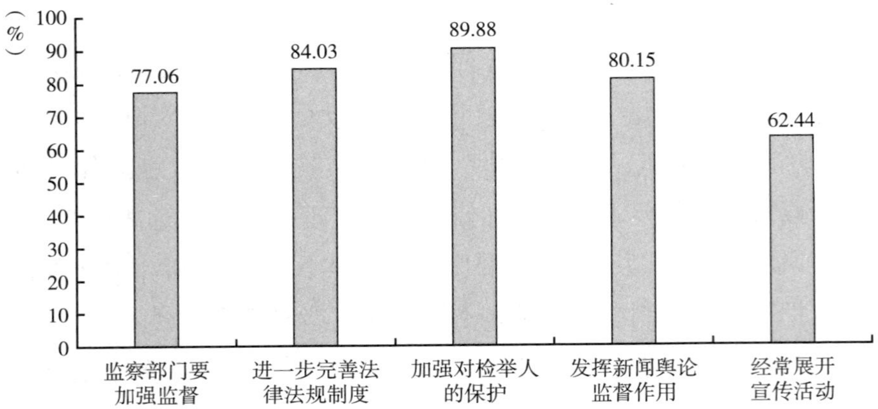

图 7　对于腐败现象，民众对政府的期望

图 7 表明民众对政府的期望中，“加强对检举人的保护”“进一步完善法律法规制度”“发挥新闻舆论监督作用”“监察部门要加强监督”这四个选项的选择比例都比较高，分别占 89.88%、84.03%、80.15%、77.06%。在现实生活中，因举报单位领导而被转岗、扣发奖金甚至受到打击报复的现象时有发生。相关人员不遵守保密规定，对举报人保护不力却不受到问责的现象也经常发生。面对这些举报腐败现象产生的后患和顾虑，2016 年 4 月，最高人民检察院、公安部、财政部联合下发了《关于保护、奖励职务犯罪举报人的若干规定》(以下简称《规定》)。《规定》进一步加强了对举报人合法权益的保护，使举报人能更加放心、积极地举报职务犯罪，从而拓宽反腐正风的途径和渠道。加强党内法律法规体系建设和反腐败国家立法，成熟一个，出台一个，逐步形成内容科学、程序严密、配套完备、有效管用的反腐败法规制度体系，使正风反腐工作有法可依，使反腐败法治化水平不断提高。当前信息网络高速普及的大背景下，互联网在每个民众的生活中都扮演着不可或缺的角色。近年来，频频出现在网上的官员腐败曝光事件，帮助社会整顿了相当一部分违法违纪行为，在整

个反腐倡廉建设中都发挥着不可替代的作用。因此，进一步发挥来自群众的舆论监督作用，必将在反腐倡廉过程中产生积极效果。

（八）民众对近年来查处领导干部违法违纪案件力度的认知度调查

近年来，随着我国查办违法违纪案件工作力度的不断加大，一批隐藏较深的违纪违法分子得到清查，并受到党纪国法的严惩，反腐败工作取得了阶段性成绩。但是，由于体制以及市场经济转轨时期所产生的一些负面影响，不同阶层、不同行业工作领域的领导干部违纪违法的腐败案件仍然时有发生，一些带有苗头性、倾向性、规律性特点的案件逐步暴露出来。如何深刻把握领导干部违纪违法现象的脉络，做到蛇打七寸、攻其要害，有效遏制违纪违法案件的发生，仍然是当前及今后亟待解决的问题。民众对近年来查处领导干部违法违纪案件力度又有怎样的认知，见图8。

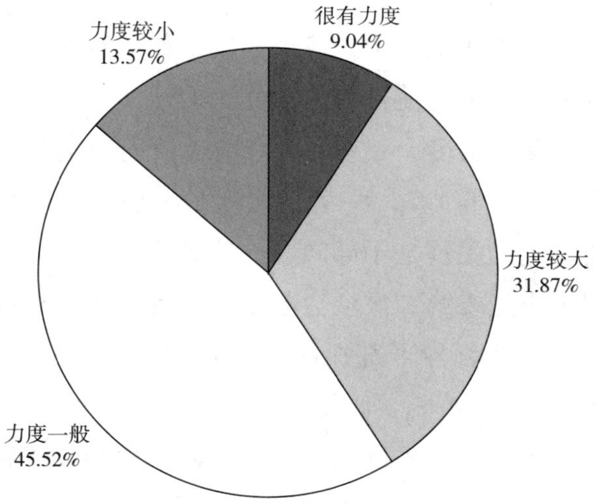

图8　民众对近年来查处违纪违法案件力度的认知度调查

图8表明，有45.52%的被调查者认为近年来查处领导干部违法违纪案件力度一般，有31.87%的被调查者认为力度较大，认为很有力度的只占9.04%。这说明，目前查处领导干部违纪违法案件的力度总体上还是令广大民众满意的，但距离群众的期望还有一定的差距。近年来，领导干部作案主体日益呈现多元化、家族化的特点。违纪违法案件中受到侵害的客体也具有多样化、复杂化的特点，而违纪违法主体往往利用“合理化”“合法化”的形式作为掩盖，其社会危害呈现隐蔽化、智能化的特征。分析原因，主要有主观、客观两方面的原因。从主观方面讲，一些领导干部放松自我教育，思想松懈麻痹；爱慕虚荣面子，滋生攀比心理，追求腐朽生活。从客观方面讲，领导干部的培养教育淡化，对干部的监督还缺乏力度，反腐败制度的落实还不到位，预防工作也较为薄弱。以上这些都对反腐败的力度产生了不利的影响。

（九）当前对领导干部行使权力监督效果的民意调查

党的十八大报告明确指出，应严格规范权力行使，加强对领导干部尤其是主要领导干部行使权力的监督。但从实践看，由于权力制约机制不力、监督缺乏力度，一些主要领导干部把权力作为谋取个人私利的工具，大搞“一言堂”，一手遮天。邓小平同志曾指出，对执政党来说，党要管党的关键是干部问题，这句话切中了要害。习近平总书记在十八届中央纪委第二次全会上指出，反腐倡廉建设，必须要从领导干部特别是主要领导干部抓起。主要领导干部就是“一把手”，把自身该负的责任负起来，把自身管好，很多事就会好办许多。因此，必须要加强和改进对主要领导干部行使权力的监督和制约，确保“一把手”不擅权、不谋私，切实做到为民服务清廉正气。民众对当前领导干部行使权力的监督效果的认知度，见图9。

图9反映出占多数的被调查者（67.24%）认为对当前领导干部

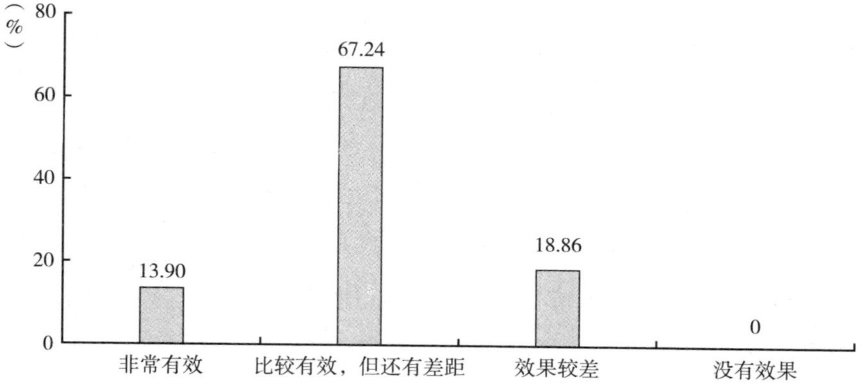

图 9　民众对当前领导干部行使权利的监督效果认知度调查

行使权力的监督效果比较有效，但还存在一定差距。为什么民众会产生这样的认知，其主要原因如下。一是互相监督就实质来讲，就是同级班子成员之间的相互监督，这种监督容易导致监督“虚化”。虽然同级班子成员之间相互最为了解，对存在的问题看得也最清楚，但在现实中，由于实行“一把手”负责制，这时集中往往多于民主，集体领导就会流于形式，权力依旧高度集中在“一把手”身上。一些主要领导干部独断专行，并不尊重班子其他成员的意见；有的班子成员缺乏原则性，看主要领导眼色行事；虽然也有的班子成员原则性较强，但怕得罪人，不得不随波逐流。正是以上这些原因，使一些错误决策和意见也能通过合法程序成立，造成了同级班子成员相互监督“虚化”。二是监督制度“软化”。虽然从中央到地方制定了许多政策和法规用以加强党风廉政建设，各级单位内部也制定了许多正风反腐的规定和制度，但还是存在许多不完善的地方，表现为“四多四少”，即应急性和临时性的规定多，长效治本的规定少；规范行为的规定多，违反规定的处罚措施少；抽象、笼统的规定多，可操作性的规定少；建章立制的规定多，严格执行的缺少。

这些都导致制度监督的“硬度”不够。三是组织监督趋向“弱化”。上级组织对下级组织的监督往往呈现非连续性和非全面性的特点。而下级组织对上级组织和领导干部的监督，也存在“看得见但管不上”的缺陷，因此，实际监督效果并不理想。同级监督组织的监督同样也较为困难，纪检监察机关作为党内监督的专职机构，在现实中，由于人、财、物等资源均在同级行政管辖的范围之内，缺乏应有的权威和独立，自然难以实施有效的监督。以上这些，反映出对领导干部权力行使的监督制约往往很难到位，这也是群众反映还存在差距的原因。

通过问卷调查分析形成以下几点结论。

（1）多数被调查者（51.23%）对当前的党风廉政建设和反腐败所取得的成效持较满意度。

（2）绝大多数的民众（86.77%）认为当前的不正之风和腐败问题和以往相比，有了明显的好转。

（3）多数民众（56.37%）对腐败问题线索的举报途径主要倾向于通过网络媒体的途径，说明舆论监督的影响力正逐步扩大。

（4）多数被调查者（45.24%）对遏制腐败和消除腐败持有一定的信心。

（5）被调查者中多数（62.74%）认为政府工作部门中的“四难”工作作风问题有所改进。

（6）多数被调查者（59.03%）认为推进“三严三实”对于转变作风，提高个人修养有较大作用。

（7）有45.52%的被调查者认为目前查处领导干部违纪违法案件的力度总体上还是令广大民众满意的，但距离群众的期望还有一定的差距。

（8）多数被调查者（67.24%）认为对当前领导干部行使权利的监督效果比较有效，但还存在一定差距。

三　对正风反腐的几点对策建议

（一）建立健全正风反腐的防控机制

建立健全正风反腐防控机制是推进权力公开透明运行、健全权力运行制约与监督机制的重要前提。应针对重点对象、重点领域以及关键环节，逐步建立健全风险预警、内外监督、纠错整改、考核评价以及责任追究机制，形成一整套行之有效的正风反腐防控制度体系。

（二）完善惩治和预防腐败法规制度

（1）把那些在实践中运行的、经过实践检验的、适应形势发展的党纪政纪以及行政规章制度上升为法律法规，加快形成较为完整的反腐倡廉法律法规制度体系。对现有的法律法规制度要及时修正完善，并尽快制定实施细则以及配套制度。

（2）应重点做好反腐败单行法律以及配套法规的立法工作。要建立健全腐败案件揭露和查处机制，畅通来信来访和网络等各种举报渠道，并进一步完善保护证人、举报人制度。

（3）完善惩治贪污腐败和渎职侵权犯罪的法律法规，规范国家工作人员从政行为的法律规定，进一步完善防止利益冲突的法律法规，整合各项预防腐败的法规制度；积极开展反腐败国际合作，完善反洗钱法律法规，完善防控腐败分子外逃以及追逃追赃的法律制度，逐步形成与惩治防控腐败相适应的法律法规体系。

（4）反腐倡廉法规制度建设应不断完善和创新。借鉴古今中外反腐倡廉的有益做法，实现法律法规制度建设理念、方法、思路与时俱进。切实提高反腐倡廉法律法规制度的执行力，建立健全反腐败保障机制，让法律法规制度刚性运行。

（三）正确发挥舆论监督的反腐败作用

（1）应做好政务、财务公开，让舆论监督有理有据。通过设置政务公开专栏或通过各种新闻媒介等方式对重大决策、政策规定、办事标准和程序、便民措施、财务账目等进行公开，充分接受民众的监督，使舆论监督能够有依可循。

（2）应及时回应舆论，及时正确处理舆论中涉及的问题。党政机关领导干部要在第一时间了解群众的诉求，并正确处理好所涉及的各种问题。及时处理舆论中的问题，让更多的民众通过这种方式和渠道将某些腐败和违法违纪行为公之于众，使舆论监督充分发挥其作用。

（3）客观认识舆论监督，杜绝舆论监督中的负面信息。舆论监督是一面双刃剑，在某些时候，少数犯罪分子会通过舆论的手段破坏社会安定，在一些问题上故意以讹传讹，扰乱社会秩序，对此应坚决打击。对于舆论监督，应客观分析每一个问题，理性做出权衡，保障舆论监督的积极作用。

（四）加强和改进对主要领导干部行使权力的制约和监督

（1）适当分解主要领导干部的权力和责任。形成领导班子内部相互制约的权力运行闭环系统，是对主要领导干部权力进行制约和监督的有效方式。

（2）要加强行政监察和审计监督制度建设。行政监察机关要把监督监察渗透到行政管理的各个环节，加强对领导干部的廉洁教育与严格监督，深入开展执法监察、效能监察以及廉政监察，使权力依法行使。审计机关要通过任期审计，加强对主要领导干部在经济决策以及财经政策执行等方面的审计监督。行政监察和审计机关应协作配合，建立健全案件协查、线索移送等资源共享机制，增强监察和审计的合力与效果。

（3）要健全群众监督、法律监督机制以及互联网监督。舆论监督是民众行使监督权的一种直接方式，具有其他监督无可替代的作用。各级领导干部要自觉接受群众监督和舆论监督，真诚接受各方面的意见和批评。应创造条件、拓宽渠道方便群众监督，坚决打击消除各种人为障碍，严厉惩处打击报复行为，确保民众的知情权、表达权和监督权。法律监督是领导干部依法行使权力的重要保证。应支持人大及其常委会通过听取和审议工作报告、询问、质询等方式行使监督职权。支持司法机关独立公正地行使检察权与审判权，最大限度地减少领导干部特别是主要领导干部失职渎职、滥用职权等行为的发生。

B.14

地方司法体制改革的进展及群众的反响与获得感调查

张 拓*

摘 要： 司法体制改革水平，直接反映和体现着一个国家、一个民族进步、文明、民主和法治的程度。司法体制改革应主动征求人民群众的意见，听取人民群众的呼声，采纳人民群众的合理建议，正确把握最广大人民的根本利益。本文以舆情调研视角，着眼于地方司法体制改革的现状与进展及群众普遍关心的司法热点问题，通过问卷调查发现，近几年开展的司法体制改革工作使群众得到了更多的获得感，人民群众对地方司法体制改革的关注度普遍提升。

关键词： 司法体制改革 群众反响 获得感

2012年，中共十八大报告提出“要进一步深化司法体制改革”，此后十八届三中全会通过的《中共中央关于全面深化改革若干重大问题的决定》，将此提法明确为“深化司法体制改革，加快建设公正、高效、权威的社会主义司法制度”。十八届四中全会第一次在党的中央全会上专题研究依法治国基本方略，着眼于解决影响司法公

---

* 张拓，法学硕士，主要研究方向为地方立法及司法改革。

正、制约司法能力的深层次问题，着眼于破解影响法治社会建设的体制机制障碍，对深化司法体制和社会体制改革做出了全面部署。中共中央办公厅、国务院办公厅印发了《关于贯彻落实党的十八届四中全会决定进一步深化司法体制和社会体制改革的实施方案》，习近平主持召开中央全面深化改革领导小组第九次会议时强调，要及时检查、及时评估，把解决了多少突出问题、群众对问题解决的满意度作为检验司法体制和社会体制改革成效的标准。

针对地方审判、检察、司法工作的进展及现状，本课题以调查问卷的方式向社区、学校、政府机关及律师事务所等不特定人群发放问卷。问卷设计坚持以问题为导向，以民众满意度为重点，分析了甘肃司法体制改革的实际运作状态和效果。通过对问卷调查结果的统计分析，以期找到司法体制改革工作的问题，并针对性地提出意见、建议。

一 调查对象基本情况

本次调查共发放问卷 330 份，收回问卷 313 份，有效问卷 299 份，问卷回收率为 94.8%，回收有效率为 95.5%。有效问卷统计分布情况如表 1 所示。

表 1 有效调查问卷统计分布情况

单位：人

性别	①男:141(47.16%)②女:158(52.84%)
年龄	①18~25 岁:51(17.05%)②26~35 岁:103(34.45%)③36~45 岁:88(29.43%)④46~60 岁:53(17.73%)⑤60 岁以上:4(1.34%)
文化程度	①不识字:1(0.33%)②小学:2(0.66%)③初中:6(2.01%)④高中/职高:14(4.68%)⑤大专及以上:276(92.32%)
月收入	①1500 元及以下:14(4.69%)②1501~3000 元:50(16.73%)③3001~4500 元:97(32.45%)④4501~6500 元:96(32.10%)⑤6501~10000 元:31(10.36%)⑥10000 元以上:11(3.67%)

续表

政治面貌	①中国共产党员:177(59.20%)②民主党派:13(4.35%)③群众:109(36.45%)
职业	①国家机关工作人员:110(36.79%)②非国家机关工作人员:189(63.21%)

二　司法体制改革工作进展及群众获得感调查

（一）人民法院司法体制改革工作进展及群众获得感调查[①]

1. 人民法院司法体制改革工作进展

人民法院作为国家的审判机关，在全面推进依法治国，构建中国特色社会主义法治体系，建设社会主义法治国家的过程中发挥着不可替代的作用。近年来，甘肃各级人民法院在省委的坚强领导下，在最高人民法院的指导下，深入贯彻落实党的十八大以及十八届三中和四中全会精神及习近平总书记关于法制建设的重要论述精神，狠抓执法办案，加强公正司法，践行司法为民，强化队伍建设，深化法院管理，各项工作实现了新发展。

全面推行立案登记制度。从2015年5月1日起，对一审民事、行政、刑事自诉和申请强制执行、国家赔偿案件，由以往的审查立案变为登记立案，当场立案登记率为95%，有效破解立案难问题。开展行政案件跨行政区划集中管辖试点。兰州铁路运输法院作为全国9个试点法院之一，从2015年12月1日起，对原由兰州、白银、定西的21个县区法院管辖的行政诉讼案件，实行跨行政区划集中管

① 本节资料主要引用历年《甘肃省高级人民法院年鉴》和《甘肃高级人民法院工作报告》。

辖。在全省中级、基层法院实行行政案件异地管辖，推动建立与行政区划适当分离的司法管辖制度。在人民法庭推行法官办案责任制。明确人民法庭简易程序、普通程序案件责任承担，赋予独任法官、合议庭成员、审判长签署法律文书的权力，实现“让审理者裁判，由裁判者负责”。深化双语法官培养培训改革。协调将双语法律人才培养纳入本科学历教育，建立全省法院双语法律人才库，加大蒙汉、哈汉双语省际合作培训、长期培养力度；开展为期8个月的全封闭式藏汉双语基础班、骨干班培训，受训的全省140名少数民族政法干警达到了熟练运用藏汉双语办案的水平；举办其他培训班24期，培训人员2400余人，其中全国性培训班8期1200余人，覆盖全国56个民族473个法院。省委政法委、省委党校在省法官学院甘南分院分别设立了全省政法干警培训基地、全省领导干部法治教育基地。在北京举办《宪法教程》等10部藏汉双语教材出版发行座谈会，最高人民法院院长周强，全国政协副主席、国家民委主任王正伟，省委书记、省人大常委会主任王三运等中央和省级领导出席了座谈会，教材的出版填补了我国双语法律教材的空白。建立干预司法记录追责制度。制定实施细则，明确违法干预案件处理的具体情形，建立如实记录、全程留痕、责任追究等制度，架起防止内外部干扰、保障依法独立公正行使审判权的制度“红线”。深化人民陪审员制度改革。2015年全年人民陪审员参与审理案件29000件，参审率为76.14%，服判息诉率达92.2%。积极做好司法体制改革试点工作。研究制定《甘肃法院系统司法体制改革试点方案》及配套子方案，指定2个中院、4个县区法院开展先期试点，为全省司法体制改革全面推开奠定基础。2016年9月甘肃省高级人民法院召开全省法院全面推进司法体制改革试点工作动员会，学习传达全国司法体制改革推进会、全国高级法院院长座谈会精神，对司法体制改革工作进行安排部署。确保全面推进司法责任制等各项改革措施落地生根，推动试点工作健康深入开展，力争在2016年10月底之前完成主要的改革任务。

2. 被访者对人民法院主要工作的感受和评价

（1）九成多的被访者认可人民法院的立案工作和办案质量，但非国家机关工作人员的认可率明显低于国家机关工作人员。299份有效问卷中，有43.99%的人对司法机关立案工作表示满意或者比较满意，有48.96%的被访者表示“一般”，有7.05%的被访者表示“不满意”（见图1）。

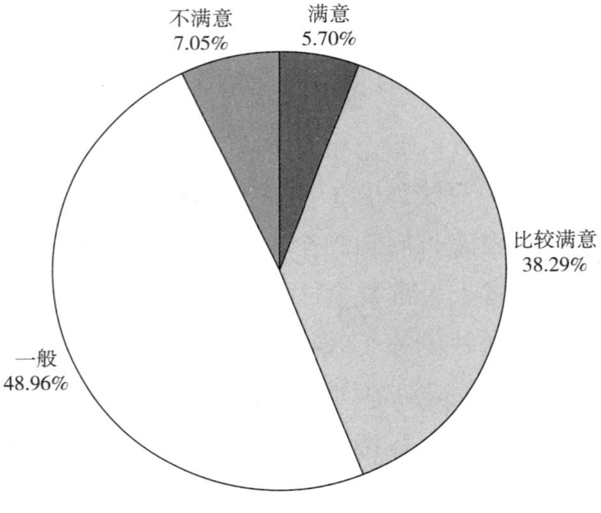

图1　您对司法机关立案工作的满意程度

有4.68%的被访者认为司法机关的办案质量高，有31.44%的被访者认为办案质量比较高，有58.53%的被访者认为办案质量一般，有5.35%的被访者认为办案质量差。将被访者职业按照国家机关工作人员和非国家机关工作人员区别看，国家机关工作人员认为办案质量高和比较高的人数占该类被访者的42.72%，非国家机关工作人员中的这一比例为32.28%；国家机关工作人员认为司法机关办案质量一般和差的比例分别为50.91%和6.37%；非国家机关工作人员的这一比例分别为62.96%和4.76%，明显高于国家机关工作人员（见表2）。

表2　被访者对人民法院办案质量的评价

单位：人，%

职业		对人民法院办案质量的评价				合计
		质量高	质量比较高	一般	质量差	
国家机关工作人员	人数	8	39	56	7	110
	在该类职业中的比例	7.27	35.45	50.91	6.37	100.00
非国家机关工作人员	人数	6	55	119	9	189
	在该类职业中的比例	3.18	29.10	62.96	4.76	100.00
合计	总人数	14	94	175	16	299
	在总人数中的比例	4.68	31.44	58.53	5.35	100.00

（2）九成多的被访者对人民法院审判公开和司法公正不同程度地表示满意。299位被访者中5.37%对人民法院审判公开表示非常满意，37.58%的被访者表示比较满意，48.32%的被访者认为一般，有7.72%和1.01%的被访者表示不满意和非常不满意；其中国家机关工作人员表示非常满意和满意的比例达到43.63%，非国家机关工作人员的这一比例为42.24%，国家机关工作人员中对审判公开表示不满意和非常不满意的比例为10.91%，而非国家机关工作人员的比例为7.48%。

在299份对人民法院司法公正评价的有效问卷中，有37.79%的被访者认为公正和非常公正，有55.85%的被访者认为一般，只有6.35%的被访者认为不够公正和很不公正（见表3）。

表3　两类被访者对人民法院司法公正的评价

单位：人，%

职业		对人民法院司法公正的感受					合计
		非常公正	公正	一般	不够公正	不公正	
国家机关工作人员	人数	5	45	52	7	1	110
	在该类职业中的比例	4.55	40.91	47.27	6.36	0.91	100.00
非国家机关工作人员	人数	4	59	115	9	2	189
	在该类职业中的比例	2.12	31.22	60.85	4.76	1.06	100.00
合计	总人数	9	104	167	16	3	299
	在总人数中的比例	3.01	34.78	55.85	5.35	1.00	100.00

（二）人民检察体制改革工作进展及群众获得感调查①

1. 人民检察体制改革工作进展

全省检察机关在省委和最高人民检察院的领导下，在省人大及其常委会的监督下，坚持以邓小平理论、“三个代表”重要思想为指导，深入贯彻落实科学发展观，依法履行法律监督职能，维护社会公平正义，各项检察工作实现了新的发展进步。

稳步推进四项改革试点准备工作。认真落实中央、省委关于深化司法体制改革的部署，配合省级有关部门，研究制定了《甘肃省检察机关司法体制改革试点工作实施方案》，确定6个院启动试点工作。制定检察人员分类管理、办案质量终身负责等22项配套方案，细化分解改革任务，确保改革试点有序进行。深入推进涉法涉诉信访改革。认真落实诉访分离要求，畅通信访渠道，2015年全年妥善处理涉法涉诉信访1468件。着力构建“三个穷尽”工作机制，化解涉

① 本节资料主要引用历年《甘肃检察年鉴》和《甘肃人民检察院工作报告》有关数据资料。

检信访历史积案17件。制定律师参与化解、代理涉法涉诉信访案件的意见。息诉罢访刑事申诉134件、发放司法救助金277.9万元。积极推进人民监督员制度改革。面向社会公开选任人民监督员。将查办职务犯罪案件中“阻碍律师或其他诉讼参与人依法行使诉讼权利”等四种情形纳入人民监督员监督范围。通过随机抽选监督员、全面提供案件材料、认真处理评议意见等程序，增强监督刚性。着力推进检察机关提起公益诉讼改革试点。研究制定《甘肃省检察机关提起公益诉讼试点方案》，确定8个地区开展试点。部署开展行政违法行为检察监督专项活动，依法监督纠正155件。

2. 被访者对人民检察院工作的评价

（1）九成以上的被访者对人民检察院办理公诉案件的成效不同程度做出好的评价。在298份有效问卷中，认为检察机关办理公诉案件成效显著的占比为5.03%，认为较有成效的占比为41.28%，认为成效一般的占比为49.66%，认为没什么成效的占比4.03%。从被访者的职业类型看，国家机关工作人员认为成效显著或者较有成效的比例为该类人数的55.45%，非国家机关工作人员的这一比例为40.96%；非国家机关工作人员认为成效一般和没有成效的比例分别为该类人数的54.26%和4.79%。均高于国家机关工作人员41.82%和2.73%的比例（见表4）。

（2）对人民检察院行使审判监督职能的成效评价较高。294份有效问卷显示，3.40%的被访者对检察机关行使审判监督职能非常满意，有39.46%的被访者表示比较满意，有31.97%的被访者表示满意，有24.15%的被访者表示不满意，另有1.02%的被访者表示很不满意。从职业分布看，国家机关工作人员的满意度略高于非国家机关工作人员。被访者对人民检察院行使审判监督职能的评价较高，与近年国家加大反腐力度，不仅打“大老虎”，还更加重视和解决发生在

表4　对人民检察院办理公诉案件的成效评价

单位：人，%

职业		人民检察院办理公诉案件的成效评价				合计
		成效显著	比较有成效	成效一般	没什么成效	
国家机关工作人员	人数	11	50	46	3	110
	在该类职业中的比例	10	45.45	41.82	2.73	100.00
非国家机关工作人员	人数	4	73	102	9	188
	在该类职业中的比例	2.13	38.83	54.26	4.79	100.00
合计	总人数	15	123	148	12	298
	在总人数中的比例	5.03	41.28	49.66	4.03	100.00

群众身边的腐败问题有密切关系，人民检察院的检察监督职能通过反腐活动被更多的民众所了解（见图2）。

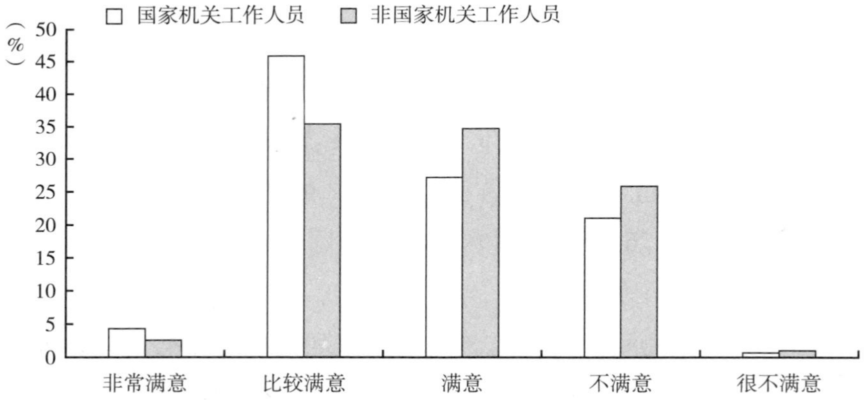

图2　两类被访者对检察机关行使审判监督职能的评价

（三）司法行政机关体制改革工作进展及群众获得感调查

1. 司法行政机关体制改革工作进展

全省各级司法行政机关全面贯彻落实党的十八大和十八届三中、

四中、五中全会精神，深入学习贯彻习近平总书记系列重要讲话精神，充分发挥司法行政工作职能，维护稳定、服务发展、服务为民、党的建设和队伍建设各项工作取得了新成效。

服务经济发展和保障民生成效显著。围绕服务全面建成小康社会和精准扶贫、精准脱贫工作大局，深入开展双联行动，坚持长流水不断线安排干部轮流进村入户开展帮扶，帮助联系村加强基础设施建设和发展富民产业。大力加强律师、公证、司法鉴定和基层法律服务工作，积极推进公共法律服务体系建设，积极组织律师参与涉法涉诉信访化解处理工作，协助党委政府化解了一大批疑难信访案件。高规格开展“六五”普法检查验收，推动普法任务全面落实，“六五”普法规划圆满收官。开展民主法治示范村（社区）创建命名活动，促进了基层依法治理。司法行政领域各项改革成效显著。推进监狱制度改革，出台全省狱务公开实施意见，修订监狱罪犯计分考核奖罚实施意见，完善干警一日流程等规范化管理制度。完善社区矫正制度，制定组织社会力量参与社区矫正工作的实施意见，推进市县社区矫正监管中心建设，促进了执法规范化。深化律师制度改革，会同省检察院制定保障律师执业权利建立良性互动工作机制的意见，会同省人社厅出台了律师和公证员专业技术职务任职资格评审实施办法，助推了律师事业发展。深化法律援助制度改革，省委办公厅、省政府办公厅印发《关于完善法律援助制度的实施意见》。推进依法行政工作，建立司法行政机关权力清单、责任清单，深化政务信息公开，打造甘肃司法网、甘肃省司法厅政务微信微博、甘肃司法杂志等政务公开载体和平台，实现司法行政各项工作网上全部公开。

2. 被访者对司法行政机关主要工作的评价

（1）八成以上的被访者认可司法行政部门的人民调解工作。人民调解工作是司法行政机关的主要工作之一，也是与民众联系较为密切的工作，历来被称为“东方之花”，是建设和谐社会、维护社会稳定的有效做法。在 299 份有效问卷中，有 7 人对此表示非常满意，有 114 人表示比较满意，两者占比 40.74%；有 119 人表示一般，占比 40.07%；有 54 人表示不满意，有 3 人表示很不满意，两者占比 19.19%。从职业分布看，国家机关工作人员中有 45.46% 的人表示非常满意和比较满意，非国家机关工作人员中的比例为 37.96%；国家机关工作人员中有 31.82% 的人表示一般，非国家机关工作人员的这一比例为 44.92%；国家机关工作人员中有 22.73% 的人表示不满意或者很不满意，非国家机关工作人员这一比例为 17.11%（见表 5）。人民调解工作虽然已历史悠久，但随着民众法律意识、维权意识和能力的不断提高，人民调解工作尚需创新思路，提高调解工作成效。

表 5　对司法行政机关人民调解工作的满意度评价

单位：人，%

职业		对司法行政机关人民调解工作的满意度评价					合计
		非常满意	比较满意	一般	不满意	很不满意	
国家机关工作人员	人数	4	46	35	24	1	110
	在该类职业中的比例	3.64	41.82	31.82	21.82	0.91	100.00
非国家机关工作人员	人数	3	68	84	30	2	187
	在该类职业中的比例	1.60	36.36	44.92	16.04	1.07	100.00
合计	总人数	7	114	119	54	3	297
	在总人数中的比例	2.36	38.38	40.07	18.18	1.01	100.00

（2）八成被访者对司法部门法律援助不同程度地表示满意。296 人回答了这个问题，其中有 3.38% 的人对司法行政机关的法律援助工作表示非常满意，有 37.84% 的人表示比较满意，有 39.86% 的人表示一般，有 17.91% 的人表示不满意，有 1.01% 的人表示很不满意。从职业分布看，国家机关工作人员和非国家机关工作人员的满意度非常接近，国家机关工作人员的不满意和非常不满意的比例为

23.64%，非国家机关工作人员的这一比例仅有16.13%（见图3）。法律援助工作开展以来，惠及许多困难群众等被援助对象，仅2015年全省共办理法律援助案件3.93万件，基本实现“应援尽援”。调查显示对法律援助工作的满意度仅有四成，一方面说明法律援助工作还需要加强，另一方面可以看到，超过八成的被访者是了解这一工作的，法律援助较之以前已有了比较好的工作基础。

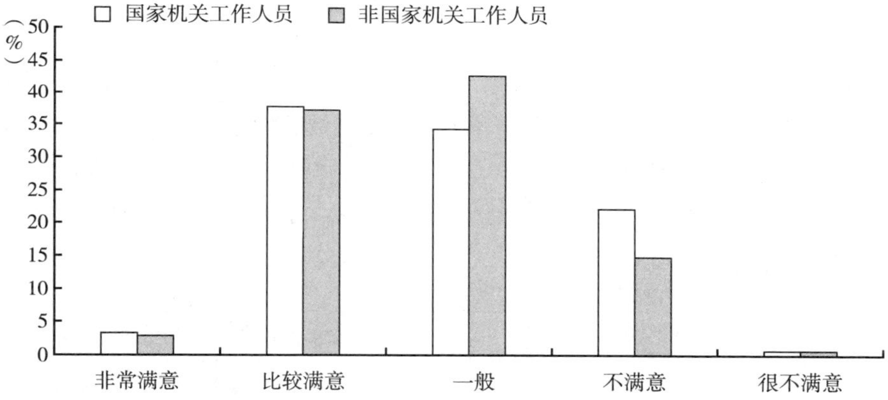

图3　两类被访者对司法行政机关法律援助工作的评价

三　司法体制改革工作中存在的问题

调查问卷中299位被访者对司法体制改革中存在的问题进行了选择和排序。办案拖延问题、缺乏有效监督和司法程序复杂的选中率超过五成，审判公开不够和司法不公的选中率占三到四成，司法公职人员待遇偏低的选中率为26.09%（见表6），其中国家工作人员选择待遇偏低的比例为39.09%，明显高于非国家机关工作人员18.62%的比例。从被访者选择的司法体制改革存在的问题看，选择比例超过五成的问题，仍然是过去司法部门一直着力解决的问题，无论是从法律规定还是司法部门内部规范，这些问题都有越来越清晰和严格的要求，已有很大的改观，但与民众的期望还有一定差距。同时，司法公正是法治的生命线，是实现社会公平正义的最终保障，三成的被访者认为存在司法不公，说明司法公信力还有待进一步提高。

表6 被访者认为司法体制改革中存在主要问题的选择排序

单位：人次，%

排序	1	2	3	4
选项	办案拖延问题	缺乏有效监督	司法程序复杂	司法公职人员素质不高,职业化程度不够
人次	178	177	157	151
百分比	59. 53	59. 20	52. 51	50. 50
排序	5	6	7	8
选项	审判公开不够	司法不公	司法公职人员待遇偏低	司法公职人员带头普法意识不强
人次	124	104	78	72
百分比	41. 47	34. 78	26. 09	24. 08

（一）司法部门独立行使职权仍有阻力

各级人民法院在独立行使审判权领域困难重重，受到各种体制性、机制性问题的干扰，在一定程度上无法真正做到独立行使审判权。

审判委员会制度的运作一定程度影响了法官独立行使审判权。审判委员会制度是我国特有的审判制度，制度的存在和运作具有一定的合理性和积极意义。但是在实践中，审判委员会的运作容易导致案件的审裁分离，依据我国《刑事诉讼法》的规定和审判委员会议事规则的规定，审判委员会对特定案件没有进行相关的审理，直接根据案件承办人的汇报经过短暂的审委会会议讨论过程并依据少数服从多数的原则做出裁决，从而导致案件审理的亲历性和连贯性遭到削弱，使案件审裁分离；审判委员会容易削弱法官的独立性，弱化法官独立行使审判权。众所周知，我国审判委员会是由法院的院长、副院长及各庭室领导若干人组成，加上我国司法工作人员管理沿用行政管理体系，行政色彩浓厚，因此容易在此环节产生行政机关所具有的上下级领导与被领导的现象，直接影响承办法官独立行使裁判权力。人民检察院的检察委员会存在同样的问题。

（二）法官、检察官队伍管理行政色彩浓厚

我国对法官、检察官管理沿用行政机关公务员式的管理体系，法官、检察官的职务和法官级别实行政府系统行政级别管理体系，工资福利、考核、晋升等均按公务员管理的做法进行，与政府部门公务员管理体系基本一致，同时在法院、检察院系统中拥有与党务和政府内大致相同的文宣、组织、纪检等非业务部门。这些部门的设计和管理也直接适用于公务员管理体系。对法官、检察官队伍管理适用行政化的管理体系，增加了司法系统的行政色彩，促使法官、检察官之间的关系演化成领导与被领导的关系，易造成法官和检察官官僚化、等级化、权力至上等现象。这种管理体制对我国法官、检察官队伍建设是极其不利的，容易干扰法官、检察官独立判断和独立行使司法权。

问卷显示在296个有效回答中，有41.22%的被访者认为当前法官、检察官队伍中有严重的行政化色彩，有40.54%的被访者认为不太严重，有17.23%的被访者认为不严重，仅有1.01%的被访者认为法官、检察官队伍中不存在行政化问题，这部分被访者全部是非国家机关工作人员。国家机关工作人员认为行政化色彩严重的比例略高于非国家机关工作人员。

（三）司法部门工作人员整体素质还需进一步提高

当前，基层法院、检察院以及司法行政单位干部队伍整体素质不高，形成的主要原因一是历史形成，许多司法部门人员仍主要来自恢复重建时从其他单位和行业调进的人员、国家分配的部队转业干部及少部分大中专毕业生。以上人员虽然后来通过各种途径获得了大专或本科学历，但文化程度并没有提高到与其学历层次相适应的要求。二是基层法院和检察院招收、录用高素质的人才困难。由于甘肃省处于西北欠发达地区，高素质人才不愿进来，想进来的又由于门槛较高进不来。

四成被访者认为司法公职人员素质高，认为素质一般的占总人数的一半，认为素质较差和很差的仅占被访者的 8.08%。从职业分类看，非国家机关工作人员认为司法公职人员素质一般的比例比国家机关工作人员的比例要高出 20.37 个百分点，认为素质较差和很差的比例也比国家机关工作人员高出 4.07 个百分点（见表 7）。

表 7　两类被访者对司法公职人员素质的评价

单位：人，%

职业类别		对司法公职人员素质的评价					合计
		素质很高	素质较高	素质一般	素质较差	素质很差	
国家机关工作人员	人数	7	55	41	4	2	109
	在该类职业中的比例	6.42	50.46	37.61	3.67	1.83	100.00
非国家机关工作人员	人数	7	54	109	17	1	188
	在该类职业中的比例	3.72	28.72	57.98	9.04	0.53	100.00
合计	总人数	14	109	150	21	3	297
	在总人数中的比例	4.71	36.70	50.51	7.07	1.01	100.00

（四）司法部门工作人员执法理念还需转变

受传统观念的影响，法官、检察官队伍中仍然存在着“重实体、轻程序”“重打击、轻保护”的司法观。一些法官为了提高结案率、符合审判时限等，随意缩短诉讼参与人的法定时限，并违背当事人意愿要求其认可；一些检察人员只要一提保障人权，就担心造成打击不力，“一切以打击犯罪为重心”的思想根深蒂固。

（五）基层人民法院“事浮于人”现象突出

“事浮于人”是指人民法院民事案件人均审判数量大大超过一个审判员应该承载的数量。中心城市的基层人民法院和一些中级人民法院这种现象比较突出，这种情况的直接后果就是一些案件的法定审理程序形式化，当事人在诉讼中拥有的权利被压缩或者限制，不仅影响案件质量，而且影响司法公信力。同时，基层法官待遇不高却超负荷工作，也影响了法官队伍的稳定，近两年出现的法官辞职现象与此有很大关系。

四　几点对策与建议

党的十八届三中全会针对司法领域存在的突出问题提出了一系列改革举措，司法体制和运行机制改革正在有序推进。党的十八届四中全会在十八届三中全会的基础上对保障司法公正做出了更深入的部署。比如，建立领导干部干预司法活动、插手具体案件处理的记录、通报和责任追究制度；健全行政机关依法出庭应诉、支持法院受理行政案件、尊重并执行法院生效裁判的制度；建立健全司法人员履行法定职责保护机制；推动实行审判权和执行权相分离的体制改革试点；统一刑罚执行体制；探索实行法院、检察院司法行政事务管理权和审判权、检察权相分离；变立案审查制为立案登记制；为保障人民群众参与司法，完善人民陪审员制度，扩大参审范围；推进审判公开、检务公开、警务公开、狱务公开；建立生效法律文书统一上网和公开查询制度；等等。十八届四中全会就加强人权司法保障和加强对司法活动的监督也提出了重要改革措施。

中央提出的司法体制改革举措旨在破解当前司法体制中存在的许多难点和问题，随着改革举措的落实，困扰甘肃省司法工作的许多问题一定会得到解决，因此如何推进和落实司法改革举措是当前我们要着力解决的问题。

（一）加强调查研究，制定改革举措的具体落实措施

《关于贯彻落实党的十八届四中全会决定　进一步深化司法体制和社会体制改革的实施方案》对司法改革举措进行了分工，并制定了时间表。甘肃省应深入调查研究司法体制改革中的普遍问题和甘肃省面临的特殊问题，从省到各市州，再到最基层的司法部门，厘清阻碍各级司法部门进行司法改革的体制机制问题，同时梳理落实司法体制改革举措中可能带来的新问题，及时研究和反馈问题，制定符合改革精神、可操作、能落实的工作细则，保障司法改革举措最终落到实处。

（二）勇于实践创新，探索符合甘肃省实际的司法改革之路

甘肃省属西部不发达省份，也是西部民族地区，与全国其他省份相比在自然环境和社会发展方面有很大差距，司法体制改革面临的问题也有其普遍性和特殊性。《中共中央关于全面深化改革若干问题的决定》中明确，“加强顶层设计和摸着石头过河相结合”。“摸着石头过河”是改革开放30余年来对人民群众和基层首创精神的形象概括。国家的顶层设计具有前瞻性、引导性，具体落实还要依赖于不断探索和实践，就是要用实践来证明改革方案的科学性、有效性。因此，我们要立足甘肃实际，以全面推进依法治国为总目标，积极发挥主观能动性，不断探索和落实深化司法改革方法。尤其要解放思想，

勇于创新符合甘肃省省情的改革措施和落实办法，解决甘肃省司法工作中面临的特殊问题。

（三）增强司法队伍的责任意识和改革意识

由于此次改革涉及体制性、关键性问题，势必与既有体制及长期存在的固有意识、习惯做法产生冲突和矛盾。同时，改革不仅涉及司法工作的各个方面，也将涉及很多人的切身利益，如人民法院法官职业化和分类管理、经费保障体制、审判权力运行方面的重大改革等，随着改革的逐步深化，每一个人都将处于改革的利益分配和权力（利）调整过程中。司法干部队伍要深刻理解司法体制改革的重要性和迫切性，坚持法治思维，将职业责任与全面推进依法治国方略紧密联系起来，同时要树立改革的主动意识，正确处理好个人利益与职业责任、固有习惯与改革需要之间的关系，主动投身司法改革中，成为推动法治国家建设的重要力量。

B.15 大学生群体对地方就业和创新创业环境的感受及建议

金蓉　高宁*

摘　要：　随着高等教育大众化进程的快速推进，在校大学生和毕业生人数逐年增长，2016年，全国高校毕业生共765万人，比2015年增加16万人。甘肃高校毕业生人数也在这一年创下新高，面临的就业形势非常严峻。通过对甘肃大学生就业和创新创业环境的调查，获取这一群体对就业和创新创业问题的感受及建议，找出存在的问题及根源，提出对策建议，以期更好地为各部门出台相关政策提供依据。

关键词：　大学生群体　就业环境　创新创业

2016年，全国高校毕业在2015年的基础上增加了16万人，达到765万人，毕业大学生、往年未就业的大学毕业生、中职毕业生和初高中毕业即选择就业的学生一起构成了1500万人左右的庞大就业群体。[①] 青年就业群体数量的持续增加、化解过剩产能的宏观调

---

* 金蓉，甘肃省社会科学院副研究员，主要从事区域文化与旅游产业规划研究；高宁，西安交通大学在读博士，甘肃省教育厅发展规划处主任科员，主要从事公务员制度研究。

① 《人社部：2016年高校毕业生765万人就业压力大》，中国新闻网，http：//www.chinanews.com/cj/2016/02－29/7777149.shtml，2016年2月29日。

控、经济下行压力的加大，使得2016年的就业形势异常严峻。国家一直以来非常重视作为民生之本的就业问题，近年来，为了缓解日益严峻的就业形势，采取了一系列行之有效的措施、出台了很多优惠政策。2014年开始实施“2014～2017年大学生创业引领计划”，2015年5月，国务院办公厅印发了《关于深化高等学校创新创业教育改革的实施意见》，明确提出“允许大学生休学创业”。同期，国务院还公布了《关于进一步做好新形势下就业创业工作的意见》，要求统筹推进高校毕业生等重点群体就业，并提出将求职补贴调整为求职创业补贴，对象范围扩展到已获得国家助学贷款的毕业年度高校毕业生。这些涉及融资、创业培训、创业指导、开业、税收等各环节的优惠政策为大学生就业和创新创业提供了条件，通过鼓励高校毕业生到城乡基层就业、鼓励小型微型企业吸纳高校毕业生就业和激励高校毕业生自主创业等措施，在一定程度上缓解了就业压力。

2016年，甘肃省高校毕业生人数创下历史新高，就业形势空前严峻。省委、省政府高度重视，继续统筹实施基层服务项目（即“选聘大学生村官工作”计划、高校毕业生从事“三支一扶”计划、“农村义务教育阶段学校教师特设岗位”计划、“大学生志愿服务西部”计划四个项目）。同时，通过省财政适当补贴、毕业生自愿报名与用人单位双向选择的方式，全省扶持引导10000名未就业普通高校毕业生到新兴骨干企业和市州、县区各类企业及公建民营性质的村级幼儿园服务。为鼓励高校学生创新创业，甘肃省政府于2015年出台了《甘肃省深化高等学校创新创业教育改革实施方案（试行）》。这些措施的实施，优化了甘肃省就业环境和创新创业环境。

一 调研目的、方法和样本情况

（一）调研目的

为了更好地了解甘肃大学生就业及创新创业环境情况，课题组以甘肃省兰州市6所高等院校的250名大学生和研究生为调查对象，并对部分毕业生所在学院辅导员进行了走访和座谈。为了样本的有效性和科学性，被访院校囊括多类型高校，包括西北师范大学、兰州理工大学、西北民族大学、甘肃政法学院、兰州财经大学和兰州职业技术学院。在被访对象的选择上，除了应届毕业生外，还选择了部分专科生和研究生作为被访对象。期望通过他们对地方就业和创新创业环境的认知，发现目前甘肃省就业和创新创业环节存在的问题，提出有效解决问题的对策。

（二）调研方法

为确保调研的客观性和科学性，课题组在文献法的基础上，采用问卷调查、实地走访与个别调查对象访谈相结合的研究方法。研究过程中，应用文献法对相关问题进行理论梳理，问卷调研的数据统计分析主要通过SPSS软件实现。

（三）调研样本情况

本课题以兰州市6所高等学校的在校学生为对象，以问卷调查、实地走访和个别访谈的形式展开。舆情调研课题组共发放调查问卷250份，回收问卷247份，均为有效问卷，问卷的回收率98.80%，有效率100%。调查问卷样本信息详见表1。

表 1　调查样本的基本情况

单位：人，%

指	标	人数	百分比
性别	男	142	57.49
	女	105	42.51
民族	汉族	209	84.62
	回族	11	4.45
	藏族	13	5.26
	其他	14	5.67
就读年级	专科	15	6.07
	本科一年级	19	7.69
	本科二年级	10	4.05
	本科三年级	24	9.72
	本科四年级	157	63.56
	研究生	22	8.91
所学专业	文科	50	20.24
	理科	35	14.17
	工科	67	27.13
	商科	56	22.67
	政法科	39	15.79
学生来源	西部地区	138	55.87
	中部地区	45	18.22
	东部地区	53	21.46
	东北地区	11	4.45

资料来源：甘肃省社会科学院舆情调研组调研问卷统计结果。

二　大学生群体对地方就业环境的感受

（一）就业前景不容乐观，福利待遇是择业动机最大影响因素

当被问及“您目前就读专业的就业前景如何”时，54 位被访者

（21.86%）对就业前景持“乐观”态度，115位选择“一般”，占46.56%，48位选择“不清楚”，占19.43%，还有30位表示看不到未来，对就业前景感到“悲观”，占12.15%。在对就业前景表示“不清楚”的被访者，专科生占4.05%，本科一年级占4.86%，本科二年级占2.43%，本科三年级占4.45%，本科四年级占3.64%（见图1），说明研究生在经历了本科四年的学习和思考后，对自己所学专业的就业前景有较为清晰的认识，而本科一年级至三年级的大学生由于离就业还有一段时间，可能尚未严肃认真地思考过就业问题，根据直觉选择了“不清楚”，但专科学历层次的被访者一共才15位，却有10位对就业前景表示“不清楚”，需要引起重视。总体来看，大部分被访者对就业抱有一颗平常心，甚至有一部分还相当乐观自信，对就业前景感到“悲观”的同学，学校应从思想上积极引导，从就业技能上有针对性地进行指导，坚定这一群体就业和创新创业的自信心。

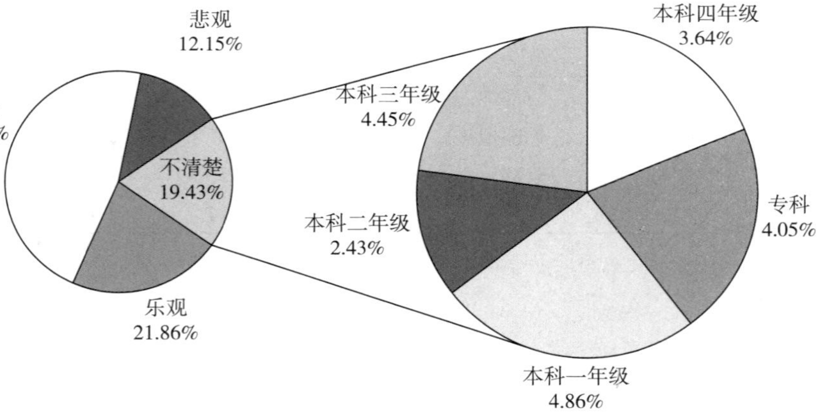

图1　被访者对就业前景的认知

当被问及“择业首先考虑的因素是什么”时，福利待遇成为首选，占38.46%，排在第二、第三位的分别是行业前景和地理区位，分别占27.53%和12.96%（见图2）。工作环境和个人兴趣得到的关注度不高，说明当代大学生在严峻的就业形势面前，择业动机发生了转变，更加趋于现实，先就业再择业的理念逐渐被接受。

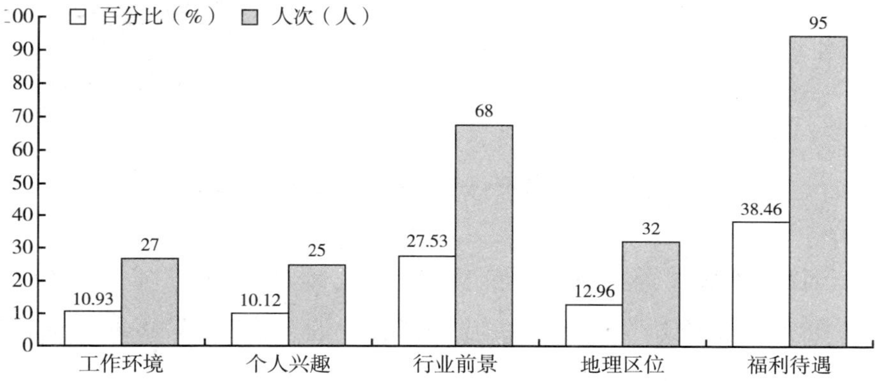

图2　被访者对择业动机的认知

（二）政府部门依然是就业首选，大城市对就业吸引力较大

从就业方向看，进政府部门当公务员依然是毕业生的首选，这和近几年高“烧”不退的考公务员热现象基本吻合，说明传统的就业观并没有得到彻底扭转。当被问及“您就业的首选方向是什么”时，超过四成（42.51%）被访者选择了政府部门，紧随其后的是去企业，占31.98%，其次为事业单位，占22.27%，还有3.24%的被访者表示无所谓，希望先就业再选择（见图3）。在选择去企业的被访者中，国有企业成为首选，其次是中外合资企业和外资企业，民营企业依然是没有选择的选择。可见，政府层面还需要下大力气改善民营企业的生存环境，同时，全社会要积极引导学生进入民营企业就业。

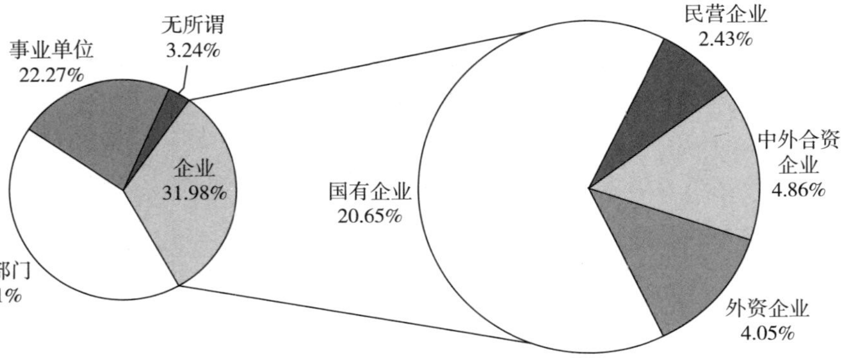

图3　被访者对就业首选方向的认知

当被问及“毕业后最希望到什么地方工作”时，近四成（39.68%）学生选择前往一线城市打拼，近三成（29.55%）选择去二、三线城市，与之相对应的是选择去基层就业的仅占19.84%（见图4），高校毕业生蜂拥到大城市不仅进一步增加就业难度，而且大部分不能从事自己所学专业，自我价值难以实现，在一定程度上造成人才浪费。同时，我国近年来积极的就业政策大多是面向经济欠发达的西部地区和基层社区，若毕业生不能从实际出发，仍将目光紧紧盯着经济发达地区和大城市，将失去很多就业机会，使得就业更加困难。

（三）就业自主性有待加强，有浓厚的创业兴趣

调查显示，校园招聘会已经成为大学生就业的首选渠道，在被问及“您期望通过什么方式实现就业”时，115位被访者选择了“校园招聘会”，占46.56%，说明自主择业的主流社会理念已经逐步形成，大学生已将自主择业作为实现就业的主要途径。但同时，长期以来形成的依靠亲戚朋友就业的传统观念并没有完全消失，78位被访者选择依靠“亲戚朋友”实现就业，占31.63%。51位被访者选择通过

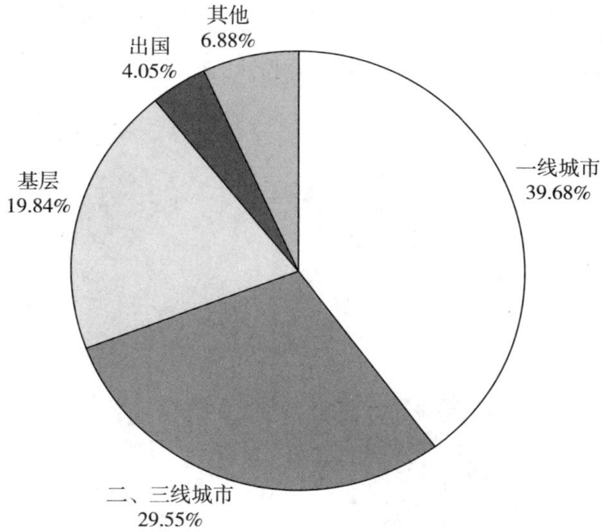

图 4　被访者对就业区域选择的认知

“网络”实现就业，占 20. 65%，还有 1. 21% 的被访者选择其他方式就业（见图 5）。

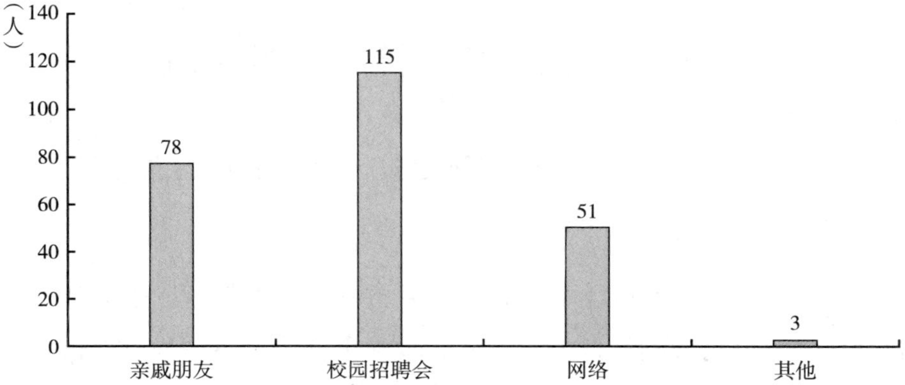

图 5　被访者对就业渠道的认知

当问及“您对创业是否有兴趣”时，近六成被访者表示对创业有兴趣，其中，表示很有兴趣的占 26. 32%，表示比较有兴趣的占

30.76%，18.22%的被访者对创业反响一般，12.96%的被访者则表示不太感兴趣，还有11.74%的被访者明确表示不感兴趣（见图6）。

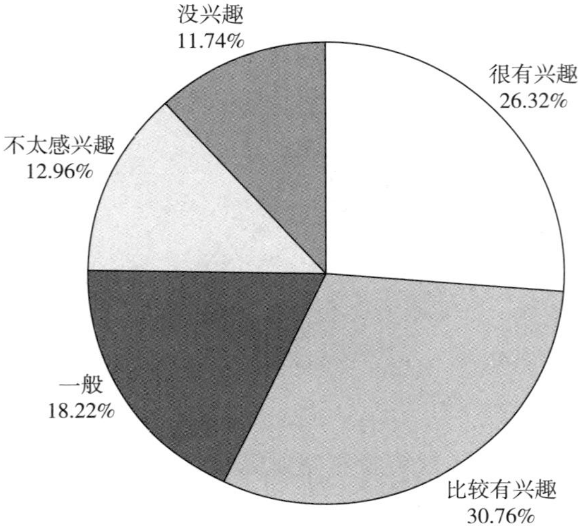

图6 被访者对创业问题的看法

三 大学生群体对创新创业的认知

（一）创业方向与所学专业相关，良好的社会关系影响创业成败

从哪个行业入手开始创业是创业者首先面临的问题，大多数创业者会选择自己熟悉的行业开始创业，大学生群体也不例外。在被问及“您认为大学生创业方向与自身专业是否有关”时，152位（61.54%）被访者选择从与自己专业相关的领域开始创业，61位（24.70%）则表示无所谓，还有34位（13.76%）表示创业方向的选择与自己所学专业无关，主要看市场前景和机会（见图7）。

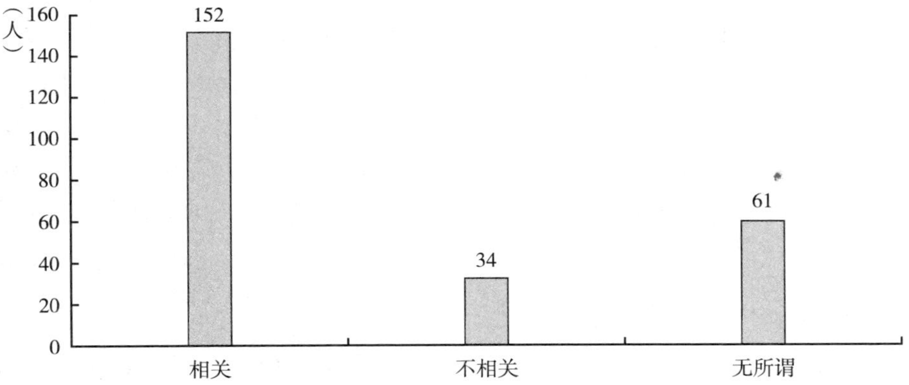

图7　被访者对创业与所学关系问题的看法

在被问及“您认为自己出去创业最欠缺的短板是什么”时，良好的社会关系出乎意料地成为首选，70位（28.34%）被访者选择此项，说明中国人情社会的观念根深蒂固，对大学生创新创业影响较大。较强的专业知识和睿智的市场预判分别排第二和第三位，分别有54位和41位被访者选择。较大的承受能力、较强的组织能力和出色的沟通能力则分别排倒数前三位。27位被访者选择了强烈的挑战精神，这一选项在7个被选选项中排名居中（见图8）。

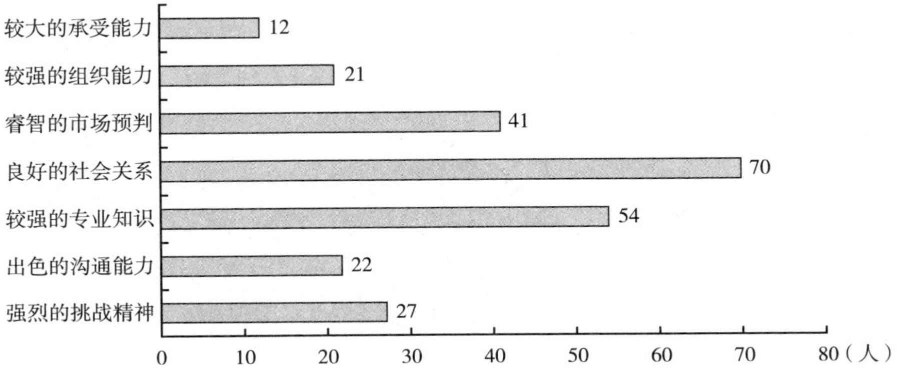

图8　被访者对自己存在的创业短板问题的看法

（二）创业资金主要来源于父母资助，不能接受太高的创业投入

资金短缺是大学生创新创业路上的“拦路虎”，近年来，国家积极出台各类政策支持大学生创新创业，国家小额创业专项贷款、高校大学生创新创业专项资金、参加创业比赛、申请创业项目等都是获得创业启动资金的良好途径。但受传统观念影响，大多数大学生还是依赖父母，希望父母能在资金上提供创业帮助。从调查结果来看，父母资助是目前大学生创业的主要资金来源，84位（34.01%）被访者希望父母提供创业资金支持，62位（25.10%）被访者希望通过合伙拉赞助的形式获得创业资金，46位（18.62%）被访者选择通过申请贷款获得创业资金，29位（11.74%）被访者选择用自己的积蓄作为创业资金，26位（10.53%）选择向朋友借款创业（见图9）。在众多创业资助项目中，大学生仍然习惯性选择父母资助，一方面说明我国的创业资助政策还需要广泛宣传，另一方面说明被访大学生的自主就业能力尚需进一步提高。

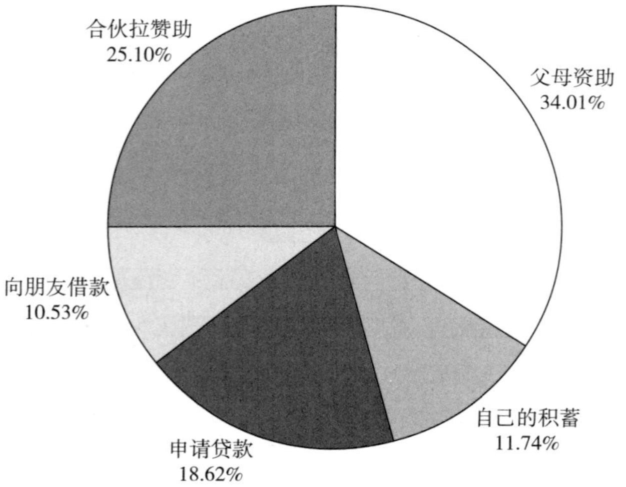

图9　被访者对创业资金来源的认知

从创业资金的投入看，83 位（33.60%）被访者选择 2 万 ~5 万元，73 位（29.55%）选择 1 万 ~2 万元，61 位（24.70%）选择 1 万元以内，22 位（8.91%）选择 5 万 ~10 万元，另外还有 8 位（3.24%）表示无所谓，视情况而定（见图 10）。

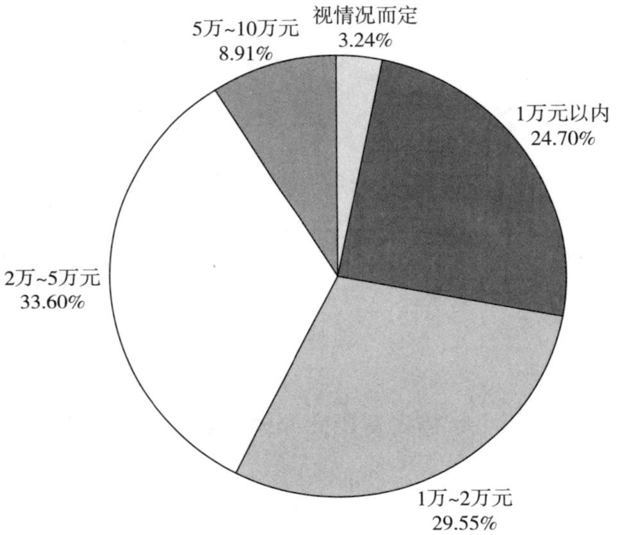

图 10　被访者对创业资金投入的认知

（三）高度关注国家出台的相关创业政策，希望得到创业教育培训

在严峻的就业形势面前，大多数大学生在积极创造条件就业的同时，也较为关注创新创业，当被问及“您是否关注国家出台的扶持大学生创新创业的相关政策和法规”时，164 位（66.40%）被访者表示经常关注，49 位（19.84%）被访者表示偶尔关注，只有 34 位（13.76%）被访者表示不关注（见图 11）。而在被问及“您最需要哪类创新创业服务”时，创新创业教育培训成为首选，93 位被访者

选择此项，占 37.65%，其次为资金支持，占 27.13%，第三是模拟创业大赛，占 22.27%，企业孵化排名第四，占 12.95%（见图 12）。

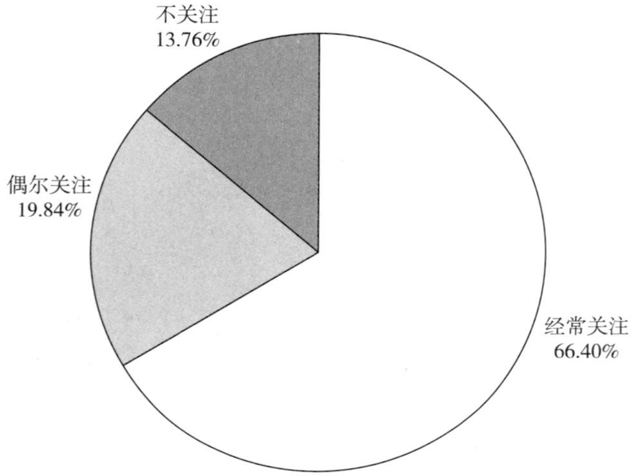

图 11　被访者对创业政策关注情况的认知

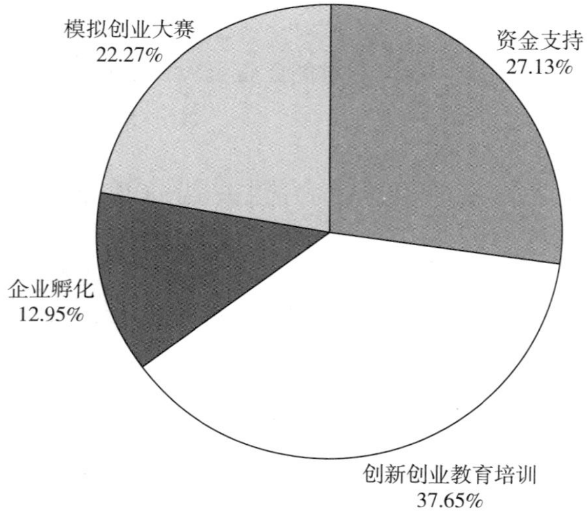

图 12　被访者对创新创业服务需求的认知

（四）希望加强创新创业意识培养，开设独立的创新创业专业课程

当被问及“您觉得高校是否有必要培养学生的创新创业意识”时，七成以上被访者认为有必要和非常有必要。109 位（44.13%）认为非常有必要，72 位（29.15%）认为有必要，41 位（16.60%）认为可有可无，只有 25 位（10.12%）认为没有必要（见图 13）。在被问及“大学如何开设创新创业课程”时，84 位（34.01%）被访者希望开设创新创业专业，64 位（25.91%）被访者希望修改现有学制使之更倾向于创业实践，53 位（21.46%）被访者希望将创新创业课程定为选修课，还有 46 位（18.62%）被访者希望将创新创业设为全校的公共课。

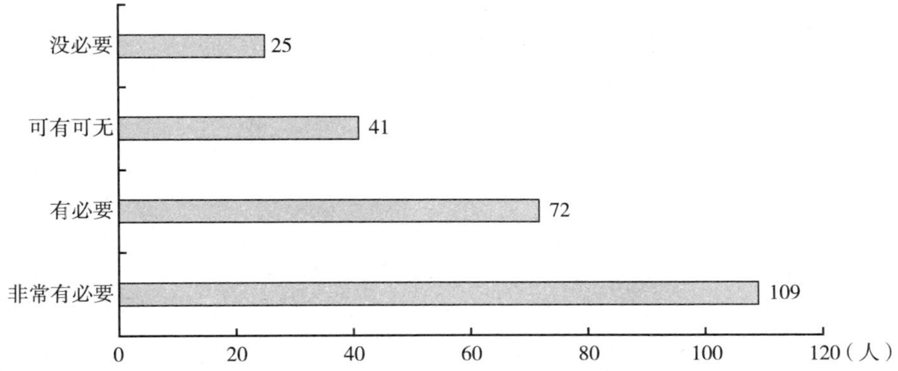

图 13　被访者对开设创新创业课程必要性的认知

（五）甘肃创新创业环境一般，期待有更多的社会实践机会

尽管在国家大政策引导下，甘肃省为改善大学生创新创业环境做出了诸多努力，但成效似乎并不明显。当被问及“您认为甘肃的整体创新创业环境如何”时，109 位被访者认为“一般”，占 44.13%，65 位认为“好”，占 26.32%，24 位认为“非常好”，占 9.72%，49 位认为“很差”，占 19.84%（见图 14）。政府、社会、高校和学生

本人都还需要进一步努力，为提高大学生创新创业能力提供更多有效途径。在被问及“您认为提高创新创业能力最有效的途径是什么?”时，“获取更多的社会实践机会”位居第一，63 位（25.51%）被访者选择此项，49 位（19.84%）被访者选择“学校开展更多有关创新创业的课程”，45 位（18.22%）被访者希望选择“参加与创新创业相关的各类比赛”，41 位（16.60%）被访者选择“加强专业技能的学习”，“看创业故事”和“多结交有创业想法的朋友”分别有 27 位（10.93%）和 22 位（8.90%）被访者选择。

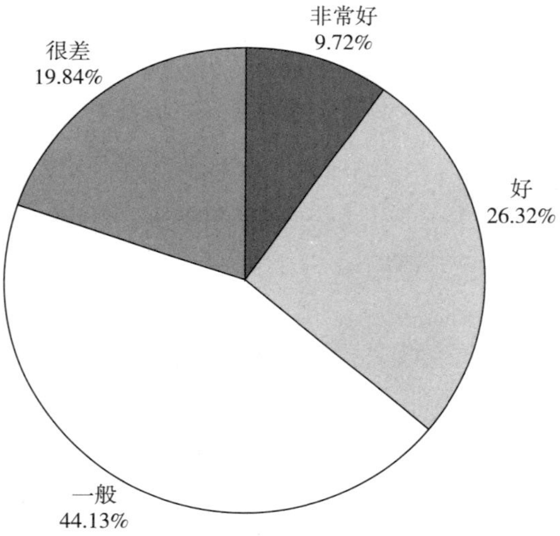

图 14　被访者对甘肃省创新创业整体环境的认知情况

四　优化甘肃就业和创新创业环境的对策建议

（一）持续深化就业领域改革，全方位支持创新创业

1. 以市场为导向，改变以缓解就业为目标的政策引导

目前，在巨大的就业压力面前，中央和各级地方政府均在采取种

种措施提升就业率，如由人力资源和社会保障部牵头的“三支一扶”项目和由中央共青团委牵头的“西部计划”项目、甘肃省自行组织实施的民生实事项目等，目的均在于通过引导大学生前往西部地区和基层社区就业，从而缓解大城市就业紧张压力。但事实上，目前甘肃基层岗位编制紧缺，无法容纳数量巨大的大学生就业。而许多战略性新兴产业、市州和县区的中小微企业和大量公建民营村级幼儿园却鲜有大学毕业生问津，虽然甘肃省已经通过取消“进村社区”项目积极引导大学生进入上述岗位求职，但相对于轰轰烈烈的“三支一扶”“西部计划”项目，这种引导略显无力，为了有效应对应届毕业生面临的就业压力和严峻的就业形势，政府部门应以市场为导向，以人员和岗位相适应为目标，积极出台各种以引导高校毕业生到企业就业、多途径就业和自主创业为方向的激励性政策。

2. 完善扶持政策，创新扶持内容及形式

诚然，为大学生就业以及创新创业提供资金扶持是最直接也是最有效的帮扶，如对低保家庭毕业生就业提供一次性求职补贴、对自主创业毕业生提供一定数额的财务贴息扶持政策等，在一定程度上缓解了部分大学生毕业面临的资金压力。但我们要看到，大学生就业难主要难在观念转变，创新创业不易主要表现在创新创业所需的核心技术相对匮乏，政府应通过多种途径了解国外先进技术，通过免费向创业者提供国外技术资料、为创业者提供学习相关技术的途径和资金等方式，做好中介服务，帮助创业者提升市场竞争力。同时，政府还可以通过激励性政策引导更多的社会力量来关注大学生创业，并为大学生提供一些土地、厂房优惠使用权及免费法律援助等多种形式的帮助。

3. 以观念转变为契机，营造创新创业的社会氛围

受传统“学而优则仕”“男靠家，女靠嫁”的观念影响，读完大学找一份稳定的工作和一个好的归属依然是多数大学毕业生及其父母的期望，若不能从根本上转变这种观念，形成全社会创新创业的氛围，就业压力将持续存在。首先，要引导用人单位承担起该有的社会责任，主动为大学生提供更多的实践机会和就业指导，在招聘中不要过分强调应届毕业生的工作经验，正确看待学历与能力的关系，摒弃“学历至上、名校至上”的招聘观。其次，新闻媒体要本着负责的态度，多报道创新创业先进事迹，引导社会形成全民创新创业的文化氛围。最后，大学生本人要摒弃急功近利思想，要对就业和创新创业有清醒的认识，在就业过程中，不要过于注重物质回报和自我价值实现，在创新创业过程中甘愿从小做起，不眼高手低，不好高骛远。只有用人单位、社会就业文化和大学生就业群体一起努力，转变传统的就业和创业观，才能营造出良好的就业和创新创业环境。

（二）创新人才培养机制，修订和完善人才培养方案

1. 坚持社会需求和学生创新创业相结合的就业导向

地方高校要紧扣本地区社会经济发展实际，调整和优化专业结构，以服务地方经济社会发展为宗旨，及时调整人才培养结构，找准人才培养定位和服务方向，构建招生、培养、就业联动的专业设置预警、退出和动态调整机制，坚持有所为、有所不为的原则，确保培养的高素质技能型专业人才适应地方产业发展需要，促进人才培养与经济社会发展、创业就业需求紧密对接。大力发展主辅修、双专业和第二学位培养模式，探索建立跨学校、跨院系、跨学科、跨专业交叉培养创新创业人才的新机制，促进人才培养由学科专业单一型向多学科融合型转变，提升学生就业和创新创业竞争力。

2. 强化科研对教学的反哺作用

引导各高校将科研团队作为学生创新创业的重要支持力量，充分利用本校现有的科研团队，积极吸纳有兴趣的学生加入，使科学研究与创新创业实现良性互动。鼓励教师将科研成果、科技进展引入教室，将科研精神、科研思维融入讲堂，将承担的科研课题面向本、专

科生开放。实施大学生科研训练计划（SRTP），鼓励学生跨专业、跨学科参与到科研团体和教师的科研课题中，通过全方位、多角度地参与科学研究过程，提升学生的创新能力和培养创业精神，强化科研对教学的反哺作用。

3. 拓展创新创业教育理念

在人才培养的各个环节和各类课程体系中融入创新创业教育理念，突出大学生创新精神、创业意识和创新创业能力培养。对初入高校的一年级学生，以创新创业“启蒙式”教育为主，逐步灌输创新创业理念，营造创新创业氛围，旨在培养学生创新创业意识。对二年级学生，在继续营造创新创业氛围的基础上，逐步加入创新创业理论教育，逐步培养学生的创新创业素养。对三、四年级学生，着重强调创新创业实践，提高学生创新创业能力。同时，学校要尽可能设置多样化创新创业选修课程模块，满足不同学生的个性化发展需求。

（三）健全创新创业教育课程体系，改革教学方法和考核方式

1. 健全创新创业课程体系

明确要求各高校把创业课程作为学分纳入教学体系，将创业基础课程不少于32学时、不低于2个学分作为硬性要求。要求各高校组织学科带头人、行业企业优秀人才开发开设创业基础课程并纳入正常教学计划。建立高校教师到行业企业挂职锻炼常态机制，要求各高校根据学科特点安排一定数量的老师到行业企业挂职锻炼。引进和建设一批资源共享的创新创业教育在线开放课程，建立在线开放课程学习认证和学分认定制度，并在高校中实现共享。鼓励有条件的高校建设创业学院，并完善相应的管理体制和运行机制。由省教育厅牵头成立甘肃省高校创新创业教育联盟，为省内高校与企业单位结盟提供平台。

2. 改革教学方法和考核方式

目前，虽然甘肃省已经出台诸多相关政策为大学生创新创业提供了多方面的支撑与保障，但提高学生的创新创业能力才是最核心的问题。因此，在教学方法上，要改变传统的教学模式，突出学生的中心地位，注重培养学生的批判性和创造性思维，创新课程教学模式，改变传统填鸭式教育，推广启发式、实践式、讨论式和参与式教学模式。同时，在价值评价环节，改变传统试卷考试模式，将创新创业实践考核纳入学业评价体系，并逐渐提高其在评价体系中所占比重。

（四）强化创新创业实践，调整教学和学籍管理制度

1. 强化创新创业实践

健全高校创新创业实践教育体系，在实践中培育学生创业意识和创新精神，提升创新创业能力，并为创业实践环节提供多渠道资金支持。要求各高校的国家及省部级重点实验室、科研基地、实践基地等全部面向本科生开放。完善校外实习保障制度，有针对性地建设一批校外实践教育基地、创新创业示范基地、科技创业实习基地、小微企业创业基地等，为大学生创新创业提供创新创业项目孵化的软硬件支持和服务。统筹各高校大学生创新教育资源，系统开展创新创业教育活动，并把创新创业教育融入大学生社团活动和校园文化建设的重要内容，营造培养大学生创新创业氛围。

2. 调整教学和学籍管理制度

改革教学和学籍管理制度，修订和完善现有创新创业学分认定办法，建立创新创业学分积累与转换制度，将学生开展创新实践、参与课题研究、发表论文、获得专利和开展自主创业等情况折算为学分，与课堂学习学分进行互换。实施弹性学制，放宽修业年限至8年，允许调整学业进程、保留学籍休学创新创业。将学生参加创新创业教育教学情况和学生创新创业能力评估纳入推荐免试研究生的评价体系，

优先保送具有创新创业意识和能力的学生攻读研究生，并支持其选择适合自我发展的研究方向。

（五）提升教师创新创业教学能力，加强学生创新创业指导服务

1. 提升教师创新创业教育能力

受中国传统教育模式影响，大部分高校教师创新创业教育经验不足，部分有创新创业经验、找项目能力强的教师可能又无暇顾及教学，教师成为大学生创新创业教育的一大短板。首先，高校需要通过培训、实践等措施提升创新创业课任课教师的创新创业教学能力。其次，鼓励高校引进柔性用人机制，聘请具有创新创业经验的企业家、创业成功者、投资人等担任创新创业课的授课教师或创新创业导师。最后，借鉴领军人才选拔和考核经验，由省人力资源和社会保障厅牵头建立全省创新创业人才库。

2. 加强学生创新创业指导服务

首先，各高校必须建立创新创业指导服务专门机构，做到机构、人员、场地、经费“四到位”，实行“一站式”服务。对入驻创新创业基地的大学生创业团队在租金、水电、物业等费用上给予减免。其次，各高校要建立学生就业创业服务平台，为学生免费提供职业介绍、就业创业培训、就业创业课程选择等相关服务，并形成长效机制。最后，继续完善基层就业指导服务，将国家和省出台的关于大学生就业和创新创业相关的政策措施及时公布，并设置专人值守电话，为学生提供政策解读。

皮书起源

“皮书”起源于十七、十八世纪的英国，主要指官方或社会组织正式发表的重要文件或报告，多以“白皮书”命名。在中国，“皮书”这一概念被社会广泛接受，并被成功运作、发展成为一种全新的出版形态，则源于中国社会科学院社会科学文献出版社。

皮书定义

皮书是对中国与世界发展状况和热点问题进行年度监测，以专业的角度、专家的视野和实证研究方法，针对某一领域或区域现状与发展态势展开分析和预测，具备原创性、实证性、专业性、连续性、前沿性、时效性等特点的公开出版物，由一系列权威研究报告组成。

皮书作者

皮书系列的作者以中国社会科学院、著名高校、地方社会科学院的研究人员为主，多为国内一流研究机构的权威专家学者，他们的看法和观点代表了学界对中国与世界的现实和未来最高水平的解读与分析。

皮书荣誉

皮书系列已成为社会科学文献出版社的著名图书品牌和中国社会科学院的知名学术品牌。2016 年，皮书系列正式列入“十三五”国家重点出版规划项目；2012~2016 年，重点皮书列入中国社会科学院承担的国家哲学社会科学创新工程项目；2017 年，55 种院外皮书使用“中国社会科学院创新工程学术出版项目”标识。

中国皮书网

发布皮书研创资讯，传播皮书精彩内容
引领皮书出版潮流，打造皮书服务平台

栏目设置

关于皮书：何谓皮书、皮书分类、皮书大事记、皮书荣誉、
皮书出版第一人、皮书编辑部

最新资讯：通知公告、新闻动态、媒体聚焦、网站专题、视频直播、下载专区

皮书研创：皮书规范、皮书选题、皮书出版、皮书研究、研创团队

皮书评奖评价：指标体系、皮书评价、皮书评奖

互动专区：皮书说、皮书智库、皮书微博、数据库微博

所获荣誉

2008 年、2011 年，中国皮书网均在全国新闻出版业网站荣誉评选中获得“最具商业价值网站”称号；

2012 年，获得“出版业网站百强”称号。

网库合一

2014 年，中国皮书网与皮书数据库端口合一，实现资源共享。更多详情请登录 www.pishu.cn。

S 子库介绍
Sub-Database Introduction

中国经济发展数据库

涵盖宏观经济、农业经济、工业经济、产业经济、财政金融、交通旅游、商业贸易、劳动经济、企业经济、房地产经济、城市经济、区域经济等领域，为用户实时了解经济运行态势、 把握经济发展规律、 洞察经济形势、 做出经济决策提供参考和依据。

中国社会发展数据库

全面整合国内外有关中国社会发展的统计数据、 深度分析报告、 专家解读和热点资讯构建而成的专业学术数据库。涉及宗教、社会、人口、政治、外交、法律、文化、教育、体育、文学艺术、医药卫生、资源环境等多个领域。

中国行业发展数据库

以中国国民经济行业分类为依据，跟踪分析国民经济各行业市场运行状况和政策导向，提供行业发展最前沿的资讯，为用户投资、从业及各种经济决策提供理论基础和实践指导。内容涵盖农业，能源与矿产业，交通运输业，制造业，金融业，房地产业，租赁和商务服务业，科学研究，环境和公共设施管理，居民服务业，教育，卫生和社会保障，文化、体育和娱乐业等 100 余个行业。

中国区域发展数据库

对特定区域内的经济、社会、文化、法治、资源环境等领域的现状与发展情况进行分析和预测。涵盖中部、西部、东北、西北等地区，长三角、珠三角、黄三角、京津冀、环渤海、合肥经济圈、长株潭城市群、关中一天水经济区、海峡经济区等区域经济体和城市圈，北京、上海、浙江、河南、陕西等 34 个省份及中国台湾地区 。

中国文化传媒数据库

包括文化事业、文化产业、宗教、群众文化、图书馆事业、博物馆事业、档案事业、语言文字、文学、历史地理、新闻传播、广播电视、出版事业、艺术、电影、娱乐等多个子库。

世界经济与国际关系数据库

以皮书系列中涉及世界经济与国际关系的研究成果为基础，全面整合国内外有关世界经济与国际关系的统计数据、深度分析报告、专家解读和热点资讯构建而成的专业学术数据库。包括世界经济、国际政治、世界文化与科技、全球性问题、国际组织与国际法、区域研究等多个子库。